中国移民史

葛剑雄 主编

第一卷

导论
葛剑雄 著

大事年表
葛剑雄 等编

复旦大学出版社

献给

恩师季龙(谭其骧)先生

再版说明

《中国移民史》(1—6卷)于1997年由福建人民出版社出版,现由复旦大学出版社再版。

此书在原出版社早已没有库存,不断有读者向我们询问或催促,但因种种原因,一直未能重印,我们无能为力,也无言以答。直到与复旦大学出版社签约,我们方能答复热心的读者。

曾有学界同仁建议我们利用再版的时机对原书作一次全面修订,考虑再三,我们认为,作为中国移民史的一项阶段性研究成果,还是以大体保持原貌为宜。二十多年来,已有大量有关中国移民历史的专著和论文问世,特别是不少区域性的、阶段性的或专题性的论著,不仅达到了更高的水平,而且开辟了新的研究领域,但尚未出现与本书篇幅相当的通史著作。另一方面,对已经发表的对本书的批评与建议,可以通过少量具体的修改、补充、注解作出回应,还没有必要对本书作全面修订或根本性的改写。

因而,此次再版,除部分章节有较大修改外,一般仅改正明显的错讹或遗漏,对全书涉及的今地名都按2020年的行政区划和地名作了校正,并重画了全部地图,增加了参考文献。对若干我们能接受的重要的批评意见,已作了相应的修改、补充,或增加注解作了说明。

原书第六卷是"清 民国时期",此次增加了安介生等教授新撰写的第七卷"清末至20世纪末",使之更符合一部中国移民通史的要求。

第六卷的内容原来也涉及清末和民国时期的移民,这次再版时已删除了民国部分,但保留了第七卷未涉及的若干内容。清时期有些移民类型延续到后来,为了保持其完整性,第七卷中的相关部分也追溯到清朝末年。

葛剑雄
2021 年 5 月

初版前言

由于本书的第一卷已有了十多万字的导论,有关本书学术方面的介绍和论述——诸如研究的范围、理论、方法、意义等——已经没有必要在这里重复了,这里所要讲的只是我们撰写的缘起和经过,以及与此有关的事项的说明。

1988年,当我正式决定要撰写一部《中国移民史》时,先师季龙(谭其骧)先生取出了两册文稿,这是他完成于1930年的大学毕业论文《中国移民史要》。他说:"这是我没有写成的移民史,留给你作纪念吧!"他还告诉我,文稿封面上的篆体书名,是他的好友周太初(一良)先生题的。感激之余,我向先师提出两项请求:在我的书完成后请他写一篇学术性的序言,请周太初先生题写书名。他说:"序言我可以写,题书名的事还得与周先生商量。"

可是,在我与曹树基、吴松弟合著的《简明中国移民史》出版时,先师已归道山。而待本书完成时,太初师告诉我他写字时手抖,他的手迹的确出现了颤抖的痕迹,所以尽管我上一个星期天还去他的寓所拜谒,却感到不便再提这样的请求了。

无论对我们,还是对读者,这都是两件憾事。但可堪告慰先师的是:经历了近70年的漫长岁月,三代学人的愿望和追求终于有了结果,这六卷《中国移民史》即将问世。

1928年,先师在上海暨南大学求学,选听了人类学家和社会学家潘光旦教授的两门课——社会学基础和种族问题。潘先生讲课非常动听,本来就有很强的吸引力,但对先师影响更大的还是他课外的指点和启发,而他们讨论得最多的正是移民问题。正因为如此,先师的毕业论文就以《中国移民史要》为题,由潘先生指导完成,并得到潘先生的激赏。在这两本文稿中,还保留着潘先生贴上去的签条,用红笔写着他的批语。潘先生认为这篇六万多字的论文很有价值,但要单独成书的话篇幅还嫌少了一点,希望先师加以增补,然后准备介绍到商务印书馆去出版。

1930年秋,先师进燕京大学攻读研究生,师从顾颉刚先生。虽然在与顾先生讨论两汉州制后,先师已经立志以沿革地理为研究方向,又受到邓文如(之诚)先生的影响,但他的毕业论文依然是潘光旦先生在暨南大学出的题目——"中国移民史"。不过在读研究生后,先师觉得在未作深入研究之前不可能写好综述性的"史要";一个一个地区或一个一个时代逐步进行,搞清楚当前各地人口的来历,才是研究移民史的首要课题。于是他决定主要根据地方志中的材料,按今省区逐个开展,先从材料较易收集的湖南省着手。至1931年底,先师完成了毕业论文《中国内地移民史·湖南篇》,学期结束时通过答辩,结束了研究院的学业。半年后的1932年6月,此文刊载于燕京大学历史系主办的《史学年报》上,这是先师第一篇公开发表的学术论文。1933年,南京中央大学所办《方志月刊》要求转载,此时先师已放弃了一省一省写下去的打算,便将题目改为《湖南人由来考》。

这是近代中国第一篇深入研究一个省区移民历史过程的专题论文,也是第一篇成功地运用抽样调查和计量方法作移民史研究的论文。就湖南省而言,这项研究可以说是前无古人的,而来者出现在近60年以后,即先师指导的博士生、我的合作者曹树基发表的《湖南人由来新考》。

1932年初,先师就职于北平图书馆,并执教于辅仁大学,讲授中国沿革地理。1934年春,他协助顾颉刚先生创办《禹贡》半月刊,筹办禹贡学会,主要的研究方向已转向沿革地理。但他对移民史研究的兴趣始终不减,不断有力作问世。

1934年6月,先师的《晋永嘉丧乱后之民族迁徙》一文在《燕京学报》第十五期上发表。永嘉之乱后的南迁是中国历史上的一件大事,也是中华民族发展史上的一件大事。但由于正史中本来就没有具体记载,年代久远后更无史料可觅,对这次大规模的移民运动的研究无由开展。先师却在有限的史料中找到了一把"钥匙"——侨州、郡、县的记载。这是因为当时南迁的人口,大多依照他们原来的籍贯,在南方的定居地按原来的名称设置了侨州、郡、县,而这类侨州、郡、县在沈约的《宋书·州郡志》、萧子显的《南齐书·州郡志》和唐人所修的《晋书·地理志》中都有较详细的记录。所以只要将这些资料整理排比,就不难考证出这些政区的设置年代、地点和变迁,从而了解移民的迁出地、迁移时间、迁入地点,并进而推算出移民的数量。这篇论文对中国移民史研究、地名学研究和定量分析方面都具有开创意义,发表后即受到学术界的高度重视,近六十年来一直被视为该领域的经典。

在当年发表的另一篇论文《辽代"东蒙"、"南满"境内之民族杂处》中,先师也是从移民入手,去研究这一地区的民族分布的,所以论文的主要部分实际上是一篇区域移民史。

以后,先师每到一地,都着意考察当地人口的来历和移民过程,如在广州时著有《粤东初民考》,到遵义后撰成《播州杨保考》,在杭州时发表了《浙江省历代行政区域——兼论浙江各地区的开发过程》。最后一篇文章虽然是论述行政区域的变迁,论据却是出于县的设置年代和析置所自(即从哪一个县分置的),也就是根据一个新开发地区移民的来源和规模撰成的。

从1950年起,先师一直任教于复旦大学,1955年后,倾全力主编《中国历史地图集》,又遭"文化大革命"十年浩劫,1978年2月突发脑血栓导致半身不遂,移民史研究的计划再也无法实现。但他对移民史研究的成果却为《中国移民史》的撰写奠定了坚实的基础。这不仅是指他对某一时代、某一地区、某一民族的具体研究成果,更包括他所提出的一些重要的理论、精辟的见解和独特的方法。《中国历史地图集》同样是中国移民史研究必不可少的工具书和基本地图。所以尽管一部《中国移民史》还没有出现,但研究的基础已提高了很多,后来者凭借着巨人的肩膀,可以攀向更高更远的目标。

1982年,我在先师指导下撰写博士论文《西汉人口地理》,其中的一部分就是人口迁移。在协助他选编、校定论文集《长水集》的过程中,我研读了他有关移民史研究的全部文稿,并有机会聆听了他很多没有写成文字的观点,对移民史的认识又进了一步。

1986年夏,我从美国哈佛大学访学归来,与先师新招的博士研究生曹树基兄相识,发现了共同的目标。他毕业于江西师范大学历史系,在南京农业大学农业遗产研究所获硕士学位,在农业史、经济史和人口史方面有扎实的基础,对计算机运用和数理统计也有浓厚的兴趣,已选定以明清时期南方的人口迁移为研究方向。当时,我已经意识到要完成中国人口史研究的长期性和复杂性,决定从条件相对成熟的人口迁移方面入手,先完成一部中国移民史,所以打算在写完《中国人口发展史》后,就转入移民史研究。我与曹树基作过很多次的讨论,计划越来越具体,目标也越来越明确。鉴于任务的繁重,我们邀请本所的吴松弟兄合作,他也出于先师门下,对东南地区开发史和宋代经济史有很深入的研究,已经发表过几篇有分量的论文。我的研究偏重于隋唐之前,曹树基的研究阶段是明清和近代,吴松弟的加入正好填补了中间这一段空缺。1990年,吴松弟成为先师的在职博士研究生,即以靖康乱后的北方人口南迁作为研究方向,随后完成了博士论文《北方移民与南宋社会变迁》。

至1988年,我们自信有了一定的把握,又得到先师的鼓励,就向国家社会科学基金提出了资助申请,在年底获得批准。我们计划写出六卷二百多万字的一部《中国移民史》,在此基础上编写一本三十多万字的《简明中国移民史》。福建人民出版社闻讯后,出于对学术研究的支持和对中青年学人的扶持,决定不惜耗费巨资,承担这两部书的出版。

考虑到全书的完成需要六七年的时间,而当时虽有多种研究移民的论著问世,却还没有一种简明的《中国移民史》,出版社方面建议我们先写出《简明中国移民史》,以适应社会的需要。经过一年多的努力,由我们共同撰写的《简明中国移民史》于1991年上半年完成。

在此期间,香港中华书局约我为"百家文库"再写一本小册子,于是由我执笔,根据《简明中国移民史》的稿子,写成约12万字的《移民与中国》一书,于1992年在香港出版。

因各种原因,《简明中国移民史》出版时已是1993年底。最令人遗憾的是,先师没有能够看到这本书,我们只能把它作为对先师的纪念,并抓紧《中国移民史》的撰写,以告慰先师在天之灵。至1995年底,六卷书稿终于先后完成。

尽管先师从1991年10月开始就丧失了工作能力,1992年8月28日就离开了我们,但要是没有他的教诲和指导,这项计划是不可能顺利实行的。我曾经向他详细地汇报过我们的研究计划,请他审阅过我们所拟的章节目录。曹树基的博士论文和吴松弟的阶段性论文都得到过他审阅,并提出了具体的修改意见,这些论文以后都是本书的组成部分。

先师不仅给予我们学术上的指导,而且以他求真求实,锲而不舍,终生以之的精神,为我们树立了榜样,激励我们不断地修正错误,精益求精。

1990年,我在撰写《简明中国移民史》时发现,《晋永嘉丧乱后之民族迁徙》采用的侨州郡县户口数统计到的是永嘉之乱后150年的数字,是南迁移民经过数代繁衍后的人口数,并不能代表始迁移民(或第一代移民)的数量,因而不能用这个数字来计算它占西晋北方人口总数的比例。我向先师提出后,他完全接受了我的意见,并且执意在他的最后一篇论文《历史人文地理研究发凡与举例》(载《历史地理》第十辑,上海人民出版社,1992年)中加上了这样一段话:

> 我在1934年发表了《晋永嘉丧乱后之民族迁徙》一文,根据晋、宋、南齐三《书》的《地理志》和《州郡志》所载侨州郡县的地域分布和户口数,得出了截至宋世止,南渡人口约共有九十万,占当时刘宋境内人口六分之一,而这个数字又相当于西晋北方人口约八分之一的结论。半个世纪以来,这篇文章经常为有关学术界所引用,这是由于在那个时代,还没有别人做这方面的研究之故。

其次这决不是一篇完善的论文。永嘉丧乱后引起的民族迁徙是多方面的,岂只有北人南渡而已?至少还有不少中原人或东徙辽左,或西走凉州。即就南渡遗黎而言,也不仅移居于设有侨州郡县之地。实际上不设侨州郡县之地,亦多侨姓高门栖止。……再者,见于《宋书·州郡志》的州郡户口是宋大明八年(464)的数字,其时上距永嘉丧乱已百五十年,该文以大明侨州郡县的户口数为南渡人口的约数,从而得出南渡人口占当时南朝人口百分之几,又占西晋时北方人口百分之几这样的结论,实在很不严谨。还有一点必须指出的是:这个时代乃是西晋境内与近边塞外汉族和各少数民族的大迁移时代,入居塞内的匈奴、氐、羌、鲜卑、乌桓、丁零等各族的迁徙尤为频繁而错综复杂。此文内容只讲到境内汉族的南迁而题为"民族迁徙"更属名实不相符。所以若欲将这个时代的人口移动作出较完备的论述,显然还有待于今后有志于此者的成十倍的努力。

今天,当《中国移民史》的校样陆续放在我们面前时,我们重温先师的教诲,深感离他所要求的"成十倍的努力"还有相当大的差距。所以我们一方面正在尽量修改完善书稿,另一方面也准备在本书出版以后接受同行与读者的严格的审查和批评,并继续从事中国移民史的研究,以便真正实现潘光旦先生和先师的期望。本书的出版只能给这项开始于1928年的研究标上一个分号,而不是句号。

即使我们的书得到进一步的完善,对中国移民史的研究而言,还只是一个开端。可以毫不夸张地说,移民的历史与中国的历史、世界的历史共同开始,移民的作用和影响无所不在、无时不在,中国史和世界史的研究都离不开移民史的研究。中国移民史的研究涉及上下数千年的时间,纵横几万里的空间,又岂是我们区区三人所能承担?

令人欣喜的是,移民史的研究近年来已经引起不少同行的重视,并不断有高质量的论著问世。我在中国历史地理研究所为博士生、硕士生开设的中国移民史课程,已经讲过三次。我指导毕业的研究生中,有三位硕士和一位博士是以移民史为论文题目的,其中的安介生博士正以博士论文为基础撰写一本《山西移民史》。上学期我为历史系本科生开设中国移民史的选修课,除历史系外,听课的还有文博、中文、外文、哲学、经济、管理等系的学生。这些都使我深信,潘先生和先师的期望是一定能够实现的。

本书的提纲、章节和主要内容都是我们三人集体讨论确定的,然后由各人分别执笔撰写,并对各自部分负责。具体的分工是:我撰写第一卷中的导论和第二卷(先秦至南北朝时期),吴松弟撰写第三卷(隋唐、五代时期)和第四卷(辽、宋、金、元时期),曹树基撰写第五卷(明时期)和第六卷(清、民国时期)。导论因涉及全书,我写出初稿后交曹树基和吴松弟看过,然后根据他们的意见作了修改。我也看了他们四卷的初稿,提出了我的意见,定稿则由他们自行决定。第一卷的中国移民史大事年表,是由各人根据自己撰写的内容,按统一的体例分别编出的。

我们原来的计划是,前三卷大致是自先秦至明初的分时期论述,后三卷是明清时期分地区或类型的论述。但开始撰写不久,就发现这样的设想并不符合实际,因为明清和近代移民史的内容虽多,已有的成果相对也比较多,有些方面不必重复劳动。另一方面,作为一部综述性的移民史也不可能给地区性或分类型的论述留下太多的篇幅。所以还是按时期划分成五卷,前后的体例大致统一。

在编排方面,我们考虑到各卷的相对独立,所以将导论和大事年表编为第一卷,尽管这一卷的字数比其他各卷要少。我们与出版社商定,本书的各卷单独定价,这样读者可以根据自己的需要,选购不同时期的各卷。而第一卷是我们撰写全书的基本理论、定义、方法和研究中国移民史的意义,还有一份比较详细的移民史大事年表,可以作为全书的提纲来读,也可以用作工具书。我曾将导论部分用作研究生的教材,或许也能供相关学科的同行利用。

我一直感到,撰写一部书比写一篇论文要难得多,因为写论文可以选自己最熟悉、最有成果的某一方面,而书必须讲全面、系统,至少应该包括基本的各方面,这就免不了涉及自己不太熟悉甚至完全不了解的方面。所以一篇论文的质量可以达到上乘,一本书就难以保证各章各节都具有高质量。而且，对别人已经发表的论著，除非作者已经发现了问题，一般都会利用引述，没有必要也不可能一一重新研究。拿我来说，对两汉部分的研究比较深入，对魏晋南北朝部分也有所发现，但对先秦部分以前就没有做过什么研究。他们两位大概也有类似的情况。这些弱点自然瞒不过前辈和同行的法眼，但对一般读者还应老老实实地说明。

总的说来，本书的先秦部分和近代部分都比较简略，但原因却不同。先秦部分史料有限，信史更少。近年来的考古发现虽多，但已成定论并能用之于移民史研究的还很少。特别是由于本书对移民的界定并不是全部人口迁移，所以上古的人口迁移往往难以纳入论述的范围。近代部分恰恰相反，不仅史料浩繁，举不胜举，而且已经有了不少论著，所以我们商定，对已有研究成果尽量加以利用，以便作者能集中精力于填补一些重大空白。

我们在导论中确定了中国移民史研究的时间和空间范围、广度和深度的要求，但本书在很多方面离这样的要求还有相当大的距离。例如，从理论上说，中国移民史应该包括中国历史上的各个民族，而实际上除汉族以外的其他民族中，目前有研究条件的还是少数。又如，中国移民史应该包括历史时期整个中国的疆域范围，而实际上很多边远地区的研究还是空白。或许我们，甚至以后的学人，永远无法取得完满的结果，但理论上的阐述和界定不能因此而降低标准，或留下缺陷，因为这些始终是我们应该追求的目标。

本书的撰写列入了国家社会科学基金项目。我于1993年至1995年承担的国家自然科学基金项目"近两千年来主要自然灾害对中国人口变迁的影响"，吴松弟的研究项目"宋代南方人口研究"也获得国家社会科学基金的资助，这两个项目中有关人口迁移的成果都已运用于本书的有关部分。在本书出版之际，我们谨向国家社会科学基金会和国家自然科学基金会表示衷心的感谢！

我们也要感谢福建人民出版社的领导俞金树和为本书的问世付出了多年辛勤劳动的舒亭、黄纯初、许树基等先生。1988年底，当我还是副教授，曹树基和吴松弟还是博士生或硕士时，他们就全力支持我们的撰写计划，无条件地承担《简明中国移民史》和本书的出版。尽管这些年来纸张和印刷费用大幅度上涨，他们的承诺始终没有改变，使我们能在完全没有"后顾之忧"的条件下如期完成这一项目，这样的厚爱我们将永志不忘。

不少师友、同人和《简明中国移民史》的读者曾提出过宝贵的意见，给予我们很多帮助；本书的地图全部由本所陈伟庆女士清绘；我们的几位研究生也帮助做过一些资料核对、文字校对和其他辅助工作。在此一并向他们致谢。

葛剑雄
1997年元月28日

目　录

导　论 … 1

第一章　移民的定义和本书研究的范围 … 3

第一节　"移民"一词现有的解释 … 3
一、古籍中的"移民"及其同义词的含义 … 3
二、当代使用的"移民"及其同义词的含义 … 5

第二节　本书的定义 … 9
一、移民的数量意义 … 10
二、移民的迁移距离的意义 … 13
三、移民的居留时间的意义 … 15
四、移民与其他类型的迁移人口之间的关系 … 18

第三节　中国移民史研究的对象和具体内容 … 21
一、移民的迁移过程 … 21
二、移民的影响 … 32
三、移民运动的规律 … 33

第四节　中国移民史的空间范围
　　　　——历史时期的中国 … 34

第五节　中国移民史的时间范围 … 36

第二章 中国移民史的分期、历代移民的类型和特点 ... 38

第一节 中国移民史的分期 ... 39
一、第一阶段：先秦时期(公元前 220 年前) ... 39
二、第二阶段：秦朝至元末(公元前 221—公元 1368 年) ... 41
三、第三阶段：明初至太平天国起义爆发前(1368—1850 年) ... 42
四、第四阶段：太平天国起义至 20 世纪上半叶(1851—1950 年) ... 42
五、各阶段内部的分期 ... 43

第二节 移民的基本性质——生存型和发展型 ... 44
一、生存型移民 ... 45
二、发展型移民 ... 45
三、生存型移民与发展型移民的关系 ... 46

第三节 移民的主要类型和特点 ... 49
一、自北而南的生存型移民 ... 50
二、以行政或军事手段推行的强制性移民 ... 55
三、从平原到山区、从内地到边疆的开发性移民 ... 59
四、北方牧业民族或非华夏族的内徙与西迁 ... 63
五、东南沿海地区对海外的移民 ... 64

第三章 研究中国移民史的意义：移民对中国的伟大贡献 ... 68

第一节 移民与中国疆域 ... 69
一、中原王朝的疆域与移民 ... 69
二、边区政权的扩张和内迁 ... 74
三、中国疆域的定型与巩固 ... 76

第二节 移民与中华民族 ... 78
一、华夏汉族的形成和壮大 ... 78
二、少数民族的发展和变化 ... 81
三、多民族共同体的形成 ... 85

第三节 移民与地区开发 ... 87
一、移民与农业社会的地区开发 ... 88
二、移民与地区重新开发 ... 90

三、移民与近代城市的发展 ………………………………… 91
第四节　移民与文化 ……………………………………………… 92
　　一、学术文化 ………………………………………………… 93
　　二、制度文化 ………………………………………………… 99
　　三、艺术 ……………………………………………………… 100
　　四、方言 ……………………………………………………… 104
　　五、宗教与信仰 ……………………………………………… 109
　　六、农作物及其栽培 ………………………………………… 113
第五节　移民与人口发展 ………………………………………… 117
　　一、人口自然增长率的提高 ………………………………… 117
　　二、人口的合理分布 ………………………………………… 120
　　三、人口素质的提高 ………………………………………… 124

第四章　研究中国移民史的基本方法和手段 …………………… 126
第一节　文献资料 ………………………………………………… 127
　　一、官方史籍的记载 ………………………………………… 127
　　二、其他古籍中的记载 ……………………………………… 128
　　三、家(族)谱 ………………………………………………… 129
　　四、地方志 …………………………………………………… 132
第二节　文献以外的研究方法 …………………………………… 133
　　一、考古学的方法 …………………………………………… 134
　　二、人口学的方法 …………………………………………… 136
　　三、历史地理学的方法 ……………………………………… 138
　　四、地名学的方法 …………………………………………… 140
　　五、语言学的方法 …………………………………………… 143
　　六、社会学和文化人类学的方法 …………………………… 145

参考文献 ………………………………………………………… 148

大事年表 ………………………………………………………… 151

中 国 移 民 史

导　论

第一章

移民的定义和本书研究的范围

本章所要论述的移民的定义,主要是用之于本书。但由于迄今为止国内在移民研究中还没有一个公认的定义,笔者自然希望这一定义能推广到中国移民史的研究领域,为同行学者和有关的研究人员所接受。

第一节

"移民"一词现有的解释

一、古籍中的"移民"及其同义词的含义

"移民"一词最早出现在《周礼·秋官·士师》中:"掌士之八成……八曰为邦诬。若邦凶荒,则以荒辩之法治之。令移民通财,纠守缓刑。"[1]本意是在列举士师一职所负对士进行考核督察的八个方面,并作具体的阐述。在其中第八种情况下说明:如果邦中发生谷物歉收引起饥荒时,就应该采用救济的特殊措施,一方面可以让受灾百姓迁往谷物丰收、价格较贱的地区,另一方面可以从丰收地区调运谷物来救灾。这里的"移民"还不是一个专名,而是作为动词,即迁移人口。

另一处见于《管子·七法》:"不明于决塞,而欲殴众移民,犹使水逆流。"[2]大意是说:一个当政的人如果不懂得疏导或堵塞河流的道理,却要调动人力或迁移人口,那就等于要让水倒流;因为如果不懂得堵塞河流的道理就进行了堵塞工程,并且让百姓迁入了河流堵塞后形成的耕地,那么除非能让河水倒流,否则难免不出事故。这里的"移民"也还是迁移人口的意思。

《周礼》与《管子》的成书年代至今还没有一致的说法,但一般都认为不会晚于战国后期,因此"移民"成为迁移人口的动词来运用,至少已有2 200多年的历史了。

与"移民"同义的一个词是"徙民"。"徙",也是迁移的意思。此词同样首见于《周礼》。

《周礼·地官·小司徒》:"五家为比。"《比长》:"比长各掌其比之治。……徙于国中及郊,则从而授之。若徙于他,则为之旌节而行之。若无授无节,则唯圜土内之。"[3]按郑玄等人的注释,这段话的大意是:每五家编为一个比。比长的职责就是负责这五家的管理。如果所管的居民感到不便,要从城里迁到郊外,或从郊外迁入城中,可以给他们办一个手续,向迁入地的官员说明他们并没有犯罪,只是感到不便而迁移的。如果居民要迁到其他地方去,就得给他们办一个旌节作为证明。如果迁移的人既没有办手续,也没有证明,当地的官员就应该将他们送到圜土中监禁。

类似的说法还见于《地官·邻长》,在"五家为邻"的编制下,"邻长

---

1 《周礼注疏》卷35,《十三经注疏》,中华书局1979年影印本,第237页。
2 戴望:《管子校正》卷2,《诸子集成》,上海书店1986年影印本,第29页。
3 《周礼注疏》卷12,第80页。

掌相纠相受……徙于他邑,则从而授之"[1]。根据这里的规定,居民迁往其他邑时,应该由邻长给他们办证明。

《管子·四时》则直接使用了"徙民"一词:"其时曰冬,其气曰寒。……其事号令,修禁徙民,令静止。"作者认为冬天天气寒冷,应该禁止百姓私自迁移,使他们得到安定。这里的"徙民"仍然是动词的意义。

"徙民"一词作名词用,到《史记·平准书》中才出现:"其明年,贫民大徙,皆仰给县官,无以尽赡,卜式持钱二十万予河南守,以给徙民。"这里所谓徙民,也就是移民,即迁徙途中或已经从内地迁至西北地区的人口。如果说这还只是作者自己的用语的话,那么在郦道元《水经注》的记载中就出现了当时社会上的习惯用语。《水经注》卷4《河水》"又过蒲坂县西"一句下注云:"魏秦州刺史治,太和迁都,罢州,置河东郡,郡多流杂,谓之徙民。"[2] 这就是说,至迟在公元5世纪初,人们已将迁居于外地的人口称之为"徙民"了。

古籍中表示"移"或"徙"的另一个词是"迁",出现得也很早。如《尚书·盘庚》中就有"盘庚五迁,将治亳殷"及"盘庚迁殷,民不适有居"[3]这样的话。《尚书·多士》中载:"成周既成,迁殷顽民。"[4] "迁"字类似的用法在先秦典籍中出现得很多。

二、当代使用的"移民"及其同义词的含义

在现代汉语中,"徙""迁"比较罕用,一般都用"移民"。此词作动词用时释为将一部分人口从原居住地迁移至其他地方居住,作名词时就是指进行这种迁移行为的人(无论出于主动还是被动)。但至今还没有见到一种确切的、权威的、得到公认的定义,像《辞海》中的解释就并不妥当:

---

[1] 《周礼注疏》卷15,第105页。
[2] 陈桥驿点校:《水经注》,上海古籍出版社1990年版,第68—69页。
[3] 《尚书正义》卷9,《十三经注疏》本,第56页。
[4] 《尚书正义》卷16,第107页。

(1) 迁往国外某一地区永久定居的人。

(2) 较大数量的、有组织的人口迁移。[1]

第一种是狭义的移民，或国际法意义的移民，专指国家之间的定居性人口迁移。

第二种是指一般意义的移民，但也有三点不妥之处：移民固然应有一定的数量，但不一定要有较大的数量；移民可以有组织，但自发性的移民也大量存在；有组织的迁移人口不一定以定居为目的，事实上也不一定在迁入地定居，有的只是流动人口，算不上移民。

由中国人编写的《英汉大词典》对"emigrant""emigrate""emigration""emigrator"这四个与汉语的"移民""迁移"对应的词的解释都是"移居外国（或外地区）"或"移居外国（或外地区）的人"[2]，内容虽无明显错误，但过于简单，显然只适用于一般读者，不能作为专业性的定义。

台湾出版的《云五社会科学大辞典》第11册《地理学》对"移民"的解释为：

> 移民是人口动态的一种，"普通限于涉及有较长居住变更的人口迁徙"，并非指任何一种的人口移动。如甲地人口移往乙地从事较长期的居留，这才叫作移民。从甲地的立场，这是人口外移（emigration）；从乙地的立场看，这叫人口内移（immigration）。就其迁徙所及的区域看，国与国间的人口迁徙名为国际移民；一国内部的人口迁徙名为国内移民，又可分为区域移民和农村都市移民。[3]

在国际英语辞典中最有影响的《新编韦氏大辞典》（*Webster's New Universal Unabridged Dictionary*, second edition, Dorset & Baber, 1983）第593页对emigrate的释义是：

> 离开一个国家、州或地区并居住于另一国家、州或地区；出于

---

[1] 《辞海》，上海辞书出版社1989年版，第1973页。
[2] 陆谷孙主编：《英汉大词典》，上海译文出版社1993年缩印本，第561页。
[3] 王云五主编：《云五社会科学大辞典》第11册，台湾商务印书馆1974年版，第195页。

定居的目的而从一个国家或州迁往另一国家或州；与"迁入"一词意义相反。[1]（to leave one country, state, or region and settle in another; to remove from one country or state to another, for the purpose of residence; opposed to immigrate）

1980年版《美国大百科全书》（国际版）对"human migration"（人口迁移，移民）一词的释义是：

> 广义的移民是指个人或团体有相当长的距离的比较经常性的迁移行动。这一定义中的"相当长的距离"和"比较经常性的"两个关键定语，因人们使用的标准不同，而有各种不同的解释。
>
> 在国际移民的统计中，一般把声称将在接受国居留至少一年的人列为移民，而不问其实际是否居留了这么久。但对迁入移民或一个国家内部移民的统计，要作国际性的比较就很困难，因为各国对移民的定义不尽相同。在美国，经常性迁移的定义实际上是由州或地方的法规确定的，如选举的居住资格。美国国家人口普查局收集在12个月的时间内改变原来地址的人的名单，如改变的范围不出一县就列为流动人口（mover），如已超出一县范围则列为移民（migrant）。
>
> 尽管距离的意义一般就地理角度而言，但也可由社会条件来决定。例如，一位农民迁至本县一座城市公寓所引起的他的生活状况的变化，可能比一个人从纽约一座公寓迁至旧金山一座公寓所产生的变化还大得多。一个人从东柏林迁至近在咫尺的西柏林，实际上却是社会制度的改变。考虑到这种短距离迁移的社会意义，大多数分析家同意，移民至少应有永久性的社区变更。[2]

1984年版《英国大百科全书》的释义是：

> 移民通常是指居住地发生了经常性的变更的个人或团体。

---

[1] 所引原文的中文由作者翻译，以下同。
[2] 《美国大百科全书》（国际版）（The Encyclopedia Americana International Edition）第19册，1980年版，第97—98页。

由于这一定义取决于"经常性"的含义,统计学者在收集移民数据时或多或少会作出各自的不同解释。例如,一个声明他的目的是在迁入国居留至少一年的人通常被列为移民。

各类专家还会对这一词的定义加上不同的限制,一些人特别强调出于强制的迁移不能包括在移民的概念中,尽管要确定一次迁移是否出于强制同样是相当不容易的。同样,一些社会学家将移民的概念限于从一种社会制度迁至另一种社会制度,但最成问题的是,现代人往往同时参与不同的社会团体,一些社会团体的成员只集中在小的地区范围内,而另一些团体(如罗马天主教)却遍于世界。因而,有些人在迁移后就不得不离开原来的社会团体,而另一些人却能够在新居住地找到他原来所属的团体。这就意味着,如果移民必须根据是否从一种社会制度迁入了另一种社会制度来确定的话,困难就在于所属团体转变到了什么程度才能算改变了社会制度。[1]

在拙著《简明中国移民史》[2]出版之前,国内虽也有以"移民"命名或专门论述移民的专著,如由田方主编的论文集《中国移民史略》[3]、李德滨、石方的《黑龙江移民概要》[4]、中国中日关系史研究会编的论文集《日本的中国移民》[5]等,但都没有对"移民"的定义作出规定或进行过论述。另外一些著作用的是"人口迁移",如田方、林发棠主编的《中国人口迁移》[6],石方的《中国人口迁移史稿》[7]等。但"人口迁移"与"移民"的含义是有明显区别的,这在下一节中将作讨论。

需要强调的是,本书使用的人口迁移的概念与地理学界的解释稍有不同。《中国大百科全书·地理学》对"人口迁移"(population migration)释为:"一定时期内人口在地区之间永久或半永久的居住

---

[1] 《英国大百科全书》(*Encyclopedia Britannica*)第12册,1984年版,第185页。
[2] 福建人民出版社1993年版。
[3] 知识出版社1986年版。
[4] 黑龙江人民出版社1987年版。
[5] 生活·读书·新知三联书店1987年版。
[6] 知识出版社1986年版。
[7] 黑龙江人民出版社1990年版。

地的变动。人口迁移的形式为移民。"[1] 这里的"人口迁移"即本书所说的"移民过程"或"移民迁移过程"。而本书所说的"人口迁移"却同时包含了《中国大百科全书·地理学》所定义的"人口流动"（population flow），即："一般指离家外出工作、读书、旅游、探亲和从军一段时间，未改变定居地的人口移民。人口流动不属于人口迁移，流动的人口不能称为移民。"[2]

那么为什么不采用与上述《地理学》相同的定义呢？主要也是受到历史的局限。因为对近代或当代的情况，要区分人口迁移和人口流动似乎并没有什么技术上的困难，但对古代的情况就不尽然，往往根本无法加以区别，所以我们只能将除了本书定义的"移民"以外的所有人口迁移和人口流动全部称之为"人口迁移"了。

第二节

本书的定义

我们要确定的"移民"的定义当然要有其普遍性的意义，但本书将要论述的是中国历史上的移民，所以必须考虑这一特殊需要。

一般来说，移民是指迁离了原来的居住地而在其他地方定居或居住了较长时间的人口。任何参加了这一迁移过程的人都是这次移民中的一员，都具有移民的身份。但作为研究的对象或一种社会现象，移民一般都是指人口，即一群人或一个群体。因为除了极个别的特殊例子外，即使是以个人为单位的迁移，也可以归纳为某一类型的移民。

但根据中国历史上人口迁移的特点和本书的宗旨，我们为本书

---

[1] 中国大百科全书出版社1990年版，第358页。
[2] 同上书，第367页。

确定的移民的定义是：具有一定数量、一定距离、在迁入地居住了一定时间的迁移人口。

下面分别从三个方面阐述这个定义的含义和确定的理由，并说明移民与其他迁移人口之间的关系。

一、移民的数量意义

中国有文字记载以来发生过的人口迁移的次数不胜枚举，有过迁移行为并符合移民条件的人口数以千万甚至以亿计，要把这些移民的次数和涉及的个人都记录下来并加以研究和论述是绝对不可能的。即使我们能够把目前见诸记载的一切人口迁移的史实都整理出来，不仅对绝大多数读者来说缺乏实际意义，更难以从中了解这些迁移的类型和规律，而且就是对于专门的研究人员来说，也没有必要去研究历史上所有的迁移人口或移民。就像我们研究历史时既没有必要，也不可能研究过去发生过的一切事情一样，研究移民史没有必要也不可能研究以往的一切移民现象或移民个人。

我们强调要有一定的数量，首先是考虑到一定的数量在很大程度上显示了移民的规律。

无论是目前所见的文字记载中涉及的移民数量，还是我们研究结果所证明的移民数量，都是非常悬殊的。例如，《史记·吴太伯世家》中记载周族首领古公亶父的长子太（泰）伯和次子仲雍从周原（今陕西岐山县一带）迁至江南，只提到他们两人[1]。族谱中记载的迁移者往往只是该族的始祖或某一代祖先。但《后汉书》和《三国志》称东汉初平元年（190年）董卓强行迁都长安时，就曾迫使首都洛阳及其周围的数百万人西迁。又如东魏天平元年（534年），高欢逼孝静帝迁都于邺城（今河北临漳县西南），《魏书·孝静帝纪》称被迁的有"四十万户"，应该有100多万人口。据我们的研究，西晋末永嘉年间（307—313年）开始、唐朝安史之乱（755年）后和北宋靖康之乱（1126年）后

---

[1] 凡导论部分列举的史实或例证见于本书以下各卷各编者，不一一注明出处，请参阅具体论述部分。以下同。

的三次人口南迁都有100万以上至数百万的规模，明朝初年的大移民涉及的人口更多。

但是迁移人口的主流，或者说其中具有共同目的、方向、路线和类型的那一部分人口，却无不具有一定的数量，因而反映了当时人口迁移的趋势，具有一定的代表性。因为无论是哪一种类型的移民，如果只有个别人或很少数量的话，就不可能具有代表性。除了个别特殊情况外，也不会产生重大的影响。我们强调要有一定的数量，就是为了要在纷纭复杂的迁移人口中筛选出有一定代表性、能够反映一定规律的那一部分来。

其次，我们不得不考虑本书的容量。尽管本书有7卷，约350万字，但要非常详细地论述中国历史上见于记载的全部移民过程却是根本不可能的。尤其是明清以来，仅仅是见于地方志和族谱中的移民就不计其数，因此我们只能选择其中很少的一部分。在其他条件大致相同的情况下，移民的作用和影响的大小，基本就取决于他们的数量了。数量作为我们的选择标准之一，就是基于这样的认识。

我们所取的数量，是对特定的移民进行研究后的结论，而不是文献资料中的记载。由于历史上的人口迁移被记录下来的只是少数，能够保留到今天的就更少，所以我们不能以直接记载为唯一标准。有的迁移类型或过程有记载可考的只是个别事例，或者仅仅涉及相当有限的个人，但如果有确切的史料或研究成果足以证明是属于"一定数量"中的一部分，具有代表性，那就应该归入本书界定的移民。如太伯和仲雍的迁移，《史记》等史籍只提及他们二人，但实际上当时迁移的绝不止他们二人，而是一次数量不小的集团移民。又如汉武帝时派往西域的使者及其随员、征伐西域的军队中有不少人流落在当地，但在现存的西汉和东汉史料中并没有任何记载，直到数百年后的《隋书》中才提到。尽管《隋书》的记载中也没有提供这些移民的数量，但从各方面的情况分析，我们还是可以肯定他们的数量是相当可观的。还有一些迁移过程虽然是以个人或少数人分散进行的，没有形成移民群体，但在相当长一段时间里却是经常性的现象，如在某一地区开发之初迁入的人口往往就有这样的特点；这自然也属于本书所要论述的移民。

不过我们只能用"一定的"这种模糊的概念,而无法规定一个具体的数字或数量范围。原因之一是中国历史上的绝大多数移民运动当时就没有留下确切的数量统计。少数提及数量的,也往往是很粗略的,或者并不是真正的人口数字,如"百万""数万""万户""数千落""数百家"等。即便是这样的史料,无论是直接的还是间接的,能够搜集到的也是相当有限的,所以历史上大多数迁移人口是无法作精确的数量分析的。原因之二是迁移人口的情况千差万别,决定其是否具有代表性的基本数量也是难以统一规定的。这既取决于迁移人口本身的数量、在当时当地总人口中所占的比例和所处的地位、迁移时间和迁入地点的集中程度、迁移距离的长短、对迁出地和迁入地的影响等方面的情况,也要考虑史料记载和保存方面的因素,以及进行研究的可能性和必要性。正因为如此,我们对不同时期、不同地区、不同民族、不同类型的移民将采用不同的标准。一般说来,对早期的、边远地区的、非汉族的、跨国界或地区界的尽可能少遗漏,而对后期的(特别是明清以来)、中原地区的、汉族的、一个政权或地区内部的则取数量较大的。对其中无法作数量推断的那些,就只能根据笔者对史料的理解和判断来做取舍了。

在一般情况下,"一定数量"是就迁移人口本身而言。在特殊条件下,也要考虑其后裔的数量和影响的大小。在方志和家谱中往往会见到这样的记载:某地或某一家族成千上万人口都源于某一位或少数几位外来移民。对这种情况当然首先应该进行分析,因为有时并非事实。例如这些人口实际上并不是出于一姓一人,大批贫穷又无文化的移民在迁入地定居繁衍以后,往往会将自己的祖先或始迁祖附会于某一位可能迁入过当地的名人,甚至编造出这样一位人物来。当地的土著宗族,在人口繁衍并具有了一定的经济和社会地位后,也往往会把自己说成是某一位曾经流寓本地的著名人物的后裔。如海南岛上不少李姓人口都说自己是唐朝谪居崖州(治今海南省琼州市东南)的宰相李德裕之后,这类记载常见于当地方志和族谱之中,实际都是出于附会。又如某地某族中这位或这几位移民正是当时大批迁入的人口中的一员,只是其他人没有留下记载,或者这位移民于该地该姓虽属个别,但就全国或一个地区而言却并非特例。

不过应该承认,历史上的确有个别杰出的移民对地区开发、文化传播、民族融合、疆域巩固作出过重大贡献,他们个人也在当地繁殖了不少后裔,这些当然应该列为本书的论述对象。不过这类移民一般都是在任或被谪居的官员、文人学者、宗教领袖、宗族或部族首领、巨商大贾等拥有权力、能力或财力的高素质移民。

最后还应该说明,上面讨论的定义是为本书的撰写而确定的,所以特别强调了"一定的数量"。但这并不意味着,没有"一定的数量"就不能算移民。即使是一个人,只要他迁移了一定的距离并在迁入地居住了一定的时间,也完全符合移民标准。所以,在确定其是否属于移民时完全不必考虑数量,而在研究或撰写移民史时,我们却不得不考虑数量。

二、移民的迁移距离的意义

与数量相比,有关移民迁移距离的记载要具体得多。因为无论史料记载多么简单,一般总还有关于移民迁入地或迁出地的记载,至少有一个大的范围,如关东、关中、河西、江南,或琅邪郡临沂县、陇西成纪,或南雄珠玑巷、山西大槐树、麻城孝感乡等。由于这些地名今天大多还能查考,所以可以大致了解这些迁移的距离,有作数量分析的条件。

要规定多长的距离才够得上"一定的"标准是相当困难的,但这样的规定还是必需的。迁移的距离与移民的数量一样,无论对某些具体的移民个人,还是对一场移民运动,都具有重要的甚至决定性的意义。如果迁移的距离过近,那么无论迁移人口的数量有多少,至多只对当地有影响,不会影响到周围地区,更不用说整个社会。以往人们在日常生活中由北街改住南街,东门迁到西门,乡下搬到城里,甲村移居乙村,此县徙于彼县,这样一类迁移是多得不计其数的。例如,随着家族人口的增加,居住区总要不断扩大;婚姻嫁娶即使范围有限,也不会都在原地。如果不加以必要的区别和限制,真正有意义的人口迁移反而会湮没在这些随时随地都在进行的人口流动之中。

既然如此,为什么不确定一些具体的距离指标呢?因为这样做并不科学。

首先,我们研究近代或当代的移民,要取得某些移民或某一次移民的迁移距离一般不会有什么困难,但文献中对移民的迁出地或迁入地的记叙往往只是一个很大的地域范围。如秦汉时的关东,就是泛指今太行山以东、燕山山脉以南、淮河以北、渤海和黄海以西这样一个大的区域,如果史料中只记载了某次移民迁自关东,那么以哪一个地点作为迁出地,怎样来确定迁移的距离呢?如果迁入地也是这样一个大的区域,如江南、岭南,要确定具体的距离也无从谈起。

其次,尽管距离作为一个量化的指标是绝对的,但在决定移民的意义与影响方面却是相对的。就是考察迁移的困难程度,也不能仅仅根据距离一项,还应考虑自然地理和人文地理的条件。如平原之间的迁移与跨越高山、峡谷、江河、沙漠的迁移,就不能只用距离来衡量它们的难度。台湾海峡的宽度比从东南沿海地区到东南亚的距离要短得多,但由于复杂的水文和气候条件,在航海技术不够发达的情况下,从福建沿海驶往台湾的风险比远航东南亚还大。在政府允许、鼓励甚至资助下的迁移与在官方封锁禁止时的偷渡闯关,即使迁移的距离相差悬殊,也很难一概而论。

正因为如此,我们所确定的"一定的距离",并非局限于具体的里程,而是指不同的区域之间。首先是指大的自然地理区域之间,例如黄河流域和长江流域之间、华北平原与关中平原之间、青藏高原与四川盆地之间等。其次是指省与省之间,即省际。在省(行省、布政使司)这一级政区没有出现之前,则指一级政区如州、道、路等单位之间。再次是指范围较大的二级政区如郡、府、州之间;或者不同的地理小区域之间,如平原与丘陵、平原与山区、大江河的此岸与彼岸等。总之,在考虑绝对距离的同时,必须用是否跨不同的地理区域或行政区域来衡量。

对这些标准不能孤立地、绝对地看待,而应该进行综合的、全面的分析。例如清代的台湾,从康熙二十三年(1684年)至光绪十一年(1885年)这201年间都是福建省的属地,因此从福建大陆向台湾的人口迁移不能列为"省际",只是同一个省的"府际";而且两地的绝对距离也不算远。但谁也不会否认,这一类迁移人口的移民特征,其意义和影响远在一些省际迁移之上。相反,有些省际迁移却并没有超越同一地理区域,与邻县间的迁移并无二致,如太湖周围的江苏、浙江之间,华北平原上的河北、山东、河南之间,江淮平原上的江苏、安徽之间,云贵高原上的云南、贵州之间等。

对人口从农村迁入城市,一般也限于来自其他行政区,而不包括由本县或本府的乡村迁入县城、府城一类的近距离迁移。如近代迁入上海市区的移民,一般是指来自上海以外的,如苏南、浙北各县及其他省区。在移民具体数量无法区分的情况下,则将论述的重点置于距离这一方面。

历史上有一些近距离的移民是随着渐进式的地区开发而推进的,当移民累积到一定的数量时,也会产生重大的影响,如新县的建立、产业区的扩大、文化区域的调整等。尽管这类移民的迁移距离是微不足道的,但他们的数量和作用是值得重视的,也是移民史的一部分,所以在篇幅允许的条件下,本书同样予以论述。

三、移民的居留时间的意义

我们之所以还要规定"在迁入地居留了一定的时间",是因为最终是否定居是区分移民与其他流动人口的主要界限。

在中国历史上的迁移人口中,有相当一部分人并不是以定居为目的,事实上以后也没有在迁入地定居。例如自秦汉以来直到宋代,大多数平民都必须承担兵役或劳役,必须离家去边疆、首都或其他地点服役若干时间。由于涉及全国绝大多数男性成年人口,这类迁移人口的数量不可谓不多,一次多达数十万或上百万的记载在史料中屡见不鲜;距离也不可谓不远,往往不下数千里,如汉唐时关东或江淮间的人到西域服役;但其中的绝大多数是定期返回的,而不是以定居为目的的,所以在一般情况下是不能归入移民之列的。不少论著把汉唐时在西北的戍卒和屯田都列为移民,而对这些人员是否在实际上定居不加区别,显然是与事实不符的。另外,像到外地赴任的官吏、游学或赶考的学人、流动经营的商人、派驻各地定期轮换的军队、有期流放的罪犯、从事季节性工作的工匠或农民、逃荒或乞讨而短期离乡的灾民等,尽管其中有些对象不乏数量大或距离远的特点,也不能视为移民。当然,在这些对象中的确包含了一部分真正的移民,因为其中有些人最终在迁入地或流动地定居了。但总的说来,这些人只占少数。更重要的是,他们已不再返回原地,与其他人的性质已完全不同了。

在判断迁移人口是否居留时,主要应根据实际,而不是名义、籍贯或者户籍所在。

例如不少朝代都有这样的情况:一些官员早已在京城定居,甚至已居住了不止一代,但在原籍还有住宅田产,或者户籍还在原地,籍贯自然更未改变。他们实际上已成为移民,不能因为与原籍名义上的关系就被当作流动或者临时外迁人口。如西汉时在首都长安及附近县居住的官员,只要没有正式迁入因建造皇帝的陵墓而设置的新县(陵县)的话,即使已在那里生儿育女、安家定居,也不能取得正式户籍。他们在法律上还是流动人口,在史书上也只记载为原籍人。明清时不少南方籍人士,实际上是随当官或游学的先辈生长在北京的,但习惯上还称他们为南方某地人。又如明清的徽州商人,有的已经在外地定居了几代,但往往还在原籍留有家属或房产田地,有的户口也登记在原籍,有的不时回乡扫墓省亲。我们如果因为他们与原籍的这些关系或根据他们自报的籍贯就认为他们不符合移民的条件,那就完全不符合实际了。

还有一些迁移人口在一开始的确是候鸟型的,每年作季节性流动,但他们的主要生活时间和生活基础已经不在原地了。对这些人口也应该实事求是地承认他们已在迁入地居留的事实。像18世纪以后迁往台湾的人口中,相当一部分并没有立即定居。他们大多数单身前往台湾开垦耕作,在收获后返回大陆,次年春耕前再去台湾。随着开垦的成功和生活条件的改善,他们返回大陆的次数和时间逐渐减少,携带的家属也不断增加,大多数最终在台湾定居。类似的情况也发生在近代华北人口向东北的迁移过程之中。不少贫民都是单身闯关东的,有的每年春去冬归,有的在东北积累了一定的钱财后返回家乡,有的多次往返于两地;但多数人以后成为东北的定居人口。因此,在研究这类移民运动时,应该注意到这类特殊情况,尤其是在确定初期的移民数量时必须考虑到这些候鸟型人口。

我们没有使用"定居"这个概念,因为要确定"定居"的定义同样并不容易。定居不仅涉及迁入人口的居留目的和状态,也还有时间的长短问题。究竟多长时间可以算定居,是很难确定的。如果迁入一个地方居住了若干年后又迁移,究竟能不能算定居,中间居留了多少时间才能算定居,都有很多复杂的因素要考虑和衡量。与其再要对"定居"作出新的界定,倒还不如比较原则地定为"在迁入地居留了一定时间"为好。

一般来说,就迁移人口本人而言,是指迁入一个地方住下后直至终老没有再迁移;对于迁移对象的后代来说,至少居留了一代人。如在两汉之际,一些北方人士避居南方,到东汉建立并恢复了中原的秩序后,大多返回了北方。尽管这些人在南方居住了十余年时间,对迁入地不无影响,但不能归入移民之列。而东汉末年从北方迁入蜀、吴二地的人口,有很大一部分没能回到北方。其中有些人没有几年就死亡了,他们的下一代却居留在迁入地了,他们自然属于移民。到了魏灭蜀和西晋灭吴时,这些移民的后裔又有一部分被迁回北方,这也不影响他们的移民身份。北宋末年由黄河流域、江淮间迁入南方的人口,一部分人以后返回故乡,也有一部分人客死南方,他们的下一代迁了回去;前者不能算移民,后者本人算移民,但他们的下一代不算移民。如果他们的下一代再迁到南方,那么有可能列入新的移民。不过,除了少数人在史料中有如此详细的记载外,多数人的情况不可能有具体的反映;这些个别例子往往只是给我们提供一种移民类型,使我们能在确定一次移民运动或一个移民过程的规模时考虑到这些因素。

四、移民与其他类型的迁移人口之间的关系

根据我们确定的移民定义,移民与迁移人口之间的关系也就很清楚了。移民是人口迁移的结果,移民必定是迁移人口。但移民只是迁移人口中的一部分,或者说是迁移人口中符合一定的条件的那一部分,并不是所有的迁移人口都是移民。正因为如此,人口迁移历史的研究是移民史研究的基础。也只有对迁移人口进行深入的研究,才能从中筛选出符合移民条件的那一部分来。

中国历史上曾经大量出现过流民,尤其是在战乱时期和自然灾害严重的情况下。流民都是流动人口,因为他们或近或远都已经离开原来居住的地方。但流民的情况相当复杂:其中多数属于在原居住地就没有什么土地财产的贫民、佃农、奴婢等,他们对故乡较少留恋,如果他们在外乡获得了比原来好的生活环境,就会随遇而安,在当地定居;如果他们无法定居,一时又回不了故乡,他们就会继续流动,直到找到新的定居地或返回故乡为止。另一部分在故乡拥有一定的资产和社会地位的人虽然被迫离家,但始终持临时观念,一旦有可能就要迁回原居住地。如果战乱长期持续,或者政权分裂,或灾情过于严重,他们就不得不长期侨居外地,实际上定居下来。对灾害流民,迁入地的政府一般都在灾害过后予以遣返,无法遣返时才承认现实,允许流民定居。对战乱移民,迁入地政府开始也作为难民进行临时安置,但在他们迁返无望的情况下,就改为办理入籍手续,纳入编户。如西晋末年开始南迁的北方人——开始基本都安置在专门设置的侨州、侨郡或侨县中,他们自己也以侨民自居。但百余年后分裂已成定局,南方政权不得不实行"土断",将侨州郡县改为普通州县,将这些人的侨民身份改为正式居民。又如北宋末南迁的北方人口,在南方被称为"流人",他们自己也以流民、难民自居,政府还一度为流亡士人举行"流寓试",使他们能在外乡参加科举考试。但在宋金和议达成,分裂合法化后,朝廷就采取措施让流人在迁居地入籍。可见流民虽然不等于移民,却在客观上造就了大批移民,是移民的重要来源。所以我们

一方面要注意两者的区别,而另一方面却往往要从研究流民入手,从中发现真正的移民。

移民与民族迁移也是既有区别又有联系的。民族迁移至少应有两方面的特点:一是迁移人口基本上都是一个或若干个民族,一是迁移的结果是这个民族居住地的改变。就第一方面而言,可以是汉(华夏)族,也可以是非汉族;可以是农业民族,也可以是牧业或其他民族;可以是内地的,也可以是边疆地区的。第二个特点就规定了像游牧民族的季节性迁徙,或游牧地在周围的扩大和转移,或出于掠夺骚扰目的并返回了原地的南侵等,都不属于民族迁移。一个民族的部分人口在本民族的居住范围内从一地迁至另一地,无论距离多远,也不能称为民族迁移。只有这些人口迁离了原来的居住范围,或迁入了其他民族的居住区,才可以列入民族迁移。所以民族迁移也是移民运动,只是迁移的对象有特殊性,因而迁移的方式和造成的影响也可能不同于一般移民。但多数移民不属于民族迁移,所以移民不能等同于民族迁移。

以往习惯于将西晋永嘉之乱后和北宋靖康之乱后的人口南迁称为民族迁移,其实并不十分确切,特别是后者。永嘉之乱后的确出现了大规模的民族迁移,但这不仅指汉族的南迁,也包括匈奴、鲜卑、乌桓(丸)、羯、氐、羌、卢水胡、丁零、高车、柔然、铁勒等各族的迁移,这些民族的聚居区大多经历了很大的变迁。汉族的南迁尽管不始于永嘉之乱后,但南迁却使汉族的居住区有了进一步的扩大,并更加深入到南方各地。从这一意义上说,南迁也可以视为汉族的一次迁移。可是南迁人口并不全是汉族,也包括一部分其他民族人口,南迁后汉族在中国北方依然是最主要的民族,所以这并不是一次典型的民族迁移。靖康后的北人南迁虽然也导致了南方汉族聚居区的扩展,但基本上是汉族地区内人口从一个地区迁往另一个地区。虽然有数百万女真人、契丹人、渤海人迁入北方,但汉族仍在人口总数中占了大多数。所以对女真等族来说固然是民族迁移,对汉人来说就谈不上是民族迁移,因此还是列入移民为宜。

在结束对移民定义的论述的时候,有必要再讨论一下我们与西方学者在确定移民定义方面的不同历史背景。1990年8月我参加国际历史人口委员会在马德里召开的学术讨论会,会议的主题是"1500年以来的长距离人口迁移"。以1500年为界,显然是以1492年哥伦布发现新大陆从而开始了欧洲人对美洲的移民为一个阶段。对"长距离"的定义,尽管没有明确的规定,但从与会者的报告和发表的意见来看,主要还是指洲际或欧洲各国之间。从欧洲、美洲历史的实际出发,这样的界定当然是正确的,因为1500年以来欧洲的绝大多数国家领土范围不大,本国内的迁移距离有限。而中国历史上的情况就完全不同了,本书将要论述的移民尽管都是在中国的疆域范围之内进行的,但他们迁移的距离一般都超过欧洲多数国家之间的迁移,因此属于"长距离人口迁移"的范围是毫无疑问的。

由此我们想到,对移民定义的确定应该从研究对象的实际出发。西方的学者习惯于欧洲、美洲的实际,往往特别强调移民的国际特点,甚至以是否属于国际间的迁移为确定移民性质的唯一标准。在这种观点的影响下,国内有些学者也只重视历史上中国与外国间的人口迁移。讲到中国移民史,似乎只指向海外的移民这一类,或者就是一部华侨史。中国内部移民历史的研究长期以来没有受到应有的重视,与这种观念的存在不无关系。当然,我们丝毫不认为,目前对中国与外国之间人口迁移历史的研究已经相当充分了,事实上这一方面同样还有不少亟待进行的工作;但相比之下,中国内部的移民对中国历史的发展具有更加重大的意义,而这方面的研究处于非常薄弱的状态,应该放在更加主要的地位。而且,根据中国历史上人口迁移的实际来确定移民的定义,无疑会比完全按照西方学者的观念行事要合理得多。

第三节

中国移民史研究的对象和具体内容

中国移民史的研究对象,是发生在历史时期的中国范围内的移民。移民的概念已见上述,关于"历史时期的中国"所包含的空间和时间范围,在下面两节中将作专门的论述。这一点与当代移民的研究并无二致。就研究对象而言,中国移民史所要研究的与当代所要研究的移民问题也并没有本质上的区别。但由于受到客观条件的限制,也由于历史时期的一些特殊原因,两者在具体的研究内容上有所不同,深入的程度也不一样。

中国移民史必须研究的具体内容,或者说本书应该包含的内容,有以下三个方面。

一、移民的迁移过程

从总体上说,这是指曾经发生在本书所规定的时间和空间范围内的总的迁移过程,即所有的移民运动。我们应该把以往的移民运动作为一个总的迁移过程来考察,只有这样我们才能全面地认识移民的影响,因为每次移民运动都有其具体的影响,有的是相互抵消的,有的是互不关联的,有的却是彼此叠加的,对中国历史各方面造成的影响就是它们的合力或总和。

就一次具体的移民过程而言,应该研究的问题有以下几个方面。

1. 迁出地

即移民在迁移以前所居住的地点,或者可称为移民的出发地。这在当代移民研究中一般是不成问题的,但对历史时期的移民往往会有很大的困难。有的移民的迁出地只知道一个很大的区域,如关东、中原、西域、江南等,有的只有一个更模糊的概念,如漠北、南方、海外等。有的虽然知道一个具体的古地名,却无法查清它的今地在何处。还有一些移民的来源已经无考,目前找不到任何关于他们的迁出地的记载。我们当然要尽可能将迁出地落实到最小、最具体的范围,如果实在无法查清,也只能采用宽泛的概念,或者保留空白。

另一种情况更加复杂。有的迁出地在史料中虽有明确记载,今地也不难考订,但却并不符合事实。如果我们不加分析就加以采用,就不能正确复原这种移民的过程,而且会得出错误的结论。例如,据《汉书·武帝纪》所载,元狩四年(前119年)迁往西北地区的移民迁自关东和会稽。如果这是事实,那就意味着会稽郡(约相当今江苏南部和浙江北部)当时已开始输出移民,也就是说,会稽郡或存在着相对过剩的人口,或发生了某种特殊情况,否则何以成为淮河以南唯一的移民输出地?但实际上这"会稽"二字并不是《汉书》中原来有的,而是传抄过程中的衍文,事实上会稽当时并没有输出移民,当然也就不存在什么过剩人口或特殊情况。像这样的迁出地如果不弄清楚,势必影响我们对移民规律的认识,类似问题在移民史上并非个别。

即使记载没有错误,对某些迁出地也还要认真分析。例如有几次规模非常大的移民运动,史料所载或移民及后裔自称的迁出地却往往是一个很小的地点。如明代由湖广(大致相当于今湖南、湖北二省)迁入四川的移民都自称是麻城孝感乡人,甚至说是江西麻城人或江西麻城孝感乡人;迁至安徽、湖北的移民都说来自江西瓦屑坝;迁入苏北的移民大多说原籍在苏州阊门外;云南卫所人口往往只知道祖先是从南京杨柳巷迁来;居住在华北平原的移民更有"家在山西大槐树"(在今山西洪洞县城)之说;南雄珠玑巷则是岭南众多移民所公认的始迁地;而宁化石壁寨是天下客家共同的发祥地。这些迁出地,大的不过是一乡一寨,小的仅一村一巷,甚至是一棵树,无论如何不可能迁出如此多的移民。其他邻近地区也不可能毫无移民迁出,更不可能不留下任何后裔。但这类传说却明明白白载于族谱、方志,世代流传于口碑,移民后裔深信不疑。因此我们既要从历史事实出发复原真相,又要从社会文化心理的角度对这种特殊现象作出合理的解释。

迁出地是移民实际出发的地方，而不是他们的籍贯或郡望。古人极重籍贯和郡望，尽管实际居住地早已改变，但籍贯并不一定改变，郡望更是一旦认定就永久不变的。所以我们在确定移民的出发地时，一定要根据他们的实际居住地或出发地，而不能简单地根据他们的籍贯或郡望。例如，永嘉之乱后，很多官僚士人都是从首都洛阳迁往南方的，而不是从他们的原籍出发的。琅邪王氏在洛阳当官任职已有几代，不少人是生在洛阳、长在洛阳的，他们南迁的出发地当然是洛阳，而不是今天的山东。十六国前凉的创始人张轨的籍贯是安定乌氏（今宁夏固原市东南），但他的上一代已经内迁，所以张氏的出发地是中原河南，而不是安定乌氏。唐朝的柳宗元是出生在江南的北方移民后裔，如果只了解他被称为"柳河东"（籍贯河东），就抹杀了他的移民后裔身份。南宋理学家胡安国籍贯福建，却是地道的"北方移民"，因为他长住今湖北荆门，南渡后迁至湖南衡山。

2. 迁出地的状况

即移民在迁移以前所居住的地点各方面的条件，包括其自然地理如地形、地貌、水文、气候、灾害等状况，人文地理如经济、文化、人口、民族、风俗等状况，有关的历史事件如异族入侵、农民起义、社会动乱、赋税制度和土地制度的改变等。当然这些因素中有的对移民在迁移前的生产和生活并没有明显的影响，有的就起着很大的作用，都会因时间和地区的不同而异。所以那些与移民关系密切的因素，应该是研究的重点所在。

3. 迁出地对移民的推力

即导致移民迁移的直接和间接原因，或称为移民迁移的动力，也就是上述迁出地的状况中对移民的迁出起了一定作用的因素。一般说来，以下几种因素是比较重要的：（1）自然灾害的类型及其影响的剧烈、持久程度，当地官方和民间的抗御和救助能力；（2）社会动乱或战争的波及或影响程度、时间，地方当局对局势的控制能力，社会治安状况；（3）人口密度与周围地区及全国平均水平的差异程度；（4）经济水平与周围地区及全国平均水平的差异程度；（5）赋税负担、土地占有、人均耕地与周围及全国平均水平的差异程度；（6）异族人口所占比例或外来文化的影响程度;(7)气候、环境和生存条件的恶化程度或潜在的威胁。

这些因素是对移民整体而言的,至于具体的个人的迁移原因必然要复杂得多。但我们不可能研究移民个人,除非是有代表性的例子。这些因素不一定同时都起作用,但也不是孤立的,如自然灾害与战争可能同时发生,治安的恶化会在外来移民或异族迁入以后出现,经济发达可以缓解人口密度高造成的压力,社会安定情况下发生的自然灾害能得到较好的救济,诸如此类。另外,不同阶级、层次的人口对这些因素的反应也不相同,如上层和富裕人口对自然灾害有较强的应变能力,但比贫穷者更担心受战争动乱和异族迁入的影响;贫民不大会考虑气候、环境等方面的变化,在赋税负担加重、自然灾害严重时较多以迁移为应付的手段。所以在具体研究中必须作全面综合的分析。

在当代的移民研究中,这些推力大多是可以量化的,有具体的数据,所以能用数理统计的方法进行定量分析和比较。根据现有的史料,对中国以往的移民迁出地能够比较全面地列出若干种推力的已属不易,要作定量分析几乎没有可能。如自然灾害的强度和破坏程度、人口密度、各种经济指标、赋税额等很少能找到符合科学标准的数据,如果要硬套现代的什么模式或框架,不仅得不出可靠的结果,还可能南辕北辙,闹出笑话。因此,我们在论述移民迁移的动力时会从实际出发,并不一定用推力这个术语或概念。

还有些因素,如宗教冲突,在世界上有的地区曾经是导致移民迁出的重要推力,但在中国的汉族地区却几乎没有起过什么作用。即使是在北朝、唐朝这样发生过灭佛、佛道之争的时期,宗教因素也没有成为移民迁出地的主要推力。不过我们在研究青藏高原、蒙古高原、西域(今新疆及中亚地区)的移民时,还是应该注意到佛教(含藏传佛教)、伊斯兰教的影响。至于其他一些因素如方言、宗族或血缘关系、风俗习惯、同乡等,主要表现为迁入地的拉力,而不是以迁出地的推力出现。

4. 始迁时间

即移民迁离原居住地的时间。如果有多批移民或迁移过程持续了较长的时间,则应指从首批移民迁离至最后一批移民迁离之间的时间。中国历史上有些类型的移民,尤其是那些下层民众的自发性迁移,延续时间很长,但很少见于史料记载。如由北向南、由平原向山区、由内地向边疆的开发性移民,见于记载的只是形成高潮后的情况,此前的记载至多只能找到一鳞半爪,具体始迁时间只能作大略的估计。

5. 迁出时的数量

即移民迁离原居住地时的数量。如果距离较短、迁移时间不长、迁移过程比较顺利,这个数字基本上就是在迁入地定居的数量;反之则不一定。如在距离较远、迁移时间较长的情况下,移民既有在途中死亡或流散的可能,也有在途中生育或接纳其他移民参加的可能。迁移过程的顺利与否也有很大的关系,如在和平时期得到官方鼓励资助的移民,尽管路途遥远,途中时间较长,但由于有较好的准备,途中也能得到必要的补给和救助,移民流散和死亡的数量不会太多。而在战乱条件下的迁移,移民能顺利到达终点的比例一般很低,在其中那些无目的的避难或逃亡中能到达终点的人数更少。由于以往大多数年代、大多数地区并没有留下可靠的人口数字,移民本身有数量可考的也只是极少的一部分,所以我们既无法直接了解移民迁离原居住地时的数量,也不能通过比较迁出地和迁入地的人口变化来推算迁移人口的数量。有时我们或许可以用一些间接的手段(详见下章研究方法)对有关的人口数量作出大略的估计或推测,但在多数情况下是没有这种可能性的。

由于缺乏基本的数据,现代移民研究或人口地理学上人口的迁移率等定量指标是无法测算的,往往连估计也非常困难。这就是本书在多数情况下不使用这些指标或术语的主要原因。

6. 迁移的方向、路线

自觉的移民,无论是出于主动还是出于被动,都有具体的目的地,有明确的方向。但不自觉的移民离开原居住地时并没有永久迁移或在其他地方定居的打算,至多只有一个临时性的目标或暂时居留的地点,有的甚至毫无目的地,如灾民逃荒时只考虑何处可以生存下去,战争时的难民只求生命安全有保障。当然作为后人考察这些最终成为移民的迁移人口,他们的迁移方向还是客观存在的。无论他们在迁移的过程中发生过多少曲折、停留了多少时间,或者有过南辕北辙,去而复来,他们的迁移方向就是最终定居的地方对于原居住地的相对位置。

不论移民属于何种类型,迁移路线都是他们在迁移过程中的实际轨迹,即曾经过的地点。在一次大规模的移民运动中,从同一地点出发并迁入同一地点的人也可能会走不同的路线,个别人更可能使用了与众不同的特殊路线。但在史料中,有关移民迁移的具体路线的记载是很少的,即使是像永嘉南迁、安史之乱后的南迁这样大规模的、长期持续的移民浪潮,有关移民迁移路线的记载也是零星的、不连贯的,更不用说下层民众自发性的移民了。所以我们在论述迁移路线时,往往不得不根据当时的交通路线、地理环境、地形地貌条件、政治和军事形势、经济开发程度等状况作综合分析,在此基础上进行合理的推测。

移民使用的交通手段应该是具体的,但现存的史料无法供给我们足够的依据。由于工业化以前交通工具比较简单,除了某些特殊情况外,一般交通工具的论证并无多少意义。因此我们主要应当弄清他们是取陆路、水路还是海路,走的具体路线是什么。如从山东半岛迁至朝鲜半岛,既能直接渡海前往,也可能从陆路绕道辽东;从江淮平原迁至今越南北方,既能由陆路南下翻越南岭而去,也可能是从长江下游出海,沿中国大陆岸线向西南航行。如果移民使用的交通工具不一般或有特殊意义,或者使用了新的交通工具,如清末开始用轮船运送迁往东北和台湾的人口,从而提高了移民的速度,那还是值得作详细说明的。

7. 迁移距离(地理距离和社会文化距离)

即迁出地至迁入地的地理坐标差距。严格地说,应该是指两地间的直线距离。但我们更应该考察两地间的实际距离,因为这才是移民们在迁移过程中的具体运动轨迹。了解实际迁移距离与直线距离间的差异不仅在于说明历史事实,还能够反映这次移民发生时的自然地理和人文地理环境。如在人类克服地理障碍能力很差时,他们只能选择比较容易穿越的地带,如平原、河谷、山口、高原、比较平缓的山岭、比较狭窄或平静的河流。这样他们的迁移线路不得不迂回曲折,实际迁移距离往往大于甚至数倍于直线距离。如在穿越秦岭的道路没有开凿之前,关中盆地与四川盆地间的交通必须绕过秦岭。处于关中盆地西缘的羌人是在到达黄河上游以后,再折向东南,循白龙江河谷经川西高原南下的。在翻越秦岭的道路开通以后,尽管"蜀道之难难于上青天",一旦需要,关中的人口还是能够大批直接南下,迁移距离大大缩短了。在战乱或分裂状态下,迁移的路线往往受到人为的阻碍,移民不得不绕道而行,实际距离也会因此而延长。一般说来,迁移的难度是与实际距离成正比的。但同样的距离也还有不同的通行条件,其难度与迁移难度也存在正比关系。

以上所说的都是地理距离。我们还应该注意到,人类社会普遍存在的地区差异使任何迁出地与迁入地之间都可能存在着社会文化距离。所谓社会文化距离,就是迁出地与迁入地之间在社会文化背景上的差别程度。这种距离是不能以里程来表示的,也不能简单地加以量化,但却是实际存在的,并且的确有程度上的不同。这种距离也很难根据某一方面,或用单一的指标来衡量,而只能将各种因素叠加后作一个综合的判断。当然社会文化距离与地理距离并非毫无关系,在各种因素都大致相同的情况下,社会文化距离与地理距离也是成正比的;即地理距离越远,社会文化距离也越远。各种因素都相同的情况几乎是不存在的,所以实际上两者并没有比例关系,也没有必然的联系。

而且,同样的因素对于不同类型的人口、不同时期所起的作用也是不同的,这就产生了不同的社会文化距离。如上层移民注重精神文化的差异,而下层移民则更关心物质文化;不同的政权或政治制度对宗室、贵族、官僚来说是很难跨越的距离,但对农民和贫民而言,只要能提供耕地和赋税豁免,他们就根本不会感到有什么距离;不同民族之间,特别是牧业民族和农业民族之间的界限是泾渭分明的,在和平时期除非是被掳掠,汉人一般不会主动迁往牧业民族地区,但在战乱中就会有人到那些地方避难,罪犯、奴婢、逃兵等在汉族政权下无法生存的人也常常逃往少数民族地区。如在东汉末年、隋唐之际都曾有大批汉人迁往乌桓、鲜卑、突厥地区避难，东汉末聚居在南方山区的山越人中、南朝时分布很广的蛮族人中都有不少逃亡的汉人。

8. 迁入地的状况

对移民迁入地各方面情况的考察，与对迁出地的考察并无二致。这些情况自然并不会都对移民的迁入发生作用，起作用的也有大小之分。除非出于外力或强制性移民，迁入地的总体状况一般应比迁出地优越，否则就不可能成为迁入地。所以我们在研究或论述中，应该注意迁入地与迁出地各对应因素的比较，如两地的人口密度、人均耕地面积、丁银或地税额、气候条件等等。

9. 迁入地的拉力

即迁入地吸引移民迁入及导致移民最终定居的因素。这包括上述迁入地与迁出地各对应因素的比较中有利的那一部分。也有一些因素只是在吸引移民定居方面起作用，可以说是迁入地特有的拉力；有的在迁出地只能起到阻碍人口外迁的作用，但在迁入地却能起积极作用；因此拉力和推力并不是一一对应的。如宗族或血缘关系，在原居住地一般起着维系本族人口，使之保持稳定、不轻易迁移的作用。除非一个宗族的大部分人口一起迁移，否则就不会在迁出地产生一种推力。但在迁入地，宗族的因素却会起很大的作用，成为吸引外来同族人口就此定居的重要原因，完全是一种拉力。又如同乡对迁出地的土著人口来说，不会产生什么影响；但当迁移人口到达异乡时，当地有无同乡、同乡的数量、同乡所处的地位、同乡的态度等往往成为促使他们最终定居的决定因素。同宗、同乡在迁入地的定居和发展、生活条件的改善、事业的成功、社会地位的提高，都是对还留在原居住地的本族、本乡人口的一种强大的拉力。历史上大规模的、长期持续的移民运动往往产生这样一种结果：移民在迁入地的定居表现出强烈的地域性和宗族性，即相当多的移民是以原籍甚至原乡、原村为单位定居，或聚族而居的。如在明初迁山西移民于华北平原北部后，形成了很多以原籍县、乡为单位的聚落。闽南移民和客家移民在台湾的分布也相当集中，大陆同宗族的移民在台湾依然聚族而居。同乡人"闯关东"成功的事例一直是不少山东、河北人投身于移民行列的动力。近代上海市区一些行业具有极强的地域性：广东人开百货店、当洋行买办，苏北人拉人力车、开理发店，徽州人开茶叶店、药材店，等等。现代作家茅盾曾回忆，20世纪20年代商务印书馆的茶房是清一色的南浔(今属浙江湖州市南浔区)人，就是一个很典型的例子。

10. 迁出地与迁入地以外的作用力

有些移民既不是迁出地的推力，也不是迁入地的拉力造成的，而是外力作用的结果。如历史上有些强制性的移民就是出于统治者的个人意志或一时好恶，开始时与迁出地的推力和迁入地的拉力可能并没有关系，但一旦实施移民，这一外力就转化为推力和拉力了：迁出地的地方官对迁移对象的强制执行就是压倒其他因素的推力，而迁入地的军政机构对移民的监督防范就是一种主要的拉力。没有这些措施，强制性移民就无法实行。如果迁入地根本不存在其他拉力，仅仅依靠这种强制力是绝对不能使移民定居的。一旦强制力减弱或消除，迁入的人口就会逃回迁出地，或远走他乡。如十六国后赵的石勒和石虎曾将数百万人口强制迁移至襄国(今河北邢台市)和邺(今河北临漳县西南)及周围地区，但在后赵覆灭后几乎全部迁离襄国、邺，没有留下多少定居的移民。还有一些移民尽管也是被强制迁移，但由于迁入地的拉力起了作用，他们由被迫变为自愿，成为真正的移民。如战国末年赵国的卓氏、程氏，亡国后被秦国迁至蜀地，当他们了解了当地丰富的铁矿资源后就主动争取定居，并因经营矿冶而成为巨富。很显然，促使他们定居的根本原因是迁入地本身的拉力，而不是秦国的强制力。

11. 定居的过程和数量

到达迁入地的人口，有的在居留了较短时间后又迁离了。根据本书的定义，这些并不属于移民，我们只把他们看成迁移过程中的人口，而当他们在其他地方居留较长时间后再列入那里的移民。

所谓定居的过程，一般有两方面的含义：一是实际上的定居，一是法律上的定居。实际上的定居是指迁入的人口在迁入地长期居住，不再有迁移的打算；或者虽无长期居住的愿望，但在实际上没有再迁移。这一过程并不需要很长时间,往往从他们一迁入该地就已经完成。例如永嘉之乱后跟随琅邪王司马睿从琅邪(今山东临沂市北)迁至南方的人口大多被安置在新设立的怀德县(治今江苏南京市区鼓楼一带),他们一开始并没有定居的打算,但在实际上没有再迁移,他们的定居过程到迁入怀德县就完成了。但法律上的定居过程却长得多,因为除了由官方直接组织的移民以外,即使是完全合法的难民、流民,官方开始时一般是作为临时居留的人口来安置的,他们也以临时居留人口自居。如怀德县就是永嘉之乱后官方设立的第一个"侨县",居住在那里的琅邪人是"侨民"。他们虽有合法的户籍,但不同于当地原来的居民;这种差别要到百余年后才消除。所以从法律上说,他们的定居过程长达百余年才完成。还有些朝代,移民的户籍被列为"客籍"或"客户",他们的社会地位、土地所有权、赋役负担等与土著居民还有不同,要到多年后甚至几代以后才能完全相同。非法移民在法律上的定居过程则更困难、时间更长,官方从禁止、驱赶到默许、承认并最终将他们纳入编户,往往要经过多次反复,甚至要经过流血的冲突。如从明朝初年后陆续迁入荆襄山区这块禁区的流民,曾多次受到官府的驱逐,其中最严重的一次还造成大批被逐流民在途中死亡。直到成化十二年(1476年),朝廷才派原杰前往招抚,将4万多人驱逐回原籍,其余近40万人被准予编入新设的郧阳府和附近各府户籍,成为合法移民。由于这一过程持续近百年,多数移民的实际定居过程早已完成,有的已在迁入地居住了不止一代,可见法律上的定居过程与实际定居过程之间存在的巨大差距。

正因为如此,我们在计算定居移民的数量时,必须分清是指实际定居人口,还是指法律上的定居人口。前者是指到达迁入地后不再离开的人口数,后者是指得到官方承认并已取得合法户籍或得到合法居留权的迁入人口数。由于官方户籍统计数往往不反映未纳入登记或只登记为"侨户""客户"或"客籍"的人口,所以我们特别应该注意两者的区别,以便能正确分析移民的数量和状况。

12. 移民后裔

即第一代移民到达迁入地后生育的子女及其后代。由于移民的过程往往持续很长的年代，在此期间移民人口的自然增长与新移民迁入的机械增长在同时进行，所以如果不将移民及移民后裔加以区分，就无法明确原始移民的数量，而得出模糊的、错误的结论。例如在一次持续了50年的移民运动中，当最后一批移民到达迁入地时，第一批迁入的移民有一半以上的人已死亡，留下了他们的子女或第三代。在这50年中，移民是不断迁入的，每批的数量又不相同，所以在没有确切的数据的情况下，仅仅根据移民运动结束时的数量是不能计算出原始移民的数量的。在这种情况下，我们只能使用移民及其后裔这样的概念。如从北宋靖康元年(1126年)开始的人口南迁一直持续不断，其中的高潮就有好几年，直到南宋末年。如果我们推算出南宋末或此前某一年定居在南方的北方移民数量，那就是移民及其后裔之和，因为其中既有第一代移民，也包括了他们迁入南方后繁殖的人口。第一代移民的数量只与迁出地发生关系，但移民后裔的数量就与迁入地的状况和定居时间的长短有密切关系。在相同条件下，迁入越早、定居时间越长，后裔的数量就越多。

划分移民及移民后裔的唯一界线，就是出生地。凡是迁入前出生的都是第一代移民，在迁入地出生的就是移民后裔。如一对夫妻带着一个婴儿迁至某地定居，不久他们又生了一个孩子，那么第一个孩子属于第一代移民，第二个孩子就计为移民后裔，尽管他们之间是兄弟姐妹关系。当然在缺乏逐人登记的人口统计数的情况下，实际上并不可能作如此精确的统计，但这一理论概念还是必须明确的。只有这样，迁入时的移民数量或者说初始移民、第一代移民与移民后裔之间的差别才能明确。

在中国传统的家庭观念影响下，得到当时承认的移民后裔一般只指第一代移民的男性子孙及其子女，移民的女性后代如果出嫁到非移民家庭，她的移民后裔身份就没有意义了，至多只能维持到她的有生之年，而不会影响她的子女。与此同时，非移民的女性嫁至移民(含后裔)家庭后，她就被视为移民家庭的一员，她的子女继续保持移民后裔的身份。所以移民及其后裔因婚姻而增减的人数大体是平衡的，仅在某些特殊情况下才会有较大的影响。如回族移民一般不许本族女性嫁给异族男性,而本族男性娶异族女性也要以对方皈依伊斯兰教为前提,本人及所生子女都属于穆斯林。

在推算第一代移民时,可以根据若干年后的移民及其后裔(或纯粹为移民后裔)的数量及自迁入年代至此年间的年平均人口自然增长率来计算。如果迁入的移民不止一批,且在不同年代,就要作分段计算,即:

$$M = M_1 \cdot R_1^{Y_1} + M_2 \cdot R_2^{Y_2} + \cdots + M_n \cdot R_n^{Y_n}$$

其中 M 为移民总数,M_1、M_2 至 M_n 分别为第 1 次至 n 次每次迁入的移民的数量,Y_1、Y_2 至 Y_n 分别为各次迁入年代至本年间的年数,R_1、R_2 至 R_n 分别为各迁入年代至本年间的年平均自然增长率。如将这段时间内的年平均自然增长率视为一个常数,则 R_1 至 R_n 都相等,计算时可用同一个 R。

二、移民的影响

移民的影响是多方面的,但主要的是直接和间接的两种,即作用于迁出地、迁入地及迁移途中的直接影响,对当时和以后社会各方面的间接影响。

对迁出地和迁入地的直接影响主要表现在以下这些方面的变化上:人口数量、人口密度、人口分布状况、人口的籍贯比例、土客比例、民族比例,人力资源如劳动力、兵力、各类人才,耕地面积和人均耕地数,赋役负担的总数和人均数量,粮食、其他农作物(含新引进作物)产量,商业、手工业及其他产业(含富有地方特色的产业),反映文化水平的各种指标(如科举人数、书院及在学人数、记录及传世著作数、书籍出版数、方志或正史中的入传人数等),风俗习惯、方言、宗教信仰及民间崇拜等。

对迁出地的间接影响表现为以上这些因移民迁离而发生的变化,又造成新的变化或连锁反应。如由于人口外迁减轻了人口压力,人均耕地面积增加或者产生了进一步开垦的余地,刺激了当地人口的自然增长率,使人口以比以往高得多的速度增殖。或者因为赋役的总量没有减轻,未迁走的居民的人均负担更重,从而引发了新的迁移。或者由于人口迁出过多,土地抛荒,劳动力不足,引来了其他地区的移民;土著人口成为少数,方言发生明显改变等等。

在大规模及持续的移民运动中,移民对途经地区在物质文化和精神文化的传播和影响方面也会产生直接的作用。但数量不多、时间不长的移民对途经地区的影响就不会很大,一般可不予考虑。如果有一定数量的移民已在途中居留,那么这一地点就被视为这些移民的迁入地,而不再作为途经地点。

我们将移民对迁出地、迁入地和途经地区之外的影响都看作间接影响,但这并不意味着间接影响不如直接影响重要。还有一些并非由一批或一时的移民所形成的作用和影响,即长期的、宏观的影响,我们也归之为间接的影响。这方面的论述自然不能置之于每次移民之后,每次移民也未必都有这方面的意义,所以只能分阶段或作总体的叙述。如移民对中国疆域的形成、汉族及中华民族大家庭的形成、地区开发、经济的发展、文化的传播、城市的形成与发展、人口的增长和分布等方面的影响,贯穿始终,往往不是某一次具体的移民过程所能说明的,需要作宏观的观察。

三、移民运动的规律

每次移民运动都有其具体规律,如什么条件会引起人口外迁,哪些人会外迁,一般迁到哪里去,什么年代、季节迁移的人最多,单身迁移的多还是举家迁移的多,什么地方会吸引移民,吸引哪些人,什么条件适宜移民定居,官方的态度会起什么作用,土著的不同态度会有什么不同结果,等等。同样,每一阶段的移民也有其具体规律。这些当然应该在论述每次或每阶段移民过程时作必要的归纳和总结。

中国以往的移民的总的规律,如移民阶段的划分、移民运动的周期性变化、移民性质和类型的划分、移民与中国历史的关系、移民与中国地理环境的关系等,则应该以整个中国移民史为基础来研究和总结。这对于考察今天的中国移民,展望未来的移民无疑具有重要的意义。

第四节

中国移民史的空间范围
——历史时期的中国

对于今天中国的范围,当然不需要作什么讨论。但要说历史上中国的范围,就不是一个简单的问题,学术界的看法到今天为止也还没有完全统一。

谭其骧主编的《中国历史地图集》确定的原则是:"十八世纪五十年代清朝完成统一之后,十九世纪四十年代帝国主义入侵以前的中国版图,是几千年来历史发展所形成的中国的范围。历史时期所有在这个范围之内活动的民族,都是中国史上的民族,他们所建立的政权,都是历史上中国的一部分。"又指出:"有些政权的辖境可能在有些时期一部分在这个范围以内,一部分在这个范围以外,那就以它的政治中心为转移,中心在范围内则作中国政权处理,在范围外则作邻国处理。"[1]

本书基本上采用这一原则,即以18世纪50年代清朝完成统一之后、19世纪40年代帝国主义入侵以前的中国版图为历史中国的基础。具体说,在今天的领土之外,还包括西起帕米尔高原、巴尔喀什湖,北至蒙古高原、外兴安岭以内的这些地区。在此范围内的移民,不论属于什么民族,也不论其迁移于什么政权、什么地区之间,都应是本书论述的对象。

这一范围并不是绝对的,而是根据不同时期的历史事实而有所变化,有时要超出这一范围,有时却不包括某一局部。例如,朝鲜半岛的一大部分曾经是汉朝的疆域,设置了正式政区;在论述汉代移民时,当然应该包括这一地区在内。又如在今天领土范围内的某些地区,在

---

[1] 《中国历史地图集》总编例,载《中国历史地图集》第一册,中国地图出版社1982年版。

一段时间内的确无人居住,更没有移民,在论述该时期时就不必涉及那些地区。

由于本书的主题与《中国历史地图集》(以下简称《图集》)不同,使用的地域范围和名称不可能完全一致。主要的差异有以下两点:

第一,《图集》要显示中国在各个历史时期疆域政区的变化,而本书只是说明各个历史时期在中国范围内的移民,因此凡是当时不存在移民现象,或者虽然出现过移民但目前无法查考的那一部分地区就不会涉及。限于史料和现有研究成果,在多数时期本书都不可能以整个中国为范围;对早期,更只能以中原地区为主。

第二,《图集》中的图幅一般都以某一标准年代为准,只显示该年或其前后数年间的疆域形势和政区建置。各个朝代至多有三幅总图,即显示三个年代的情况。但疆域政区是经常发生变化的,移民也是随时在进行的,所以本书所论述的移民大多并不是发生在与《图集》所取的标准年代相同的时间,使用的疆域政区和地名就不一定与《图集》一致。

这一基本范围之外的地区,就是历史上的外国。发生在基本范围内外的移民,属于中国与外国之间的移民。对于这一类移民,本书一般只论述其在中国范围内的那一段。对发生在境外的部分只作简要的说明,而不一定追溯到起点或跟踪至终点,也不论及这些移民对境外的迁出地或迁入地产生的影响。

作这一限制首先是考虑到本书所规定的地域范围,其次是基于两项现实因素:一是目前我们还没有深入研究这类移民迁往境外以后的状况的充分条件和足够能力;一是这方面的成果相对说来已经不少。与其重复其他学者已经发表过的内容,只作一些整理归纳,还不如集中在我们的主要地域范围为好。所以像匈奴西迁离开中国以后,中亚移民进入中国之前,东南沿海百姓"下南洋"或到其他国家之后,都不属于本书的基本内容。

第五节

中国移民史的时间范围

本书所确定的"历史时期",是从有确切文字记载的历史以来至20世纪末。

中国古人类的历史以万年计,目前至少能追溯到170万年前的元谋人时代。可以肯定,在这样漫长的岁月里,由于人类适应自然的生存能力还非常有限,必然要经历无数次的迁移,其中也必定有很多符合本书所界定的"移民"。但是这类史前的迁移或"移民",一般只具有人类学方面的意义。而且在完全没有文字记载的情况下,要复原并进而研究这些迁移活动,即使不是完全不可能,也将是极其困难的。最新的考古发掘成果已经使我们对七八千年前的人类活动有所了解。根据文化遗址的特征、分布和异同的研究,我们也可以对某一系统或部族人口的分布和迁移作出一些推断。由于考古发现毕竟还只是当时实际存在中的极小一部分,更由于没有文字记载,很多重大的发展变化还无法作出令人信服的解释。例如,浙江的河姆渡文化和上海的福泉山文化都存在着明显的断裂和退化阶段,但是我们却难以判断当地人口是发生过灭绝还是迁移。所以本书只能以有确切文字记载的历史为起点。

到目前为止,中国有文字(甲骨文)证实的历史始于商代(约公元前16世纪—前11世纪),在这以前是一个漫长的传说时代。我们不应该一概排斥传说记载,因为透过这些传说荒诞神秘的外衣,可以发现不少先民活动的轨迹,而且有的已被新的考古成果所证实。对于汉族以外的大多数民族来说,由于本民族长期没有文字,或者已经失传,所以传说时期要比汉族长得多,有的一直持续到近代。要研究这些民族的移民活动时,对其传说的挖掘、鉴别和运用将是不可或缺的。同样,汉文史料中有关他们的记载也是必不可少的,其中有些材料仍是不少民族早期历史的唯一记录。如匈奴进入欧洲之前的迁移、南方一些少数民族由北往南和由平原向山区的迁移过程都只见于汉文史料,只能通过汉文史料来研究和证实。

  本书第六卷、第七卷的部分内容在时段上存在交叉,而不是严格规定以1912年清朝结束或1949年中华人民共和国成立作为分卷节点。这是因为考虑到,移民活动有其自身的规律,尽管它们必然受到人类社会变革的影响,却不一定与政权的更迭或者时代的终始保持一致。如果一定要根据传统的朝代体系或者通行的历史分期来划分,那就必定会将一些实际上持续不断的移民过程分割开来。例如从华北向东北的移民浪潮并没有由于清朝的灭亡而减弱或者停止,也没有与国民党政权在大陆的兴亡相始终;对这次移民运动的论述既不能以1911年为限,也没有必要拖到1949年。顺便指出,在本书内部的分期中同样如此,主要的根据也是重大移民运动的起讫。即使如此,还可能存在一些"跨时代"的移民,免不了要作交叉论述。

第二章

中国移民史的分期、历代移民的类型和特点

中国移民的历史同中国的历史一样悠久,也同中国的历史一样丰富。每个历史时期的移民运动当然免不了要受到特定时代的影响,但移民运动又有其内在的规律。每次移民运动,尤其是大规模的移民运动都有各自的特点,所以不能简单地根据社会性质和社会制度来分析移民运动的类型和特点。

但这并不意味着中国移民史不需要或不可能划分为若干阶段,也不是说中国历代的移民运动不需要或不可能归纳为若干类型。只是这类划分和归纳都必须从移民运动本身的特点出发,才能符合移民史的内在规律,真正起到正确解释移民历史的作用,从而有利于人们学习和研究中国移民史。

第一节

中国移民史的分期

近几十年来,中国史学界一般都将1949年前的中国历史分为原始社会、奴隶社会、封建社会、半封建半殖民地社会等阶段;研究各种断代史、专门史、地区史的学者也往往严格按照这样的阶段来划分各自的研究领域。例如讲中国人口史、移民史也要分奴隶社会和封建社会,也要以鸦片战争划分古代与近代,并要总结各阶段的人口或移民规律。这里且不说中国史的这些分期本身是否正确,即使完全根据这样的分期,也应该考虑历史时期中国的地域差异和时间差异。简言之,整个中国不会同时从一个社会转变为另一个社会,从古代史阶段进入了近代史阶段也并不意味着社会的一切都同步发生了根本性的变化。实际上,在鸦片战争发生以后的很多年内,中国大部分地区的移民活动与此前并没有什么不同,《南京条约》的签订和上海等口岸的开放也没有马上引发大规模的移民。所以我们认为,如果离开了中国移民史本身的特点和规律,就不可能正确地为中国移民史分期。这与重视中国历史的分期、社会性质和社会制度对移民运动的影响并不矛盾,因为如果不同的社会性质和社会制度的确对移民发生了重要的或决定性的影响,那么必定会在移民运动的特点和规模中反映出来,成为移民史分期的重要的或决定性的依据。

基于这样的认识,我们将中国移民史分为四个阶段。

一、第一阶段:先秦时期(公元前 220 年前)

由于史料的缺乏,目前对这一阶段的移民史的了解还相当有限,研究也很不充分,因此我们不得不借助于当时自然和人文地理条件的背景进行分析。

在生产力低下的条件下,气候因素对人类的生存和繁殖起着很大的作用。根据竺可桢等人的研究,从距今五六千年前开始,中国存在着大片温暖气候地区,广泛分布在从东北北部直到长江以南的东部,内蒙古和青藏高原也同样偏暖。其中从相当于仰韶文化期到西周之间为最温暖的一段,西周早期平均气温有所下降,公元前10世纪时气候寒冷,但只持续了一二个世纪,到《春秋》所记载的时期(公元前722—前481年)又趋温暖,并一直持续到公元前1世纪。当时的年平均气温一般要比现在高 2—3℃ [1]。所以,当时的黄河流域的气候最适宜人类的生存和繁殖,而其北方的气温偏低,作物生长时间较短;长江流域及其以南又过于湿热。

早期农业只能使用非常简单的生产工具,由疏松黄土构成的黄土高原和由黄土冲积成的华北平原容易清除原始植被,便于开垦耕种,所以黄河中下游是早期农业集中开发的地区。但黄河下游的河道还没有堤防的约束,经常泛滥漫流,降水量过大时平原低地容易受到水灾的威胁,因此黄河中下游之间海拔稍高的地区和一些台地、谷地更适合人类的居住和生产,并吸引着外来的移民。在这漫长的年代里,的确有不少部族从其他地区迁入黄河流域。例如关于夏人来源的说法就有四川盆地、东方海滨、东南沿海等多种,商人的来源也有东方和北方的不同说法,但几乎都肯定他们不是起源于黄河中下游之交地区,而是为这一带相对优越的地理条件所吸引才迁入定居的。还有不少以后分布在黄河流域之外的部族,也有来自黄河流域的传说。上述说法或传说虽然并不一定都符合事实,却反映了这里曾经吸引了众多移民并向外输送过大量移民的历史背景。

当时人们的地理知识还很有限,所以在迁移时往往没有明确的目的地,对迁入地的要求很低,选择的余地也很小,一旦摆脱困境就

---

[1] 见竺可桢:《中国近五千年来气候变迁的初步研究》,《考古学报》1972年第1期;中国科学院《中国自然地理》编委会:《中国自然地理·历史自然地理》第二章第一节,科学出版社1982年版,第6—9页。

会随遇而安,因此总的迁移距离不长,迁移的速度相当缓慢。从考古发现中可以看到,同一种文化类型在两个相距不太远的地方,时间差异往往会有上千年或二三千年,就是这种非常缓慢的迁移的表现。

这阶段的人口总量还很少,到末期估计不超过3 000万。这些人口大部分居住在黄河流域,但除了少数地方人口较密集外,大多数地区人口密度还很低;在黄河流域之外的地区人口更加稀疏。正因为如此,单纯出于人口压力的迁移一般还不存在。

随着国家的形成和制度的完善,政治和行政的因素引起的移民开始出现,如西周迁商的遗民、分封诸侯国造成的移民。只是限于当时的生产条件,特别是农业生产和粮食储备的条件,由一个政权组织大规模移民的可能性还不大,因而还只是作为特殊情况出现。在一个政权的有效控制区范围不大的情况下,也不可能出现距离很长的移民。

二、第二阶段:秦朝至元末(公元前221—公元1368年)

这一阶段长达1 589年,经历了中国古代社会的大部分,其间有过几次长时期的分裂,也几度建立过疆域辽阔的统一国家。即使在分裂时期的割据政权,一般也实行集权统治,用行政或军事手段强制实施的移民始终不断,成为移民的一种重要方式。这种移民的迁入地往往是首都、边疆等政治、军事要地或若干与统治者有重要利益联系的地区,数量一般很大,迁移时间也很集中。

这一阶段移民的主流是北方黄河流域向南迁往长江流域及更远的地区,以及蒙古高原、东北、西北的牧业或半牧业民族不断进入黄河流域。从秦汉开始直到元末,这类移民潮流虽时起时伏,但始终没有停止过。在此期间,中国的经济、文化重心经历了一个从北方转移到南方的过程[1],北方和南方的人口比例也从初期的8∶2强转化为后

---

1 这里所指的北方与南方的界线是淮河(含下游故道)、秦岭和白龙江。

期的 2∶8 弱[1]。南方的人口优势至此达到了极点。这一结果是由南方经济文化发展、北方饱受战乱破坏所造成的,也与包括气候在内的地理环境的变化有关,但北方人口的大批南迁无疑是更重要的原因。

三、第三阶段：明初至太平天国起义爆发前（1368—1850 年）

在南方已成为全国人口最稠密的地区之后,由北向南的移民潮流不复出现,移民运动显示出两个新的特点。

第一,尽管明初曾由政府采用行政手段强制实行大规模的移民,但更多的是由政府倡导、组织或招募人口从相对稠密地区迁入稀疏地区和经济不发达地区,从此这类移民基本取代了强制性的迁移。清入关前对明朝统治区的掠夺性迁移和入关初期的强制性移民,可视为敌对政权间的例外情况。

第二,此期间中国的人口很快就再次突破 1 亿,在明代后期增加到约 2 亿；明清之际虽有大幅度下降,但在 18 世纪就超过了明朝的纪录,达到新的高峰。当时不仅南方大部分地区人口已经相当稠密,就是北方的平原地带也已人满为患,因此无论南方还是北方,由平原向山区的迁移成了移民的主流。当中国的人口出现 4.3 亿的空前纪录时,内地绝大部分适宜开发的山区已经开垦殆尽,稍具规模的移民已经无处可迁。

四、第四阶段：太平天国起义至 20 世纪上半叶（1851—1950 年）

太平天国起义和清朝的镇压使中国人口至少减少了 7 000 万左右,其中的大部分又发生在人口最稠密的长江中下游地区,却没有引起大规模的移民。因为长江中下游地区的人口密度仍然很高,依靠本

---

[1] 关于南北的人口比例,详见葛剑雄:《中国人口发展史》第十三章"人口分布的变化",福建人民出版社 1991 年版。初期的比例系据西汉的数字推测,后期的比例关系已经考虑了户口数与实际人口的差异。

地人口的迅速增长和相邻地区的就近补充,就足以满足恢复经济的需要。所以这阶段的移民只能是填补空白式的,即无论内地还是边疆,平原还是山区,只要还存在人口相对稀少的地方,周围的移民就会迅速地加以填补。所谓空白,并不一定是无人区或处女地,而是泛指任何能够安置一些移民的地区。在全国范围内,东北和台湾就是两个仅存的主要移殖区。面对帝国主义的侵略威胁,清朝政府终于全面开放了东北的封禁区,并且采取了一些鼓励向东北和台湾移民的措施,中国移民史上规模最大的移民运动由此开始。在较小的范围内,各地因天灾人祸而产生的人口相对稀疏的地区也成为移民的目标。

在这一阶段,中国始终缺少一个强有力的统一的政府,没有能够对向边疆和新开发地区的移民作出合理的规划、提供充分的支持,因而向东北等地的移民具有很大的自发性和盲目性,往往造成生态环境的破坏、资源的浪费和产业的畸形发展。在日本帝国主义侵占东北期间,对东北的移民更成为侵略者对中国的一种掠夺手段。日本从国内向伪满洲国的有计划、大规模移民更是其侵略战略的具体化。

另一方面,帝国主义国家强行打开清朝的大门,设立通商口岸以后,上海、天津等沿海城市和新兴的工矿城市吸收了大批农村和小城镇人口,从而形成了一股新的移民浪潮。同时帝国主义国家对廉价劳动力的需求和东南沿海地区日益增加的人口压力,使向海外的移民出现新的高潮。

五、各阶段内部的分期

除了这几个大的阶段以外,在每个阶段中也可以分为若干具体的阶段。

一般说来,在没有发生严重的自然灾害、社会动乱或战争的情况下,不会出现大规模的、长距离的和集中进行的移民。在占中国主要部分的农业区和汉族聚居区,正常情况下产生移民的机制并不发达。人口自然增长而产生的人口压力是逐渐地、稳定地增加的,由此产生的过剩人口,即使全部转化为移民,也不可能有太大的波动,可以按一定的方向和距离迁入大致固定的迁入区,直到这一迁入区相对饱和为止,而这往往需要数十年以上的时间。因为意外原因而成为移民的数量毕竟是非常有限的。牧业民族大多是"逐水草而居",季节性的迁移一般不会超出习惯性的范围。由于生产方式的限制,牧业民族人口成为移民的比例比农业民族更低。但是,一旦发生了在当时生产力条件下无法抗拒的自然灾害,无论农业民族还是牧业民族,稳定的迁移数量和范围都会被突破。在社会动乱或战争爆发时,受影响地区的人口出于生存的目的,大多会设法迁移。这些天灾人祸如果持续时间较短,外迁人口中的相当大部分会返回原地;如果时间较长,多数外迁人口就会在迁入地定居,成为真正的移民。天灾人祸本身导致的人口耗减和人口外迁造成迁出地区人口密度的大幅度下降,使统治者在灾害过后出于恢复经济的目的会实施新的移民,而地广人稀的条件也会吸引一部分人口稠密地区的人自发迁入。

综观各个阶段的移民高潮,无不发生在严重的自然灾害、剧烈的社会动乱和战争的过程之中以及平息以后,尤其是天灾人祸同时爆发的时候。天灾人祸规模越大、影响的范围越广、持续的时间越长、灾区的人口越稠密,那么产生的移民一般也越多。秦末至西汉初、两汉之际、东汉末至三国初、西晋末至南朝初、隋唐之际、安史之乱后与唐末、五代时期、北宋靖康年间至南宋初期、金末期、元末明初、明末清初、太平天国起义期间及失败后都是移民高峰,也都是划分各具体阶段的标志。

第二节

移民的基本性质——生存型和发展型

中国历史上的移民有各种类型,有其不同的特点,但就性质而言,却基本只有两种——生存型和发展型。

一、生存型移民

所谓生存型的移民,就是为维持自身的生存而不得不迁入其他地区定居的人口,或者说是以改变居住地点为维持生存的手段的移民行为。产生这类移民的主要原因是迁出地的推力,如自然灾害、战争动乱、土地矛盾、人口压力等,而不是迁入地区更好的生活环境、生产条件、发展机会等拉力或吸引力。移民的主要目的是求生存,是离开原居住地,而不论迁入何处,或迁入地的条件。实际上,供这类移民选择的余地一般都很有限,往往只有唯一的迁移方向或地区。或者他们对外界所知有限,缺乏自觉选择。这类移民中的大多数是不自觉的,他们或者根本不愿意迁移,或者只有暂时迁离故乡的准备,只是迁移后的客观条件不允许他们返回故乡才最终成为移民。

中国移民史上大多数移民都属于这一类型,在第一、二阶段中更是占了绝大多数。例如汉族人口的南迁基本上都是出于生存压力,如北方的战争动乱、游牧民族的南下、地主豪强对土地的霸占、人口压力造成的土地匮乏、无法抵御的自然灾害、官府或豪强对赋税的追索等,都是迁出地的推力。即使是统治阶级上层人士也是如此,他们的南迁虽然也有维护自己政治地位和经济利益的考虑,但置于首位的同样是生命的保全。牧业或半牧业民族的南下或西迁的最初动因,往往也是生存,如本地严重的自然灾害,汉族政权对粮食、纺织品、茶叶、工具等必需品的限制和禁运,其他民族或政权的军事威胁等。被用行政手段或军事手段强制迁移的移民,他们在原地本来并不存在生存的威胁,但却受到了来自统治者的威胁——抗拒不迁意味着生命的丧失。他们别无选择,当然也属于生存型。

二、发展型移民

所谓发展型的移民,就是为了物质生活或精神生活状况的改善而迁入其他地区定居的人口,或者说是以提高物质生活或精神生活的水平为目的的移民行为。产生这类移民的主要原因不是迁出地区的推力,而是迁入地区的拉力或吸引力。中国移民史上这类移民在数量上只占极少数,但方式却相当多。早在春秋战国时就有一些人因为求学、求官、经商而离开家乡,在外地、外国定居。汉朝时,有人因为乐意过首都地区繁华的生活而千方百计寻求在长安入籍定居。历代都有一些官员选择首都附近或其他风景优美、气候适宜的地方定居,而不再返回故乡;也有不少文武官员因为就职、受封、升迁等原因而成为移民。还有一些在原地并没有受到生存威胁的人,为了获得更多的财富、过上更好的生活、建功立业以光宗耀祖、追求婚姻自由、提高学术水平等原因外出,最终在外地定居。

这类移民当然主要是官僚、地主、商人、士大夫、知识分子以及一些衣食无忧的平民,在第一、二、三阶段中更是如此。但在各个阶段都会有极少数富有远大志向和冒险精神的人,在并不面临生存危机的情况下,或者在自身的生存还没有充分保证的情况下,为了追求个人的理想、物质或精神生活的进步而成为移民,很多政治、军事、经济、文化、学术、艺术、宗教等方面的业绩就是在这样的条件下创造出来的。

三、生存型移民与发展型移民的关系

汉族及其前身的华夏系诸族较早选择了农业生产,以后又形成了长期延续的小农经济,安土重迁的观念根深蒂固;历代中原王朝的统治者也无不以农为本,以农立国,通过法律和行政手段将农民牢牢地束缚在土地上。所以,汉民族的移民一般都以生存型为主,发展型的较少。北方的游牧民族、半农半牧民族或狩猎民族由于本身的生产条件很差,平时就有经常迁移的习惯,因而在迁入地稍微有利的条件下就不惜迁离原地,匈奴人、鲜卑人、契丹人、女真人、蒙古人、满人的入主中原就是几次成功的发展型移民。

但是由于汉族人口众多,分布地域广,各地自然和人文地理条件千差万别,也不可一概而论。例如有迁移传统的客家人就较少有安土重迁的观念,他们对迁移的态度比一般汉族农民要积极得多,往往为了自身的发展而选择前途未卜的迁移。浙江遂昌县的客家人钟氏家族中流传的一首《流迁诗》写道:"人禀乾坤志四方,任君随处立常纲。年深异境犹吾境,身入他乡即故乡。"内容相似的诗还广泛记载在其他客家人的族谱中,反映出客家人对迁移的一种豁达大度的气魄,完全看不到传统的安土重迁观念的影响。今天,客家移民遍布国内外,其中不少人获得了成功的发展。

虽然上述两种移民的性质有明显的不同,但实际上,在同一群移民中两者往往是同时并存的;在同一个迁移过程中两种移民也会同时存在。而且目的与后果并不一定统一,以生存为目的的移民可能得到巨大的发展,而意在发展的移民或许达不到目的,只能勉强维持生存,甚至无法生存下去。在移民史上出现过这样几种情况:

第一种情况是生存型移民取得了发展型的结果。如秦朝灭赵国后,卓氏被掳掠迁往临邛(今四川邛崃市),但卓氏善于冶铁,利用当地的资源,很快就"富至僮千人,田池射猎之乐,拟于人君"。另有程郑,也是"山东迁虏",同样靠冶铁致富,"富埒卓氏"。又如西汉初将六国贵族之后迁入关中,齐国田氏之后很快在关中得到发展,成为最大的商业家族,"关中富商大贾,大抵尽诸田"[1]。在以后官府的强制迁移中,在因逃避天灾人祸而远走他乡的移民中,也不乏在迁入地发迹的事例。

这一类移民之转化为发展型,虽然也有偶然因素,但却有其必然性,主要原因是这些移民本身具有发展的条件。如齐国的宗族田氏显然拥有大笔资产和经营理财的经验,而卓氏和程郑本来就掌握了冶铁技术,一旦获得丰富的矿藏资源,便如鱼得水,大获其利。更重要的是,这些移民在迁移的过程中并不以获得生存为唯一目的,而是积极寻求发展的机会。如卓氏被迁蜀地后,同行的人贿赂押送的官吏,以便安置在较近的葭萌(今四川广元市西南),而卓氏却因为了解地理状况,知道临邛一带资源丰富,商业发达,主动要求远迁临邛。

还有一些人虽然以俘虏的身份被迁入异族政权统治区,但凭借

---

[1] 《史记》卷129《货殖列传》。

机会和才干取得了意想不到的成功。如唐朝的西泸令郑回被南诏俘虏，以后成为南诏政权的清平官（相当于唐朝的宰相），对南诏的发展起了举足轻重的作用。这样的例子在各政权、各民族的对峙中屡见不鲜。

秦汉以来获得成功的移民，包括近代开发东北、台湾及移殖海外获得成就的移民，不少人都是一无所有地离开家乡的，有的甚至只求生存，丝毫没有发财致富、出人头地的念头，但他们又无不具有异于常人的奋斗精神和知识技艺。这类移民的数量很少，可是对迁入地的政治、经济、文化和社会各方面却产生了巨大的影响。

第二种情况是生存型的移民潮中本来就包含了主动求得发展的移民。如在西汉向边疆的移民中，就有人为了建立军功而主动加入。在东汉末和西晋末的动乱爆发前后，都有人谋求南方或西北、东北的地方官职，以便保住自己的政治地位和财产，并趁机获得更大的利益。如西晋的张轨就是准备在大乱之中取得"霸者"的地位，才谋得凉州刺史一职的；其后张氏在河西建立前凉政权，传 9 世，延续了 76 年[1]。又如清代对台湾的移民基本上是生存型的，但其中也有少量移民以发展为目的。由于台湾在康熙二十二年（1683 年）才设府，文化水平较低，在那里获得秀才的资格比在大陆容易得多，所以福建漳、泉二府就有人因此而迁居台湾。如南安蓬岛郭氏在 100 多年间就有 19 人在台湾成为秀才[2]。

第三种是以发展为目的的移民造成生存型的移民。如某些统治者为形成分裂割据的局面，将相官员为了开疆拓土、建功立业，都必须驱使一批军民、部族、奴仆、俘虏、罪犯等随之迁移，并在迁入地定居。前面提到的张轨之迁居河西，东晋开国皇帝司马睿以琅邪王的身份迁往建康，当然都有其发展目的，但他们的大部分底层随员和被随迁的民众却只是出于服从命令的需要或为战乱所迫。

还应该指出：生存的标准是相对的，并无绝对的指标。不同的阶

---

1 《晋书》卷 86《张轨传》。
2 见庄为玑等编：《闽台关系族谱资料选编》摘录《蓬岛郭氏家谱》，福建人民出版社 1985 年版，第 177 页。

级、阶层,不同的地区,不同的时期的生存临界线都可以有相当大的差距。正因为如此,有时就很难确定某一次移民运动和某一位移民是属于哪一类性质的。有的是两者兼而有之,如先秦时代商(殷)人随着他们的都城而多次迁移。另外,移民的性质也是会转变的,例如在太平军攻打苏南浙西时,当地的地主逃往上海,开始只有避难的打算,但到了上海以后,发现投资现代工商业比经营农业更有利可图,就此定居于上海,成为城市资本家。这些人迁移的动因是生存,是出于迁出地的推力,但使他们定居的则是发展的目的,是迁入地的拉力。又如因自然灾害而迁入城市的灾民完全是生存型的,而且大多数人原来并没有定居的打算,但在天灾过后,一部分人发现城市有比农村好一些的生活条件或发展可能,就不再迁回原地了。

第三节

移民的主要类型和特点

以往三千多年的移民史涉及数十个政权、数十个民族或部族的数千万人口,要将他们归纳为有限的几种类型是相当困难的。我们为归纳对象选择的标准是以下四条:第一是人数,即见于记载或经过研究确定的移民数量,从中选择最多的几次。第二是持续时间,即从某次或某一类移民运动的开始至结束年代中,选取最长的几次或几类。第三是涉及范围,即移民的迁出地和迁入地本身的范围,必要时也考虑迁移过程中所经过的地方,取其范围最广的几次。第四是影响,即移民直接的、间接的,精神的、物质的,当时的和长远的综合影响中以哪几次为最大。

这四条标准都符合的移民自然必须列入本书研究的内容;或者其中只要某一条相当突出,即使其他三条稍逊者也都作为一种归纳对象,以充分显示移民的主要类型。

归纳的方法则兼顾移民的性质、民族、迁移方向、迁移方式、迁出地和迁入地、迁移时间等几个方面。根据上述标准和方法,我们将移民归纳为以下五种类型。

一、自北而南的生存型移民

公元前3世纪,秦始皇征发数十万人越过南岭山脉,征服了珠江流域的越人,在那里建立起秦朝的郡县。这支远征军主要来自黄河流域,经过几年激烈的战斗已有很大伤亡,但又得到中原移民的补充,从此就在岭南驻防定居。这次以开疆拓土为目的的军事行动同时成为一次自北而南的移民,其人数之多、距离之远、影响之大都是空前的。

进入西汉以后,从黄河流域向长江流域和南方各地的移民一直没有停止,他们的迁移都是零星的、缓慢的、无组织的。两汉之际曾经出现过一次人口南迁的浪潮,但持续的时间不长,而且多数人在北方恢复安定后又返回故乡,没有成为真正的移民。东汉末年至三国期间,由于北方黄河流域长期战乱和自然灾害频发,而南方长江流域则相对平静,大批北方人南下避难,以北方移民为统治集团的蜀国和吴国的建立,使多数难民在南方定居。六七十年后的重新统一虽然使一部分官僚和上层人士迁往北方,却没有吸引多数移民回归。以后又出现了三次黄河流域的汉人南迁的高潮:从4世纪初的西晋永嘉年间(307—313年)到5世纪中叶南朝宋元嘉年间(424—453年)、从唐天宝十四载(755年)安史之乱爆发后至唐末五代,从北宋靖康元年(1126年)至南宋后期。这几次南迁几乎遍及整个黄河中下游地区,时间持续百年以上,移民总数都在百万以上。其中第三次南迁的余波一直延续到元朝,在蒙古、元灭金和南宋的过程中以及元统一政权建立后,逃避战乱和赋役的人还在源源不断流向南方。就是在这几次高潮以外的近千年间,北方人口向南方的自发的、开发性的移民也从来没有停止过。

从秦汉至元末由黄河流域向长江流域的自北而南的移民是中国移民史上最重要的一章,其规模和影响远远超过了其他任何一类,这绝不是偶然的。

首先有地理环境方面的原因。前面已经提到,从商、周至秦、西汉,黄河流域年平均气温比现在高2—3℃,气候温和,雨量充沛,适宜人类的生存和生产。而长江流域则气温偏高,降水量太多,过于湿热,疾病易于流行,排除积水也很困难。黄河中下游大多是黄土高原或黄土冲积平原,土壤疏松,原始植被一般不太茂密,比较容易清除,在金属工具还没有普遍运用的情况下更容易开垦耕种。而长江流域地下水位较高,土壤多为黏土,原始植被相当茂密,初期的开垦非常困难,在缺乏金属工具时尤其如此。黄土高原的地形比较平坦,在水土流失还不严重时,沟壑很少发育,存在大片"原""川"(台地、高地或河谷平原);华北平原更是连成一片的大平原,有利于开发,也便于交通。而长江流域地形复杂,山岭崎岖,平原面积小,河流湖沼多,交通条件差。

正因为这样,尽管长江流域很早就产生了发达的文化,但总的开发水平和规模要落后于黄河流域。这一结果很明显地反映在人口分布上,到西汉末的元始二年(公元2年),黄河流域中自燕山山脉以南、太行山以东、豫西山区和淮河以北这一范围内的人口密度为每平方千米77.6人,其中不少行政区的密度超过每平方千米100人。这一地区的面积只占西汉疆域的11.4%,而人口却占了60.6%。关中平原的人口也非常稠密,长安附近地区的人口密度超过每平方千米1000人。如果以淮河和秦岭为界,北方的人口占80%以上,南方还不到20%。南方不仅平均人口密度很低,而且还有很多地方基本是无人区,如现在的浙江南部和福建、广西和广东大部、贵州等地人口密度都还不足每平方千米1人。

人口分布的悬殊必定反映在人口与土地的比例关系上。在人口最稠密的关东和关中,到西汉后期已经有不少人均土地很少的"狭乡",这些地方土地开发已尽,在当时生产条件下已无法使人人有地种,也无法养活再增加的人口,出现了相对过剩人口。但在长江流域或以南地区,开发程度还很低,到处是有地可垦的"宽乡"。这一有利条件当然会吸引北方无地、少地的农民南迁,所以西汉和东汉期间都有大批来自黄河流域人口稠密区的农民自发迁入长江流域,特别是中游地区。

在黄河流域发生严重自然灾害,当地又无力就地救济时,灾民就只能外迁。由于它的北方、西北和东北大多是游牧民族或非汉族的聚居区,自然条件也不理想,除了在战乱时期,灾民一般不会迁去;所以主要的流向还是南方的长江流域。关中平原的灾民大多越过秦岭进入汉中盆地及四川盆地,也有的越秦岭后往东南进入南阳盆地,然后再南迁长江中游,或直接顺汉水而下。黄河下游地区的灾民一般从南阳盆地及江淮平原南下。灾民的南迁本来是临时性的,在灾害过后应该返回故乡。但南方自然条件的优越性在东汉以后已经很明显,加上地多人少因而比较容易获得土地,必定会有一部分灾民就此在南方定居。如果灾害持续时间较长,一些灾民适应了南方的生活,也就不再返回故乡。

从秦汉开始,黄河流域一直是政治中心所在。秦的首都在咸阳(今陕西咸阳市东北)。西汉建都长安,东汉迁至洛阳,末年曾迁长安和许(今河南许昌市东)。三国魏和西晋的都城在洛阳,西晋一度迁至长安。十六国和北朝期间主要的都城在长安、襄国(今河北邢台市)、邺(今河北临漳县西南)、蓟(今北京城区西南)、平城(今山西大同市)、洛阳等地。长安和洛阳是隋、唐、五代绝大多数时间的首都,最后才迁至开封,并为北宋所继承。金统一北方后有60年以今北京为都,以后元朝建为大都。

政治中心所在的特殊地位引出了两方面的后果。

一是战争动乱特别多。异族入侵者如果仅仅为了掳掠人口财物,会满足于在边疆地区的袭击;而如果想成为中原的主人,就必然要以中原王朝的首都为目标。中原王朝只要不愿交出政权或无处可迁,就会不惜一切代价坚守。农民起义、改朝换代或统治阶级内部的权力争夺,也无不以夺取现政权的首都为最终目标。正因为如此,首都附近往往是战争规模最大、持续时间最长、波及范围最广的地方。黄河流域的战乱比长江流域多得多,造成的损失也大得多。

战乱发生后,百姓逃避的方向虽不止一处,但还是以南方为主。中原王朝无法在黄河流域维持时,也会将政治中心迁至南方,或者在北方的都城失陷后另建都城于南方。政治中心的南移不仅带动大量人口迁移,而且使移民中增加了皇族、官僚等统治阶级的上层人士和文人学士、艺人工匠等文化技术水平高的成分。即使仅仅出于偏安的目的,统治者也必须在南方发展经济,增强实力。文化素质较高的移民也能在南方传播先进文化,提高当地的文化水平。因战乱形成的南北分裂都要延续较长时间,南迁人口别无选择,只能在南方定居。待重新统一后,依然是政治中心的北方,对追求政治、经济和文化方面发展的人具有相当大的吸引力,因此会产生一些由南而北的发展型移民。但他们的数量有限,绝大多数北方移民的后裔已经定居于南方。

政治中心的另一方面的后果,是在相当长的时期内,黄河流域贵族、官僚、地主、豪强集中,土地兼并剧烈,赋税徭役负担重。不仅贫苦农民要获得土地、维持生计很不容易,就是中小地主也常常有破产之虞。所以即使没有发生什么自然灾害,也会出现大批因逃避赋役、丧失土地、破产、犯罪、避仇而离家的流民。而南方,特别是在开发不久的地方,赋役负担较轻,获得土地比较容易,其中还有不少"天高皇帝远"、官府暂时管不到或不纳赋税的地方。所以南方也是北方流民的主要去向。在特殊情况下,这类流民成为南迁人口的主体。如元朝初年,北方赋役特别繁重,加上长期战乱后经济凋敝,民不聊生,流民南迁者络绎不绝,以致官方不得不设立关卡稽查禁止。

自然因素再次对北方移民南下起了重要作用。随着年平均气温的逐渐下降,黄河流域早期开发的优势也逐渐转化为劣势。在农业人口大规模进入黄河中游从事开垦以后,本来就并不十分茂盛的原始植被很快就遭到破坏,水土流失越来越严重。一方面,大量泥沙流入黄河,造成淤积,中下游河床越填越高,水灾也越来越严重,下游经常决溢改道。每次决口或改道不仅直接毁坏大片农田和财产,还扰乱了水系,淤塞了湖沼,或者抬高了地下水位,加速了土地的盐碱化,造成长期难以消除的后果。另一方面,黄河中游的黄土高原因水土流失,沟壑发育,被切割得支离破碎,大片的原、川已不复存在,耕种条件越来越差。在没有原始植被保护、地形严重破坏的条件下,疏松的黄土又以更快的速度流失。在世界各主要的冲积平原中,华北平原本来就是比较贫瘠的一个。经过一段时间的耕种以后，土壤的肥力日趋瘠薄，更由于黄河上中游已缺乏天然植被，新的淤积土地也缺乏营养物质的补充，从而形成恶性循环。

南方农业生产的不断进步，为日益增加的人口提供了越来越多的粮食。宋真宗（997—1022年在位）时从占城国（今越南中南部）引入福建一种早熟耐旱的水稻。大中祥符五年（1012年），长江下游和淮河流域大旱，就从福建装运了3万石占城种分往旱区引种，以后逐渐在东南各地普遍推广。占城稻和其他早熟品种的进一步发展的影响是多方面的：它保证了两熟制的成功，提高了复种指数；弥补了越冬作物的收获与水稻的收获之间的间隔，解决了长期困扰农民的青黄不接；也使只能用泉水和雨水浇灌的高地和坡地得到利用，扩大了耕地面积[1]。

这些因素长期综合作用的结果，充分表现在元代人口分布的南北比例上。南方的户口数竟占全国总数的85%，实际人口估计也在80%以上[2]，这是中国人口史上南北人口分布比例达到的极点。由于这是以北方人口的大量外迁和耗减为前提的不正常现象，不可能长期保持。到明朝初年，鉴于长江沿岸、江淮之间和华北受战乱破坏后人口更加稀少，朱元璋组织了大规模的由南而北的移民，同时也鼓励百姓自愿迁入人口稀少地区。元末南方受战乱影响较小，人口密度较高，在北方充足的土地的吸引下，大批农民加入了移民的行列。今江西、浙江、江苏和安徽的南部都有移民输出，而江西是最大的移民输出区。

几百万移民的外迁，使南方赢得了一个宝贵的喘息机会，但人口的迅速增长很快使这一成果化为乌有。南方的人口不久就恢复到宋元时的数量，明朝后期的人口总数高达2亿，创造了空前的纪录，南方做出了主要贡献。南方的平原、河谷和低山坡地几乎已经完全开发利用，不仅再也无法容纳北方移民，连本地人口也不得不向西南边疆、山

---

1 详见《中国人口发展史》第十三章。
2 详见何炳棣：《1368—1953中国人口研究》第八章"土地利用与粮食生产"，上海古籍出版社1989年版。

区和海外寻求出路。持续了1 000多年的人口南迁的终止,虽然是出于战乱和朱元璋的行政措施,但即使不发生这些事件,也已经接近尾声。以平原为主的粮食生产所能供养的人口总量离极限已经很近,人们不得不从平原转向山区,中国移民史从此揭开了新的一页。

二、以行政或军事手段推行的强制性移民

这一类型的移民在中国源远流长,曾经相当普遍。按其被迁移的目的和方式,又可分为以下几类。

第一类是政治性的或控制性的。

相传商灭夏后,将夏的最后一位君主桀放逐到南巢(相传为今安徽巢湖市东北)。如果同时随之被迁移的人有相当大的数量的话,这应该是最早的一次以行政手段实施的强制移民。周灭商后,殷的遗民被从朝歌(今河南淇县)一带迁至宋(今河南商丘市),以后又被安置在新建的洛邑(今河南洛阳市)。春秋战国期间,这种将被灭的国君及其遗民迁至获胜一方便于控制的地区的做法是相当普遍的。秦始皇在灭六国过程中迁亡国之君及贵族于秦国的内地,就是这种做法的延续。

但秦始皇扩大了迁移的范围,从而在实际上开创了另一种移民——将政治上潜在的敌对势力迁入首都附近。秦始皇迁入咸阳的"天下豪富"有12万户,显然是六国贵族和地方豪强等有相当大经济政治实力的人物及其家属。西汉初开始不断从关东迁贵族、豪强、富人充实首都长安及其周围的陵县(因皇帝的陵墓而设置的县级政区),100多年间移民及其后裔多达120万,几乎占当地人口的一半。三国之一的蜀国被灭后,包括后主刘禅及其家属在内的3万户被迁至洛阳和附近地区,文武大臣及地方豪强几乎被收罗一空。晋灭吴以后同样如此,除吴主孙皓及其宗族外,凡吴国在一定职位以上的人户,包括已故将领等家族,都被迁至洛阳或指定的其他地点。

此后,在东晋、十六国、南北朝期间,凡是一个政权被另一政权所灭,无不随之进行一次规模不等的移民,亡国君主(如未被杀的话)及

其家属、臣僚以至于都城百姓,甚至某一重要地区的主要人口被迁至战胜国的首都或某一指定的地点,人数少者数十户至百户,多者数万至十余万户。

由于这类迁移已经成为惯例,所以有的统治者在出兵攻灭另一政权时,就已在首都给对方的君主造好了住宅,既表明宽大为怀,又显示有必胜信心。如北宋初赵匡胤先后灭了除辽和北汉外的全部割据政权,将各国君主都迁至开封,有的就安排在原来准备好的住宅。随着中央集权制和地方行政统治的加强,从唐以后已很少再需要同时迁移地方势力了,这类迁移的规模才大为缩小。除非对方的君主宗族已死亡失散,所存无几,如元灭金时;或者已事先逃跑,如元顺帝率臣僚从大都北迁;或者新政权继承了旧政权的首都,如清朝入关后继续建都北京。否则这类迁移还是必不可少的。由于涉及人数已不太多,影响远不如以往同类移民那样大。

第二类是掠夺性的。

这类移民的目的,既在削弱对方,也在增强己方实力,并利用所掠人口充作士兵、奴隶、工匠或农业劳动力。在敌对政权之间的战争中,当一方短期占领对方领土时,往往采用这一手段掠回人口。北方游牧民族或草原民族尚未以夺取中原为目标时,也经常在缘边地带掳掠人口,有时甚至深入内地。在迁移被灭政权首都人口时,往往也兼有掠夺的目的。从春秋战国时各国间的战争开始,敌对政权间的掠夺性移民相当频繁,在分裂阶段尤其如此,如十六国时期各国之间,西魏攻占梁的首都江陵以后。北方民族骚扰中原政权时对人口的掠夺也经常发生,有时达到很大的规模,如匈奴对西汉缘边地区,突厥对中原,契丹和辽对华北,蒙古和元对金国,后金和清对明朝北方,都曾掠走数十万至百万以上的人口。

第三类是惩罚性的。

传说中的尧将"四凶"流放到边远地区,说明在早期的氏族社会已有以流放作为惩罚手段的做法。战国后期,秦国已实行将罪犯迁往蜀地的法律,并规定其中部分人终身不得返回。从秦、汉开始,有期或无期的流放已经成为一项正式的刑罚,列入法律条文。在专制社会中,统治者个人的意志往往比法律起着更大的作用,常常根据需要任意扩大这一类迁移的范围而造成大批移民。如秦始皇将贾人(商人)、赘婿(结婚后被招入女方家庭的男子)迁往边疆,动辄数十万。汉朝一些大案,经常产生数万流放对象。朱元璋将江南富户迁往故乡凤阳,实行严格的管制,身份比平民还低。

这类迁移对象中的一部分人,可以定期或不定期返回原地,并不成为移民,具体比例因时而异。但另一部分就此在流放地定居,甚至统治者还规定其子孙都不许离开。统治者往往将流放与地区开发和巩固边防结合起来,以新开发地区和边疆为流放地。出于这样的需要,这类移民一般迁入的数量较大。由于这些迁移在实际上不同程度地促进了地区开发,有利于巩固边防,多少具有积极意义。纯粹惩罚性的移民则多选南方、西南、西北、东北等生活条件差的地方,这些人数量不多,多数有返回的机会;其中颇多官员、文人,对迁入地文化水平的提高起了一定的作用。如清初将汉族流人安置在东北,其中知识分子很多,他们对当地文化经济的发展起了一定作用,还留下了不少关于东北历史、地理、形势的有价值的记载。统治者对具有政治危险性的人物的迁移,则以与世隔绝为第一要求,所以处于闭塞山区、交通十分不便的房陵(今湖北房县)长期充当这样的场所。但这类对象的数量毕竟有限,而且死亡和迁回的比例极大,不会产生多少在流放地定居的人口。

第四类是民族性的。

早期人口多以民族或宗族为聚居单位,一般迁移也以民族为单位。以后,中原已成华夏(汉)族的一统天下,内部的移民不再有民族特点。但华夏(汉)族对周边民族的迁移,尤其是以行政或军事手段实施的,往往还是以民族为单位。西汉时迁越人于江淮之间及迁匈奴降人于西北边区,东汉迁南匈奴于塞内,东汉及魏晋迁羌、氐等族人口于关中,十六国期间后赵、前秦等政权将各族人口迁至都城附近,唐朝将突厥等各族降人迁至长安一带,将高丽民户迁于中原各地,辽将渤海人内迁,明初内迁蒙古降人等,都是这类性质。这类移民一般数量都不小,有时甚至超过百万。如果是安置在汉人不多的边远地区,被迁族人口又比较集中,迁入的民族还能保持相当长的时间,如东汉的南匈奴、十六国时的诸族。而如果迁入中原内地,置于汉族汪洋大海中的少数民族很快就会消失,融合成为汉族的一分子。

第五类是军事性的。

一个政权为了加强自己的统治、巩固边防或达到某项军事目的,往往需要将部分人口迁至边疆或军事要地。军事性的移民,除了通过轮流征调兵役之外,还要有固定的人员或定居移民。由于那些迁入地一般生活条件较差,又有一定的危险性,仅仅依靠招募和资助还难以得到足够的人数,所以经常采用强制手段,或者就以罪犯充数。在中原王朝处于开疆拓土的强盛时期,这类移民最多,并常与边疆的地区开发结合起来,收到较好的效果。如西汉、唐朝前期、明朝前期等都曾大规模进行过这一类移民。而在国力衰退阶段时,大多只能组织少量纯军事性质的移民。战乱中的相持阶段或乱后的恢复阶段,这类移民也会与地方的经济恢复结合起来,以军人或解甲军人为主实行屯田,如三国的魏、蜀、吴都曾广开屯田。这类移民是否成功、是否巩固,关键在移民是否能有安全的环境并能就地生产足够的粮食。否则,依靠强制手段集合起来的移民是不可能真正定居的。

尽管以上类型的移民都是出于行政或军事手段的强制,很少有自愿的,甚至有的在迁移过程中就已经造成了很大的损失,但只要与经济开发,特别是发展农业生产结合起来,符合实际需要,还是会产生积极的后果,如西汉初的实关中、中期的移民实边,曹魏的屯田,契丹和辽安置掳掠的中原人口,明初对江淮地区和华北的移民,通过建立卫所对边远地区的移民等。有的移民虽然在经济上付出了一定的代价,但对政权的巩固、政治中心的稳定、边防力量的加强和迁入地经济的恢复有重要作用。由于这类迁移往往过多考虑政治或军事利益,忽视经济和自然条件,造成长期难以解决的困难或无法消除的后果,如迁入人口超过当地可供粮食的能力,或者是迁出人口过多使迁出地的经济长期不能复原,或者是盲目开发加剧水土流失和环境的破坏。掠夺性的移民更不会顾及迁出地的利益和移民的命运,即使客观上产生一些成果,也是以生命和财产的巨大损失为代价的。强制性的移民必然引起被迁对象的不满和反抗,因而只有凭借强大的政治压力和军事实力才能完成。如果移民不能顺利定居,一旦压力消除,移民还会回流,成果不易巩固。

值得注意的是,在明朝以后,除了清朝入关前有过掠夺性的移民外,这类强制移民基本已成为历史。如著名的"湖广填四川"就没有采用强制手段,只是以优惠的条件鼓励官员和地主组织招募,以获得土地所有权或减免赋税来吸引农民参加。就是明朝初年的大规模移民也是强制与鼓励相结合的,相当多的移民是在这移民大潮的带动下,自发自愿迁移的。为什么明初的移民具有双重性质,成为中国移民史上由强制迁移向经济资助甚至完全听其自然的一个重要转折点?原因不是别的,就是人口数量所造成的压力。也就是说,从明朝中期以后,在中国内地已经很难找到大片的人口稀疏区供统治者进行大规模的强制性移民。另一方面,由于大多数地区的人口密度已经很高,即使遇到天灾人祸后出现人口下降,依靠自身的恢复和毗邻地区的补充,很快就会复原,没有必要从外地引入大批移民。一旦出现像清初四川那样一大片移民的乐土,无地少地的农民就会不远千里蜂拥而至,统治者只需稍加招募优待就足以掀起移民热潮。正因为如此,清朝对迁四川移民的招募政策没有持续多久,就已挡不住自发移民的洪流,最后不得不加以禁止。太平天国战争后,尽管长江下游平原人口锐减,但官方从外地引入移民的行动往往受到当地人民的强烈反对。面临这样的形势,统治者当然没有必要或者也不可能用行政或军事手段进行强制性的移民,相反,他们已经不得不采取措施来禁止自发移民进入他们不容许进入的地方,如东北柳条边外的封禁地。19世纪后期,清政府虽然对移民东北和台湾采取了一些鼓励措施,但即使没有这些行动,迫切需要获得土地和生计的过剩人口也会迅速填满这最后两大片移民的乐土。

三、从平原到山区、从内地到边疆的开发性移民

对丘陵、山区土地的局部利用早已开始,例如在东汉末年的战乱

中,就留下了一些避乱人户移居山区耕种自给的记载[1]。陶渊明著名的《桃花源记》所反映的情景,也是在战乱年月中在封闭环境中对理想的农耕乐土的追求。但这些毕竟只是战乱条件下的特殊现象,在正常情况下,人类总是要选择自然条件较好的地方从事生产的。丘陵山区与平原相比,一般存在着气温低、日照时间短、灌溉不易、耕种不便、土地面积小、运输困难等缺点。所以除非有天灾人祸或其他特殊情况,在平原上的土地还没有充分开发利用之前,人们是不会转而开发山区的。即使有进入山区的,也只限于其中条件较好的局部,或者从事矿冶、采伐、养殖、狩猎等非农业生产。

黄河流域及其以北也有丘陵山区,但因气温低、干旱缺水,利用和开发更加困难。而且在相当长的时期内,长江流域和南方是北方过剩人口理想的移殖区。对北方无地农民来说,第一选择自然是迁往自然条件更好、土地富余的南方。

到明朝中期南方的人口突破一亿时,当地能够开垦的平原、缓坡地和低丘地基本都已加以利用。仅仅依靠平原上传统的农业已经无法养活众多的人口,更不能满足日益增加的人口的需要。开发山区成了必由之路,成千上万的流民已经不计效益和后果,自发涌入山区。

但长江流域山区的开垦也存在着难以逾越的障碍,由于坡陡、土薄,灌溉和保水非常困难,只能种植对水土肥力要求不高的旱地作物。早熟稻尽管生长期较短、用水量较小,也只能在能保水的缓坡地或梯田栽种,无法扩大到山区。

从16世纪开始传入中国的美洲粮食作物番薯(红薯)、玉米、花生、土豆及时地解决了这一难题。这些作物对土壤、灌溉、肥料的要求较低,完全适合干旱的山地种植,不会与水稻争地。人口的增加和平原地区的充分利用对山区的开发提出了迫切的需要,但使这种需要成为可能的却是这些作物。也有一部分山区的开发是从种植经济作物开始的,如栽种茶树、杉树、油桐、生漆、黄麻、靛青等曾经是一些人从平原进入山区的目的。这些种植业虽有很高的经济效益,但能容纳

---

[1] 如《三国志》卷11《魏书·田畴传》:"遂入徐无山中,营深险平敞地而居,躬耕以养父母。百姓归之,数年间至五千余家。"辽东平定后,"畴尽将其家属及宗人三百余家居邺"。

的人口不多，而且无法使他们做到粮食自给，所以一般只能在有一定余粮、经济比较发达的地区附近进行，对吸收和养活大批剩余人口还是无能为力。

明末的严重自然灾害和持续战乱大大削减了人口高峰，也推迟了向山区的移民。经过17世纪后半期的恢复，这一高潮终于在18世纪不可避免地再次到来。从秦岭到南岭，从长江流域到珠江流域，从浙闽丘陵到云贵高原，大片的原始森林被砍伐，天然植被被清除，一切可以利用的土地几乎都种上了玉米、番薯、土豆。立竿见影的好处和充足的粮食吸引来了更多的移民，也刺激着已经定居的移民以更快的速度增加人口。在越来越多人口的不断蚕食下，南方内地山区很快趋于饱和，到19世纪前期移民高潮已成余波。

由内地向边疆的移民至少可以追溯到战国时赵国在开拓疆域后向河套、阴山以南的移民和燕国向辽东和朝鲜半岛北部的移民，这类移民到秦汉时已经有了很大的规模。但这些移民行为只是出于军事和政治目的，并不是人口增加的必然需要。黄河流域人口稠密的局部地区人口的相对饱和，也可以通过相近地区间的调整加以消化。在南方的开发逐渐加快并取得成效以后，北方的剩余人口有了稳定的出路。两千多年来，对中原王朝构成的军事威胁主要来自北方（含西北、东北），对边疆的移民也集中在河西走廊、河湟谷地、河套地区和辽东等地。正如上一节已经指出的，对这些自然条件并不太好又有战争风险的边疆移民，只能用行政手段强制实行。

但到18世纪前期，北方的人口已达到了空前的纪录，却不像南方那样有面积广大的山区可以容纳大量移民；一遇天灾，流民更难找到避难就食的场所。所以尽管清政府不断重申禁令，却挡不住百姓向东北的迁移。在19世纪后半期清政府对东北的封禁开放以前，自发的移民数量已经不小了。在内地巨大的人口压力下，移殖边疆已经无须强制，问题是如何找到既适合农业生产又可以容纳不断增加的人口的开发区。在开放东北的同时，内蒙古南部也开始放垦，接纳汉族农业移民。西北、西南边疆地区，台湾岛和其他适合耕种的海岛，也都成为毗邻地区输出人口的目的地。离人口稠密、人均耕地少的地区越近,接收的移民也越多,开发得就越快,如台湾岛。反之则由于移民一般有一个渐次推进的过程,往往先迁入人口相对稠密、开发程度相对较高的地区,而该地区的居民又进入下一层次,因此直接迁入的较少,速度也较慢。

边疆的开发也有一个从平原到山区的过程,一般总是自然条件较好的平原先成为移殖区,以后从平原扩散到山区。如较早到达台湾的闽南人大多聚居于西部平原,而晚到的客家人缺乏选择的余地,只能进入丘陵山区。但这是就从事农业生产的移民而言,对其他产业的移民主要是根据自然资源和生产的条件来考虑迁入地点。如在台湾采硫黄、炼樟脑,在东北挖人参、开金矿、伐木材;这类移民有时也集中迁入,并有不小的数量,他们的移殖过程当然与农民不同。在近代工业和资本主义的生产方式在移民迁入区出现后,移民的分布和定居过程又经历了新的变化,如东北的工矿城市、港口就吸引了更密集的移民。

由平原向山区的移民基本上是一个自发的过程,不仅官方从未作过系统的计划,就连官僚地主也很少参与。移民绝大多数是既无资产又无文化的贫苦农民,少数是企图发财的无业游民,因而不可能做必要的准备和起码的投入,完全是盲目的、急功近利的掠夺性生产。在开发的过程中,自然资源、土地资源和生态环境都受到严重破坏,由此引起的水土流失还导致江河淤塞,水旱灾害频繁。这方面的恶果不久就引起了注意,有些地方政府作出了禁止流民进入或禁止开垦山地的决定。但无以为生的流民处处皆是,此地不准就转入彼地,不仅禁不胜禁,而且也根本无法禁止。庞大的人口对粮食生产提出的迫切要求,使中国不得不把扩大耕地以生产更多的粮食放在首位,而置生态环境的破坏于不顾。要全面衡量二者的得失是相当困难的,很可能是得不偿失,但由于在当时还不具备控制人口增长的条件,显然也没有任何选择的余地。

边疆移民因受到禁区开放过程的影响,并非毫无规划,晚清对向东北和台湾移民的鼓励就是考虑到巩固边防的需要,伪满洲国时东北的"拓殖"首先要有利于日本帝国主义的侵略掠夺。但当时的中国政府既不可能作出全面科学的开发规划,又无法解决日益增加的人口对粮食的需求,充其量只能作局部调整,因此边疆移民基本还处于自流自发状态。

四、北方牧业民族或非华夏族的内徙与西迁

部分牧业民族或非华夏族曾经与从事农业的华夏族共同生活在黄河流域,直到春秋时期还是如此,如在今天的山西、河北、陕西,甚至山东、河南境内都广泛分布着戎、狄、胡、夷等非华夏人。随着华夏人口的增加和农业区的扩展,他们的容身之地越来越狭窄,其中一部分人被周围的华夏人所同化,这部分人中以原来就从事农业或半农半牧的为多。以渔猎和采集为生的民族有可能向南迁移或迁入黄河流域人口稀少的僻远地区,但坚持牧业的民族却只能向西、北两个方向迁移,因为只有那里才有适宜牧业的气候和大片不受农业民族影响的游牧场所。这样,羌、戎、胡、狄等族的主体都迁离了黄河中下游流域。战国时,秦、赵、燕等国在北界筑起长城,秦代和西汉又继续修筑,游牧民族与农业民族分割的势态基本定局。

比起农业民族来,牧业民族抵御自然灾害的能力更弱,因此在严重的、大范围的灾害发生时,只能作长距离的迁徙。在与南方农业民族的交往和接触中,牧业民族得到了粮食、纺织品、金属等物资,以后又增加了茶叶和其他日用品,并逐渐养成了使用、消费这些物品的习惯。汉族政权则往往以断绝这类物资的供应为对抗手段,使牧业民族的生存受到威胁。

对牧业民族来说,南下或内徙是最便捷的途径,但当中原政权军事实力强大时就无法如愿。为了逃避自然灾害和敌方的军事打击,只能选择前途未卜的西迁。秦汉之际游牧于敦煌、祁连山之间的乌孙与月氏(支),因受匈奴的军事压力,于公元前2世纪先后迁到今伊犁河、伊塞克湖一带和伊犁河上游,以及阿姆河流域。在严重自然灾害的打击下,又迫于汉朝军队和南匈奴的联合进攻,北匈奴的一支自蒙古高原西迁中亚,以后又进入欧洲。崛起于蒙古高原的回鹘于9世纪灭于

另一个草原民族黠戛斯,余众的主体西迁至今新疆和中亚,少数南迁的只能向唐朝的边将投降。

在中原政权军事失利和政局混乱时,牧业民族或逐渐移入内地,或随着军事入侵者大批进入黄河流域,甚至长江流域。由于汉族在文化、经济方面处于领先地位,加上生活和生产条件的改变必然导致这些牧业民族生活和生产方式的改变,内迁者的多数最终接受了汉族文化,逐渐融合在汉族之中。在本民族的政权灭亡、汉族政权重新建立以后,融合的速度更加迅速。凡是牧业民族的主体迁入汉族地区而又经历了较长时间的,几乎很少能重新迁出。

五、东南沿海地区对海外的移民

中国的东南沿海,从杭州湾至雷州半岛,分布着一连串面积不大又互不连属的平原,在平原之间是丘陵或高山。在这些平原的背后,一条条东北至西南走向的山脉将这些平原与中国内陆分割开来。这样的地形条件,尤其是在人类的生产力低下、榛莽未辟的情况下,使这些平原与内陆的联系受到极大的阻碍,相互之间的陆上交往也存在很大的困难。所以,海上交通,特别是沿岸近海以及附近岛屿间的航行成为有效而实用的手段。

这些平原远离华夏文明的中心,这里的早期人民都是百越系的部族,秦汉以来虽然已逐渐被大批迁来的汉人所同化,但毕竟还不如内地汉人那样向往中原。这种非向心性甚或离心性的心态和习性因地域和地形条件的不同而异,一般说来以闽中南和粤东沿海最为突出。

这些平原的范围不大,农业生产的潜力有限。但由于海洋能提供鱼、盐以及其他丰富的水产品,对海外的贸易更能带来巨大的财富,所以对沿海人民具有比土地大得多的吸引力。东南沿海地区本来人口很少,西汉时又将在今浙江中南部和福建境内的越人迁走,福建几乎成为无人区;东汉末和三国期间的南迁、永嘉以后的南迁带来的移民,最初主要定居在今浙江北中部和江西北部,进入浙江南部和福建的还很少。直到唐朝安史之乱前,尽管福建的人口已经有了很大增长,但还没有出现地少人多的矛盾。在安史之乱后北方人口再次南迁的连锁影响下,唐末开始有较多人口迁入福建,经过五代期间和北宋前期的开发,到北宋后期,福建有限的土地要养活日益增加的人口已经显得相当困难。南宋时盛行杀婴之风,而福建是最严重的地区,不仅平民百姓和穷人这样做,连士大夫阶层和富人也是如此。残酷的杀婴在一定程度上缓解了当地的人地矛盾,但却不可能从根本上为相对过剩的人口找到出路。由于毗邻福建的浙江、江西的平原地区同样人满为患,不可能成为福建人口的迁入地,移民只能从福建西南部进入人口相对稀少的广东东部。但广东东部的平原面积也不大,山区能够容纳的人口更加有限,所以这一出路所能维持的时间是不长的。在平原上的人口趋于饱和,耕地不足以供养本地人口,向内地和其他地区的移民又受到自然和社会因素各种限制的情况下,移殖海外必然成为主要出路。如果说对财富和物质的追求还可以被政治力量所压制的话,那么这种为生存而作出的抉择则是任何禁令都无法长期阻挡的。

东南沿海地区的这些条件与希腊和地中海一些岛屿的情况颇多相似之处,但有两点显著的不同:一是地中海周围的大陆间、岛屿间的距离较短,而从中国东南沿海到其他国家或地区的航程较长。作为一个内海,在地中海的航行比较安全,而从中国大陆出发通向台湾以及东南亚和其他地区的航线比较艰难复杂。二是地中海周围的大陆和岛屿早就存在着比较发达的文明,而中国东南沿海以外地区大多开发较迟,发达程度远低于中国大陆。

不过,对中国人移殖海外产生最大影响的还是中国统治者的态度。秦汉以来,东南沿海地区已经纳入中原王朝的疆域版图,汉族很快成为主要民族,汉文化随之取得了主导地位。从此,无论是一统王朝,还是地方割据政权,统治者都持以中国(中原)为中心的观念,实行以农为本的政策。统治者鼓励甚至强制百姓安土重迁,以便纳粮当差,永做顺民。他们鄙视一切异国和异族,自然反对百姓移居外国,成为异族。同时他们又对异国和异族存在着本能的戒心和恐惧,为了自身和本国的安全,往往会采取过于谨慎的做法,对正常的贸易和交往也加以限制或禁止,而毫不顾及经济上的巨大损失。统治者对出于各种原因移居国外的人都视为贱民、异类,甚至当作盗匪和叛逆,为此还制定过极其严厉的刑法。所以直到清朝晚期,多数官员对政府应该保护旅居外国的本国侨民还一无所知,或者根本不承认在国外的侨民也还是本国公民。即使在中国历史上比较开放、中外交流相当频繁的阶段,当时的政府主要也只是允许外国人来中国贸易、求学、游历或定居,而不是同时允许或鼓励中国人也到外国去。早在南宋时,福建有限的土地已经无法负担日益增加的人口,只是由于毗邻的广东还有开发的余地,便于福建人就近移殖。宋末元初的战乱推迟了新的人口高峰的出现,才使人口压力有所缓和。而明初实行海禁,清初执行迁界,都严格禁止百姓出海谋生。即使在明朝与清朝前期的其他阶段,官府也从来没有为移殖海外敞开过大门。结果是当地人均土地越来越少,平均生活水准越来越低,还使冒险出海的非法移民增加了不必要的生命财产损失。

统治者的态度不仅为多数信奉儒家礼教的官吏和文人所拥护,而且影响到社会各阶层甚至移民本身。所以,一方面根据东南沿海地区的地理、历史条件,我们可以断言,移殖海外的活动早已开始,并且始终在进行;另一方面我们却不得不承认,在相当长的时间内,这种迁移的数量和影响很有限,并且这些迁移大多没有见于记载。这固然是由于大多数移民原来的文化水平和社会地位很低,更主要的是因为中国官府和社会舆论对他们的鄙视。所以不少在侨居国创造了伟大业绩的杰出人物,在国内往往鲜为人知。在国外已经有了相当高社会地位的华侨领袖回国时还得花大笔钱财为自己捐一个体面的身份。

尽管如此,从15—16世纪开始出现了两种统治者无法控制的因素,大大加快了移民海外的进程。一是本地的人口压力。在明朝开国百来年以后,东南沿海那些平原和附近丘陵的人口急剧增加,趋于饱和。在经商、从事手工业、移民内地、扩大耕地等手段作用有限的情况下,在法律上依然属于非法的情况下,移殖海外便成了东南沿海大批贫民的主要出路。因此到17世纪后期,侨居东南亚的华人已有相当大的数量,在有些国家已经形成了人口数以万计的华侨聚居区。一是西方殖民主义、帝国主义国家对廉价劳动力和初级产品的迫切需求以及它们所采取的残酷无耻的掠夺手段。这些国家在殖民地利用华人劳工生产经济作物和矿产品,又使用华工从事本土的开垦和建设。鸦片战争以后,招募、诱骗、掠夺华工的规模和数量激增,华工的去向也从东南亚扩大到北美、南美、澳洲和欧洲,部分幸存的华工便成了在那些国家或地区的长期移民。在鸦片战争以前,起主要作用的是第一种因素,所以官方的禁令多少有点作用。此后则两种因素同时起作用,腐败的清朝政府就无能为力了。而且随着沿海口岸的开放,输出移民的地区已不限于闽粤沿海,通商口岸和列强某些据点也成为移民的集合地。移民仍以贫民为主,但也逐渐扩大到其他阶层,包括一些上层人士。

到 20 世纪中叶,中国在海外的侨民及外籍华裔已以千万计。由于这一迁移的过程经历了好几个世纪,所以除了在集中输出的一些地区和年份对缓解人口压力有较大作用外,对全中国早已极其庞大的人口总量来说,影响是很有限的。但中国的海外移民对所在国和中国本身的经济、政治、文化和社会等各方面的贡献和影响之大,已为举世所公认,是无法用他们的数量来衡量的。

第三章

研究中国移民史的意义：移民对中国的伟大贡献

为什么要研究中国移民史？这是我们撰写这部《中国移民史》之前必须回答的问题，也是每一位读者想知道的问题。作为研究者和作者，我们是从三个方面着想的：

首先是中国移民史研究的现状。到目前为止，无论是中国的学者还是外国的学者，对这个题目的研究还远远不够，还没有一部差强人意的《中国移民史》。关于这一点，我们在本书的前言中已经有所说明。

其次是中国移民史研究的成果对发展相关学科的作用。在第四章将要讨论研究中国移民史的方法，其中的一部分是要借助于其他学科如考古学、历史地理学、地名学、语言学、社会学、文化人类学的方法。既然移民史研究可以运用这些学科的方法，那么移民史的研究成果也就能为这些学科所用。移民史研究成果的运用当然比这里为了说明研究方法而举的例子要广泛得多，可以毫不夸张地说，离开了移民史就没有一部完整的中国史，也就没有完整的经济史、人口史、疆域史、文化史、地区开发史、民族史、社会史。至于其他学科的研究中要运用移民史研究的成果，那就更不胜枚举了。

最后,也是最重要的,是移民对中国的伟大贡献,只有认真地加以研究和总结,我们与我们的后人才能了解先民们的光辉业绩,并使之发扬光大。今天,我们中国能拥有960万平方千米的领土和辽阔的领海,拥有56个民族和14亿人口,中国人能在海外拥有数千万后裔,全国各地能得到开发和发展,中国文化的传统能延续数千年而常新,中国文化能在世界上产生巨大的影响,无不与移民的贡献有关。这些方面的详细史实,将通过全书各卷作具体的论述,这里先作一概述,以引起大家对中国移民史的重视。

第一节

移民与中国疆域

从中国历史上第一个统一的、疆域广阔的国家秦朝的建立开始,经过了近两千年的时间,终于在清乾隆二十四年(1759年)形成了一个北起萨彦岭、额尔古纳河、外兴安岭,南至南海诸岛,西起巴尔喀什湖、帕米尔高原,东至库页岛,拥有一千多万平方千米领土的空前统一的国家。这两千多年间的中国疆域主要是由两部分组成的,即中原王朝的疆域和边疆政权的疆域;无论哪一种疆域的巩固和扩大,都离不开移民的作用。

一、中原王朝的疆域与移民

公元前221年秦始皇灭六国之初,秦朝的疆域只有西起四川盆地西缘、甘肃和宁夏境内的黄河,东至于海,北起今宁夏和陕西的北界、阴山山脉的东段和辽河下游,南至今四川南部、五岭山脉。这不仅与清朝全盛时期的疆域规模相差甚远,就是比以后几个中原王朝的范围也小得多。疆域的开拓当然主要是依靠军事手段,但疆域的巩固却离不开来自本民族、本政权的人口,离不开中原移民所构成的稳定的基础。

公元前222年前后,秦朝就在今浙江南部和福建境内设置了闽中郡,但实际上只控制了郡治冶县(今福建福州市)及若干据点,此外都是越人的天下。秦朝一覆灭,越人君长就恢复自立,并起兵助汉。汉朝初建时,对这里的越人鞭长莫及,只得承认既成事实,封无诸为闽越王,统治今闽江下游一带;封摇为东海王,统治今瓯江流域。

到汉武帝元封元年(前110年),汉朝虽然取得了军事上的胜利,先后灭了东瓯和闽越,却因为无法建立起自己的统治基础,只能放弃已经获得的土地,将越人全部内迁。直到西汉后期,尽管恢复了冶县和回浦县(治今浙江台州市东南),但在一般人的心目中这一带还不是"汉地"。

三国时期,移民开始进入今浙江南部和福建北部,吴国设置了几个新县。西晋末年,大批南迁人口涌入长江三角洲,以后又有一部分移民进入福建,因此在东晋和南朝期间设在福建境内的政区又增加了。到隋时,尽管福建的人口依然很少,存在大片未开发地区,但基本上已是汉族移民及其后裔,中原王朝对这一地区的统治已经相当巩固。以后,除了五代期间有过三十多年割据外,再也没有与中原王朝分裂过。

公元前218年,秦朝的军队越过五岭,经过多年战争夺取了今广东、广西和越南东北一带,接着又把十多万戍卒和罪犯安置到岭南,让他们与当地越人杂居,以加速民族同化、扩大统治基础。秦朝在南越设置了南海、桂林和象郡三郡,主要的行政官员都由中原移民担任,移民成为秦朝在当地统治的基础。秦朝灭亡以后,来自真定(今河北正定县南)的移民赵佗于公元前204年自立为南越王。公元前181年前后,赵佗又把疆域扩大到今越南北部和中部。尽管南越国的主要人口是越人,并且一度是一个不受汉朝管辖的独立政权,但由于汉族移民居于统治地位,对中原王朝还是非常向往,愿意接受汉朝的统一。汉武帝元鼎五年(前112年),反对并入汉朝的南越丞相吕嘉发动叛乱。汉军分两路进攻,于次年攻入南越都城番禺(今广东广州市),将南越的疆域全部收入版图,设置了9个郡。统一以后,岭南和中原地区的人员往来和经济文化联系更加紧密,来自中原的地方官和移民传播推广了先进的农耕技术,帮助当地人民形成了更文明的生产和生活方式。从此,虽然在岭南也曾出现过短时期的割据政权,但绝大多数时间都是中原王朝疆域的一部分,这不能不归功于从秦朝开始的早期移民所奠定的基础。

河西走廊曾经是匈奴的游牧地,元狩二年(前121年)成为汉朝的疆域时,匈奴人不是被驱逐就是被内迁,这里的空白完全由内地汉族移民来填补。河西走廊的自然条件适合农业生产,移民获得了可靠的经济基础,粮食能够自给自足,大多成为稳定的定居人口。河西走廊东西长达1 000千米,实际上又分为若干不相连属的绿洲,所以很容易被拦腰切断。尤其是在受到来自北方的军事威胁时,中原王朝如果没有强大的军事力量就很难维持对走廊的控制。由于西汉时来自中原的农业移民已经成为当地的基本居民,尽管有时为游牧民族或非汉族所统治,农业社会的基本结构和文化特点却没有改变。

东汉末年,中原王朝陷于分裂,无暇顾及河西走廊,但那里的地方官还是维持着原来的局面,直到朝廷重新行使管辖权。东晋十六国期间,这里先后建立过几个割据政权,有的还是由非汉族建立的,但在此期间又有大批中原移民迁入,与中原的天然联系反而得到了加强,在文化方面也取得了空前的进步。唐朝安史之乱以后,吐蕃人占据了河西走廊。但军事上的优势和政治上的镇压都无法改变数十万汉族人口的生活方式和对中原的向往,近百年后,终于在张议潮的率领下回归唐朝。

四川盆地的情况也是如此。战国后期,秦国灭蜀国后,由于无法留驻大批军队和人员,一度只能继续立蜀王的子弟为侯,秦国的统治很不稳定。但秦国从一开始就移民万家,此后又将大量六国旧地的人口和本国的罪犯移入蜀地定居,随着外来移民的增加,秦国的统治基础逐步扩大。西汉初年继续向蜀地移民,因此中原移民及其后裔已经成为当地人口的主流。秦汉时期,这里不仅是中原王朝稳定的后方,也是向西南地区进一步扩展的基地。

四川盆地与关中和中原其他地区之间都有崇山峻岭的阻隔,又居于长江上游,地势地形易守难攻。盆地内有充足的土地,气候适宜,物产丰富,有利于农业和手工业的发展。经济上的自给自足和地理上的封闭式环境,使四川盆地很容易成为割据政权的基地,有利于建立独立王国。从东汉初的公孙述开始,占据四川自立的政权有好几个,有的延续了数十年时间。但它们都以中原政权的一部分或者是中原王朝的合法主人自居,很少有人真正要脱离中原政权。中原王朝也始终将它看作自己的一部分,不容许它长期独立存在。

云贵高原的情况就不同了。虽然早在秦朝时,中原政权就已经控制了不少据点,设置了一些行政机构;西汉时开"西南夷",在这一带设置了越巂、牂柯、益州三郡;东汉时又设置了永昌郡;但是却始终没有进行过稍具规模的移民,而战国时楚国庄蹻带去的少量楚人又早已为当地民族所同化,因此当地的民族成分并没有随着这一地区被纳入中原王朝的疆域而改变。西晋以后,由于地方官治理不当,有的甚至残酷压榨当地居民,激起一次次反抗,有些政区已经名存实亡。到南朝梁太清二年(548年)侯景之乱爆发,宁州刺史奉命救援京师,离开治所;当地爨蛮的豪族乘机而起,在两年后脱离梁朝,从此今四川大渡河和长江以南就一直处于中原王朝的统治之外。这一带从唐天宝九载(750年)起成为南诏国的疆域,南诏以后演变为大理国,一直延续到1253年(蒙古宪宗三年,南宋宝祐元年)才被忽必烈所灭,重新成为中原王朝的一个行政区。

由于南诏和大理的主要人口不是汉人,而是东爨(乌蛮)、西爨(白蛮)等当地民族,所以唐宋统治者并不把这一范围视为自己应有疆域的一部分,只要他们不入侵,就不干预他们的独立存在。据说宋太祖赵匡胤曾用一把玉斧在地图上划定以大渡河为宋朝的南界,此事虽不一定当真,但宋朝对南方的经营从来不像对收复北方在五代时失去的燕云十六州那样重视却是事实。从这一角度看,明初及以后对云南大规模的移民就不仅仅是一种安置和开发,而是使疆域得到巩固的重大措施。实际上,正是从明朝开始,中原移民才成为云南的主要人口,尽管有过南明与清朝的对峙和吴三桂的叛乱,云南却再没有与中原政权分离过。

边疆地区大多原来是非农业区或者农业很不发达，当地民族从事游牧或半农半牧，或者从事落后、原始的农业生产，所以要依靠当地生产的粮食来满足中原王朝的驻军和行政人员的需要是不可能的。而如果从内地运输，由于距离很长，耗费很大，既是巨大的财政负担，又难以保证稳定的供应。如果因此而减少甚至取消在当地的驻军或行政机构，那么对该地区的统治就无法维持。因此，从秦汉以来，各个中原王朝经常采取屯垦的办法，即以军队为主，安置一定数量的家属或流放对象，在驻地垦荒耕种。兵士平时生产，战时打仗，同时负守边与农垦之责。条件好、经营得法的屯垦点不仅能实现粮食自给，有时还有余粮；即使产量有限，也能减少内地的供应负担。由于有军事支援，这类屯垦点一般比较稳定。秦朝以后，在河套、河西走廊、西域（包括中亚）、西南边疆，历代的屯垦都有相当广泛的分布。

参加屯垦的对象，如士兵及其家属、罪犯或其他流放者，并不是定居的移民，他们根据一定的年限或条件轮流服役，到时就返回内地。但是任何一个稳定的屯垦点都会保持着大致相同的常数，实际上起着与移民类似的作用。而且在屯垦的过程中，总有一些人口从流动迁移转化为定居人口，如一部分有家属随行的成卒或罪犯往往在期满后不再返回家乡，有时官府规定一部分人终身不得离开迁入的屯垦点。明代实行的卫所制度则规定军人的身份世代相袭，不能改变，军人家属必须随同迁往卫所，除了另有调动外不得离开卫所；这批人已经完全演变成屯垦或屯驻移民。

一个稳定的屯垦点还会吸引其他移民。例如自发移居边疆边区的移民一般都要寻找比较安全的地方安家落户，有军人驻扎或守卫的屯垦点往往是他们选择的地点。随着屯垦区人口的增加，必然需要商业、手工业和服务业人员。有较多军官或官员居住的地方，更需要消费、娱乐场所。因此除了会增加这方面的流动人口外，从事商业、手工业和服务业的移民肯定会有相应的迁入。明代在北方和西北的一些卫所逐渐成为新的居民点，有的还成了相当繁盛的城市，就是明显的例子。

所以，这类军事屯垦与移民一样，对中原王朝疆域的扩大和巩固起了重要的作用。

二、边区政权的扩张和内迁

构成历史上中国疆域的另一部分是存在于中原王朝之外的边区政权，它们大多是由非汉族建立或统治的，疆域范围一般要比中原王朝小，所辖人口更少。但这些政权都是历史上中国的一部分，它们疆域的发展和巩固，对于中国疆域的最终形成同样是必不可少的条件。

以今天的青藏高原为例。在元朝以前，这里一直是藏族的前身吐蕃人的聚居地。当吐蕃成为元朝一部分时，吐蕃与外国的边界就成为元朝与外国的边界。从这一意义上说，吐蕃疆域的形成和巩固对元朝和以后各朝疆域的形成和巩固起了决定性的作用。在吐蕃统一青藏高原之前，那里存在着众多的部族和政权，因此7世纪初吐蕃首领松赞干布在征服其他部族的时候，也必然要采取措施，将本族或近支的人口迁移至这些部族的聚居区，以巩固自己的统治。相反，在8世纪后吐蕃的疆域虽然一度达到今新疆和甘肃，但限于本族的人口数量和其他物质条件，却不可能向这些新占领的地区移民。所以尽管吐蕃依仗军事实力可以暂时统治人数大大超过自己的异族人民，却没有办法把这些地区变成自己稳定疆域的一部分。

正因为如此，一些边疆民族或游牧民族在建立自己的政权或向内地、农业区扩张时也同样重视运用移民这一手段。

以契丹族为例。在9世纪末的唐后期，契丹族只据有潢河（今西拉木伦河）和土河（今老哈河）一带，以游牧、狩猎、捕鱼为生，人数也不多；但到10世纪中叶的五代末年，它所建立的辽帝国已经拥有东至海，西至河套以西，北至今黑龙江和克鲁伦河，南至今河北、山西北部的辽阔疆域；至12世纪初，辽的北界更推进到外兴安岭和石勒喀河一线，西界扩展到阿尔泰山以西。而契丹本族的人口，据估计最多不过100万，与如此广大的领土显然是很不相称的。辽帝国之所以能兴起并维持200多年，与其统治者及时进行了一系列移民是分不开的。

辽的移民有两个方面:一是本族人移民新占领区;一是不断将新占领区或临时占领区的人口迁入腹地或缘边地区。从契丹建国开始,就利用中原战乱不已的混乱局面,大量吸收汉族难民和中原政权的投降军民,同时还在入侵华北攻陷城邑时掳掠了大批汉人;辽国的汉族人口有数百万,数倍于契丹本族,大多是移民及其后裔。汉族移民不仅成为辽一般行政州县中的主要成分,大大促进了辽国和东北地区经济文化的发展,其中的优秀分子还为辽国典章制度的制定和社会的进步作出重大贡献,上层汉族移民及其后裔已经成为辽朝统治集团的重要组成部分。

还有一些边疆民族入主中原以后,其中心统治区已经远离原来的基地,为了实施有效的统治,就必须作相应的迁移。历史上几个曾经成功地统治了黄河流域以至中国南部的北方边疆民族都作过这样的迁移,有的民族从此离开了原来的聚居地区,在汉族地区开辟新的基地。十六国时期建立前秦的氐族、建立北魏的鲜卑人都作过这样的迁移。北魏孝文帝还力排众议,下决心迁都洛阳;鲜卑民族的主体完全迁入了黄河流域,不仅巩固了北魏政权对已有疆域的控制,也大大加快了鲜卑族与汉族融合的过程。尽管北魏本身因统治集团内部的争夺而灭亡,但它为中国北方与南方的重新统一奠定了基础。

蒙古统治者在灭金国、统治了黄河流域以后,开始重视农业生产,并立即发动了攻宋之战,以建立统一的大帝国为最终目标。随着统治中心的转移,蒙古族的主体从蒙古高原迁到了华北平原的北部。至元二年(1265年),又规定各路的达鲁花赤(行政长官)必须由蒙古人担任,于是一大批蒙古人随着这些地方官迁往全国各地。但蒙古人的数量毕竟太少,而元帝国的疆域又空前辽阔,绝对不可能仅仅依靠本族的移民,所以蒙古的西征军从西域(今新疆及中亚地区)、西亚和东欧带回大批工匠、炮手、兵士和平民。这些来自西域的各族人口被称为"回回",作为蒙古人的同盟者广泛地迁入汉族地区,以扩大蒙古族统治者在各地的社会基础。

与蒙古人经过多年的杀掠才确定在中原建立长期的统治相比,

满族统治者入主中原的计划显得相当成熟。由于有了入关前的充分准备和必胜的信心,当 1644 年吴三桂打开山海关的大门以后,近百万满族人就蜂拥而入,占据了北京和华北其他要地,满族的基地立即从东北转移到华北。以后,尽管清朝统治者通过争取汉族地主阶级的支持稳定了自己的政权,但还是将满族军队和平民驻守或定居在全国各地,控制着各个省会等重要城市。

总之,在不可能建立真正的民族平等的社会制度下,居于统治地位的民族要巩固本民族的统治一定要以本民族人口为基础,通过移民使本族人口的分布处于最有利的状态,以达到控制、镇压其他民族和守卫疆域的目的。中原王朝、汉族政权如此,边疆政权、非汉族政权同样如此。

三、中国疆域的定型与巩固

中国边疆各地区在历史上曾先后归入中原王朝的版图,或者由中华民族的成员所管辖。中国境内的各民族大多曾在同一个政权下相处,或者有过密切的交往。18 世纪中叶统一的中国疆域的形成是各族人民共同奋斗的产物,是国内各地区生产力发展的结果,是清朝的政策顺应历史潮流而取得的成效,是历史进步的必然。

另一方面,中国疆域的巩固也存在着一些不利的因素。有些边疆地区虽然在历史上早已是中原王朝的一部分,但在清朝统一之前已有相当长的分离时期。某些民族的首领曾经激烈反抗清朝的征服,战争和镇压留下的创伤难以在短时间内得到愈合。边疆地区距离政治、经济中心大多路途遥远,在缺乏现代交通工具的条件下,要维持正常的联系有很大的困难。不少边远地区本地、本族的人口极少,存在着大片的处女地和无人区,防守和管理都非常不便。更严重的威胁是,到 17 世纪时沙皇俄国已经越过西伯利亚,进入远东,随时准备攫取中国领土。完成了产业革命,急于向外寻找原料、市场、劳动力和殖民地的西方列强,有的已经到达中国的邻国,有的已经占有入侵中国的跳板,有的正在策划罪恶的鸦片贸易。

面临这样的形势,清朝政府完全有可能采取一些积极的措施,向边疆地区移民便是一项实用易行的政策。当时内地很多地方土地开发殆尽,移民边疆既能减轻内地的人口压力,又能增强边防实力,促进边疆的开发以及与内地的联系。但是,清朝统治者依然以天朝大国自居,盲目陶醉于"普天之下,莫非王土"和"四裔"称臣纳贡的幻想,根本不了解,也不愿意了解世界形势,更不了解帝国主义国家的真实意图,在移民政策上采取了僵化、愚蠢的做法。

《尼布楚条约》签订以后,俄国势力不断向东扩张,大批俄国移民来到远东,到19世纪前期已经越过外兴安岭,到达中国黑龙江以北、乌苏里江以东的领土内。而清朝却重申并加强了在东北"封禁"的命令,使黑龙江和吉林两个将军辖区内长期人烟稀少,兵力严重不足,很多地方完全是无人区。《尼布楚条约》中将两国边界最东段乌第河以南一块列为"待议地区",并没有划定归属,但在俄国势力进入后,不经过任何谈判就占据了这一地区。库页岛一向是清朝的领土,但清朝只接受当地土人的朝贡,从来不加经营,更没有想到从内地向这一地区移民。乾隆年间,俄国和日本都侵入了该岛,开矿、捕鱼、建教堂,争夺了多年,作为这块领土主人的清朝却一无所知。1850年(道光三十年)俄国单方面宣布库页岛是俄国领土,清朝不闻不问,以致在1860年的《中俄北京条约》中规定岛上土人不再向清朝纳贡,实际上承认了俄国对该岛的吞并。1858年的《中俄瑷珲条约》和1860年的《中俄北京条约》使中国丧失了黑龙江以北和乌苏里江以东的领土,但在条约签订以前,这些领土部分被俄国人侵占已是既成事实。近代中国大片领土的丧失固然有多方面的原因,但没有及时移民、改变这些地方人口过于稀少的状况,无疑是一个重要因素。

咸丰十年(1860年),清政府终于开放东北,加快了移民步伐。来自山东、河北、河南等地的移民源源不断涌入,到光绪三十年(1904年)东北的人口估计已有1 700万,于是在光绪三十三年(1907年)正式设置奉天、吉林、黑龙江三个省。19世纪50年代,面对日本帝国主义的领土野心,清朝地方当局采取积极措施加速大陆对台湾的移民。台湾于光绪十三年(1887年)建省,当年的人口统计数达到320万。

这两次移民迅速填补了中国领土上的局部空白,增强了地方实力,使这些地方与全国紧密相连。尽管此后日本和俄国侵略者一次次伸出魔爪,并一度霸占这些地方,但东北和台湾今天依然是中国领土神圣不可分割的一部分,这不能不归功于当年那千千万万栉风沐雨、艰苦卓绝的移民。

第二节

移民与中华民族

今天的中华民族是一个由 56 个民族组成的大家庭,是一个民族集合体。中华民族的组成有很多必然的原因,但各民族的移民在这一过程中所起的作用是非常重要的。

一、华夏汉族的形成和壮大

到 20 世纪 50 年代初,汉族人口在中国人口总数中已经占有绝对多数。根据 1953 年人口普查的结果,汉族占全国总人数的 93.94%。在此以前尽管缺少具体的统计数字,但可以肯定,汉族人口在数量上的优势已经存在相当长的时间了。在文化水平方面,汉族也占有总体上的优势;这一优势也已经存在了相当长的时间。汉族及其前身华夏诸族在数量和质量上的压倒性优势是怎样形成的?这当然有多方面的复杂原因,但一个很重要的因素就是移民,即汉族人口通过移民过程扩散到原来的非汉族地区,同时将迁入汉族地区的非汉族移民以及新移殖区的原有非汉族居民融合到汉族之中。

汉族的前身华夏诸族并不来源于同一血缘部落,最迟到春秋时代,出自夏、商、周的三支后裔已经具有共同的民族心态,结成了一个民族共同体的雏形,并以"诸夏"自居,以区别于其他部落或部落集团。

当时诸夏的分布范围集中于中原,即今陕西东部、山西南部、河南北部、山东中西部、河北南部;在此范围之外只有零星的据点。而且即使在中原,也有很多原有的或新从周边地区迁入的非诸夏民族。

到秦始皇时代(前221—前210年),诸夏向西已经推进到陇东高原,向北到了河套、阴山南麓、辽河下游和朝鲜半岛的西北部,向东到了海滨,向南到了四川盆地、长江中下游;在更南的地区还移殖了一些地方,如闽江下游、珠江三角洲和珠江流域、云贵高原的若干据点。在诸夏推进到的范围内,黄河中下游和华北其他地区基本上已成为诸夏的一统天下。但在长江流域,一般还只占据了平原和交通线两侧,其余地方还非诸夏所有。

西汉期间,在汉朝郡县范围内的诸夏,包括已经同化于诸夏的其他部族,都以同一民族自居。随着汉朝疆域的扩大,汉人移民又进入了新的地域:至少有数十万人迁至河西走廊定居,另有数十万人继续充实河套和阴山以南地区,以辽东和山东半岛为主的移民进入朝鲜半岛的北部,四川盆地的移民南迁云贵高原。此外,在长江流域,汉人继续以平原和交通线为基地深入周围的非汉人地区。汉人从黄河流域向长江流域的移殖尽管是零散的、缓慢的,但却持续不断,所以到东汉时已经达到相当的规模,这又推动了平原地区汉人向周围的扩散。东汉时南方今江西、湖南境内的人口有大幅度的增加。长江中游的汉人与蛮族的冲突日趋激烈,就是这些移民活动的必然结果。

东汉末年至三国期间,长江下游的汉人(包括来自北方和江淮间的移民)全面控制了山区的山越人聚居区。虽然当时的主要目的是为了掳掠山越人口,但也为汉人向山区的移殖准备了条件。东汉末年,汉人一方面南下进入当时还是由残余越人所居的今浙江南部和福建,一方面也从海陆两路迁入岭南、海南岛和今越南的北部。

从西晋末年开始,汉人又一次从黄河流域向周边扩散。尽管汉人总的分布范围并没有什么扩展,在西南甚至还有所退缩,但却在此范围内进一步压缩非汉族的区域,实际上扩大了汉族的居住区。如迁入长江中下游和汉水流域的汉人大批进入原来由蛮族和越族人聚居的地方,所以经过东晋和南朝期间的不断移殖,这一带已经很少再有蛮族和越族的大片聚居区了。

从唐朝安史之乱后持续到唐末五代的汉族南迁,使汉族移民推进到岭南,并继续深入福建山区,因此到北宋初,五岭以南的平原地区已经成了汉人的一统天下。北宋后期开"梅山蛮",汉人进入今湖南中部的新化和安化一带,并继续迫使当地民族迁往西部山区。在南宋期间,随着北方移民的涌入和南方原有汉人的增长,非汉族的居住区更加缩小。

汉人向周边地区更大规模的推进是从明代开始的。以军屯为先导的移民广泛进入云南和贵州,逐步压缩当地民族的居住区和土司的辖境。清朝完成的"改土归流",就是以汉族居民在当地总体上的压倒性优势为基础的。在汉人的全面推进下,到清朝后期,南方的非汉族都已退缩到山区,成为真正的"少数"民族。汉族对东北和台湾的移民在19世纪达到高潮,前者一直持续到20世纪40年代。与此同时,进入内蒙古和西北其他地区的汉族移民也有可观的数量。总之,到20世纪40年代末,除了西藏以外,其他各少数民族聚居的省区都已有汉族移民迁入。

一般说来,汉族移民迁入的地区都适宜农业开发,这就为汉族人口提供了新的生存空间。根据我们的研究结果,移民在新开发区一般会有较高的自然增长率,所以汉族移民人口增加较快。另一方面,移民迁出地区由于人口的减少,人口压力减轻,人地矛盾得到一定程度的缓和,必定会刺激当地人口以比原来高的增长率发展,不久就会补充减少部分,并产生新的人口压力和新的移民。这两方面的作用都使汉族人口比其他民族的人口有更大的生存空间和更高的增长率,无疑是汉族人口数量成为中国和世界第一的一个重要因素。

汉族吸收迁入汉族地区的异族移民以及融合移殖地区原有移民的能力也是非常之强的。至战国后期,在秦、赵、燕长城以南黄河流域内的戎、狄、胡等非华夏族基本已被诸夏所吸收,不再作为其他部族而存在。以后不断迁入黄河流域的其他民族大多也先后被汉族吸收,重新迁出的人口很少,一个民族完整地迁回的更少。例如汉武帝时迁入江淮之间的越人,从西汉开始迁入并在东汉时扩大了迁移规模的匈奴人,东汉时迁入的乌桓人,西晋初开始不断迁入、到北朝时遍布北方的鲜卑人,唐朝时大量迁入中原的突厥、回鹘、昭武九姓、西域诸族、吐谷浑、党项、高丽、百济、契丹、奚人,只要没有再迁出的,无不融合于汉族之中。

在南方,随着汉族聚居区向山区和边远地方的扩张,当地原有民族的生存空间日益缩小。除了少数人迁离原地,向更南更深的山区转移外,多数人选择了与汉人共同生活的方式。由于南方的非汉民族基本也都从事农业或半农半其他产业(如采集、狩猎、养殖等),因而比较容易与汉人结为一体。汉族在经济文化上的先进地位和统治者必然实行的民族歧视政策,使大多数少数民族人民在取得了与汉族大致相同的经济地位以后,采用更改民族身份的方法来摆脱受歧视的处境。他们往往编造出并不存在的汉族世系,证明自己的汉族身份。实际上,历史上曾经在南方占优势的越、蛮、夷等族系人口,大多并没有从肉体上被消灭,而是转变成了汉族的一部分。

从本质上说,今天的汉族是以古老的华夏各族为基础,融合大量其他民族的产物。正是这些非华夏(汉)族人口的不断注入,才使汉族的人口以超过其他民族的速度增加,身体素质得到提高,经受住了无数次天灾人祸而越来越强大。在融合各族人口的过程中,汉族也有充分的机会吸取各族文化的精华,充实和发展本族的精神文化和物质文化。没有早期汉族向周边地区的移民,没有其他民族向汉族地区的移民,就没有今天的汉族,也没有今天的汉族在中华民族中的主体地位。

二、少数民族的发展和变化

今天被称为少数民族的汉族以外的其他50多个民族,从加入中华民族大家庭的历史看,有三种情况:最近几个世纪从境外迁入的;自古以来就在当地生存发展的;居住区域有过较大变化或有过多次迁移的。

第一种民族有朝鲜族、俄罗斯族、京族、塔塔尔族等,除京族于16

世纪初迁入以外,其余都是19世纪后迁入中国定居的。在我国的这些民族的人口都是移民或移民后裔,他们成为中华民族的一员正是移民的结果,移民对他们的意义自不待言。

第二种民族有藏族、高山族、黎族、壮族、布依族、侗族等。这些民族基本上都是在当地形成和发展的,它们的分布区在历史上虽然有过扩大或收缩,但主要的聚居区一直没有改变。移民对这些民族的意义当然没有对第一种民族那么大,也不是决定性的,但同样起了很大的作用。一方面,这些民族也有过不同规模的迁移,他们的成员有一部分曾经是移民,这些移民对本民族作出了不小的贡献。另一方面,这些民族也都不同程度地吸收了其他民族的移民,外族移民的迁入有利于它们的发展和进步。

其中,藏族是这一类民族中最典型的一个。藏族的祖先远古时就聚居于西藏雅鲁藏布江中游两岸,藏族的前身吐蕃早在7世纪初就在青藏高原建立了统一政权。在这以后,吐蕃曾经扩张到青藏高原以外的广大地域,内部也曾长期处于分裂状态,但直到近代,青藏高原始终是藏族的基本聚居区。

8世纪中叶至9世纪前期,吐蕃的疆域达到极盛:北界至天山山脉、居延海(今内蒙古额济纳旗境内),西界至葱岭(今帕米尔高原),东界至陇东和四川盆地的西缘。吐蕃还一度进入关中平原,占据唐朝的首都长安。尽管吐蕃以后又收缩到青藏高原,但本族人口作为统治民族迁移到高原以外,统治成百万的汉族农业人口和西域各族近百年之久,不能不给本民族以巨大的影响。在这一阶段中,还有大批汉人俘虏、工匠、艺人被迁入青藏高原,多数集中在吐蕃的都城逻娑(今西藏拉萨市)。这些汉人中,除了极少数人逃离吐蕃返回中原外,都终老于此,或者繁衍后代,成为吐蕃的一分子。唐朝的使者刘元鼎曾经在逻娑欣赏到《秦王破阵乐》等典型的唐朝音乐歌舞,表演的艺人都来自中原。这至少证明了吐蕃人喜爱并保留着这些艺人及他们所表演的节目,否则就不可能在短期内做出这样的安排。汉族移民在文化、艺术和生产技能方面的优势必定为吐蕃所利用,这对吐蕃民族的进步无疑是大有帮助的。

近几个世纪来,藏族和蒙古族之间的移民,以及大批蒙古人长期居住在西藏,也对藏族的发展带来重大影响。16世纪初,喇嘛教(藏传佛教)已经在今青海流行,以后又传入蒙古地区。阿勒坦汗迎来了宗喀巴的三传弟子索南嘉错,尊为达赖喇嘛(三世),又将他迎至归化(今内蒙古呼和浩特)传教。三世达赖死后,阿勒坦汗的曾孙被认定为转世灵童,立为四世达赖。1642年(明崇祯十五年,清崇德七年),蒙古和硕特部首领固始汗率军队进入西藏,配合五世达赖灭藏巴汗,驱逐了后藏的红教。1645年(清顺治二年),固始汗尊黄教领袖罗桑却吉坚赞为四世班禅(前三世出于追认),驻后藏札什伦布寺。这样,在宗教上由黄教统一了蒙古和西藏,在政治上却由蒙古统一了青藏地区。康熙年间,固始汗的曾孙拉藏汗继续控制着西藏,直到康熙五十六年(1717年)他在拉萨被准噶尔部所杀。在此期间,清朝派官员入藏协助拉藏汗管理地方事务,并于康熙五十二年册封五世班禅为"班禅额尔德尼",确立了清朝对西藏的统治。可见,藏传佛教在西藏地位的确立和巩固,西藏达赖喇嘛、班禅制度和政教合一体制的形成,清朝对西藏主权的继承,这些对近代西藏的发展起着决定性作用的历史事件,无不与蒙古移民有关。

第三种民族又可分为两种情况:一是本身就是以移民为基础发展起来的;一是在发展的过程中有过重大的移民活动。其中也有些民族是二者兼而有之的。

840年(唐开成五年),据有蒙古高原的回鹘汗国被黠戛斯人攻灭,回鹘人的大部分陆续西迁。其中主要的一支移居今新疆,在当地定居后逐渐由游牧转变为农业,又与当地民族长期结合,形成了近代的维吾尔族。另一支移居河西,被称为"河西回鹘",在10世纪曾以甘州(今甘肃张掖市)为中心建立政权;北宋初被西夏攻灭,迁至今甘肃、青海、新疆交界地区,15世纪以后陆续迁至今甘肃西部定居,成为近代的裕固族。今天分布在青海东南循化一带的撒拉族,就是在元代时由中亚迁来的撒马尔罕人与当地的汉、回、蒙等族长期融合形成的民族。近代的东乡族也是在13世纪迁入今甘肃临夏地区的一支信仰伊斯兰教的蒙古移民的基础上,结合当地汉、藏、回等族而形成的。

蒙古族的先民可以追溯到北方古老的东胡、鲜卑、契丹、室韦等族,而最初以蒙古自称的只是唐代室韦(一作失韦)中的一支,被称为"蒙兀室韦"。蒙兀室韦聚居于今额尔古纳河东岸,以后迁至今蒙古大肯特山一带。到13世纪初,以成吉思汗为首的孛儿只斤氏家族统一了各部,建立大蒙古国,蒙古才开始成为各部的民族通称。此后,随着蒙古军事征伐的节节胜利,蒙古人遍布于中亚、西亚、东欧和中国各地,建立了钦察、察合台、窝阔台、伊尔四个汗国和元帝国。在四大汗国的蒙古人大多逐渐融合于当地民族。朱元璋建明朝,攻克元帝国的首都大都后,元顺帝率数十万蒙古人迁回蒙古草原,这批蒙古人和原来留在蒙古高原的本族人发展成为近代的蒙古族。在这样经常性的大规模的移民过程中,蒙古族不仅接受了其他许多民族更先进的文化,也吸收了不少其他民族的人口。

满族的前身女真人在历史上有过多次大规模的迁移,其主体一度迁至黄河流域,并融合于汉族。留在东北的女真人吸收了其他民族,在明代后期形成了满族。1644年(顺治元年),满族人口的绝大多数随着清朝军队进入以北京为中心的华北地区,以后又扩散到全国各地,留在东北的满族人反而是极少数。入关的满人多数已与汉人杂居,本族人聚居区也处于汉人的包围之中,这使满族的文化状况发生了很大的变化:一方面是满族的文化水平大大提高,在文学、书法、绘画、戏曲、工艺等方面出现了不少人才;另一方面是除了个别地区少数人,都已通用汉语,与汉族在文化上的差异已经很小。

在第三种民族中,回族兼有以移民为基础、在发展过程中又有过重大的移民活动这两方面特点。构成回族的基础是13世纪迁居中国境内的中亚各族、阿拉伯和波斯信仰伊斯兰教的移民,也包括从7世纪以来就侨居在中国东南沿海一些港口、商业城市(如泉州)的阿拉伯和波斯人的后裔。这些人进入中国以后,又经过了无数次的迁移,在这过程中吸收了汉、蒙古、维吾尔等族的成分,人口数量增加很快。1953年人口普查时,回族人口已有356万,仅次于壮族和维吾尔族。由于长期与汉族交往或杂居,回族受汉文化的影响很深,已都使用汉语和汉文。但回族依然保持着本民族在心理状态、生活方式、风俗习惯、宗教信仰等方面的特点。

这三种类型民族的形成和发展的历史同样可以证明,移民对它们起着重要的作用。对其中的大多数民族来说,移民的作用是决定性的,或者是必不可少的。

三、多民族共同体的形成

今天的中华民族是一个多民族的共同体。中华民族并不是一个单一的民族,组成它的五十多个民族都保持着各自的民族特点,没有哪个民族已经完全融入其他民族。同时它又不是一个简单地按领土范围划分的民族集合体,而是彼此之间有着密切联系和共同利益的自觉的民族实体。

这个民族共同体的形成有内部和外部多方面的条件。就外部条件而言,一百多年来帝国主义列强对中国的侵略和由外部敌对势力所造成的生存压力,从反面促进了中国各民族之间的联系和团结,增强了中华民族的凝聚力。就内部条件而言,各民族为了追求自身的进步和幸福,争取民族平等和共同发展,越来越意识到巩固这个民族大家庭的重要意义,更加自觉地维护民族团结,在这过程中还逐渐形成和增强了中华民族共同的心态和观念。

尽管这个包含着五十多个民族的共同体要到 18 世纪后期清朝完成统一时才定型,最后一个成员朝鲜族要到 19 世纪后期才参加进来,但它的雏形可以追溯到中国历史上汉、唐、元这几个统一王朝,它的发展也离不开分裂时期各民族间的交往、迁移以及争斗。而在这两千多年间,各民族的迁移和民族间的相互移民起了特别重要的作用。

汉族是中华民族的主体和核心,这个核心至迟在西汉已经形成,此后就一直在人口数量和总体质量上占优势。这个核心的形成得益于华夏诸族向周围各地的迁移,也是非华夏各族经过与华夏的杂居而被吸收融合的结果。前面已经指出,汉族通过移民向周围的扩展和其他民族的加入,是汉族最终成为占中国人口 90% 以上、世界上人口最多的民族的主要原因。

移民的意义不仅在于使汉族和其他民族增加了人口,提高了质量,更重要的是表现在通过相互移民建立起来的精神和物质上的联系。这种通过移民建立起来的联系远远超过了一般的物资交流和人员来往,而是逐渐造成一种"你中有我,我中有你"的局面,在感情和观念上起着潜移默化的作用。在中国历史上,这样的事例举不胜举。少数民族迁入汉族地区或迁入汉人之中,年深日久与汉族人民会产生共同的感情;汉族迁入少数民族地区或少数民族人民之中,经过长期的共同生活后也会结成亲密的关系。

从公元4世纪初开始,匈奴、氐、羯、羌、丁零、卢水胡、鲜卑等族先后成为北方大小政权的统治民族,在此期间迁入黄河流域的少数民族就更多。汉人的一部分南迁了,但多数还是留在北方。经过200多年,到6世纪后期隋统一北方时,汉人与各少数民族间的差异已经很小,实际上形成了一种包容汉族与少数民族的"北人"。与其说在北方汉人与少数民族间存在差异,倒还不如说在"北人"与"南人"即南方汉人间存在更大的差异。到北魏中后期,鲜卑族的统治者及其汉族臣僚都已毫不怀疑本政权是中国的法统和传统文化的真正继承人,而南方的汉族统治者只是逃亡的"岛夷"。这种观念得到了唐朝的确认,当时官方编修前朝国史,已经将北朝与南朝并列。要是没有这200多年的民族共处,出现这样的观念和感情并得到汉族统治者的承认,是不能想象的。

自936年石敬瑭将位于今河北、山西北部的燕云十六州割让给契丹以后,这里的汉族人民就在契丹的统治之下。以后契丹人大量迁入,这里的幽州(治今北京市)和云州(治今山西大同市)还成为辽国的南京和西京,是大批契丹移民聚居的地方。同时,汉人、渤海人和其他少数民族的移民也继续迁入,形成了多民族杂居的局面。经过近200年的融合,到北宋末年,这些"燕人"对契丹统治者已经视同本族。因此当北宋联合女真人灭辽,以为可以利用燕人的民族感情时,就受到了燕人的批驳:"南朝每谓燕人思汉,殊不思自割属契丹已近二百年,岂无君臣父子之情?""谚语有之:一马不备二鞍,一女不嫁二夫。为人臣岂事二主，燕中士大夫岂不念此？"[1] 很明显，当地汉人在民族感情上已经与契丹认同，而不再认为自己的命运必定要依附于同为汉族人的北宋统治者。如果一定要说存在民族界线的话，那倒应该是燕人、契丹人与宋朝汉人之间，而不是燕人与契丹人之间。

汉族移民传入其他民族的农耕技术使不少民族由牧业、采集、狩猎转化为农业或半农半牧。到了近代，中国人口较多的少数民族，即使是原来的牧业民族也已经有了一定规模的农业。1953年人口普查中人口超过100万的少数民族有壮、回、维吾尔、彝、苗、藏、蒙古、满、布依、朝鲜10个，虽然程度不同，但在他们的人口中都有相当比例的农业人口，或者在他们的聚居区域内都有相当范围的农业区。即使是比较单纯的牧业民族，也已经离不开粮食、茶叶等农产品，更不用说来自农业区的其他产品。当然这些民族的农业生产并不都是由汉族传入的，但汉族移民却使大多数少数民族的农业生产水平取得很大的进步，汉族移民在少数民族聚居区从事农业生产起了推动和示范的作用。在近代工业还没有兴起时，农业无疑是最先进、最可靠的产业，对一个民族人口的增长和经济文化的进步有着重大意义。农业生产成为中华民族共同的物质基础，也是汉族所具有的强大凝聚力的来源，移民传播和推动农业发展是对中华民族的巨大贡献。

第三节

移民与地区开发

中国历史上的地区开发，是指在一个地理区域或行政区域内，在当时的生产技术条件下，自然资源（主要是土地）和人力得到比较充分的利用，经济发展，农业、商业、手工业生产由落后状态提高到全国平

---

[1] 见《三朝北盟会编》政宣上帙八引马扩《茅斋自叙》。

均水平或先进水平的过程。从19世纪后期开始，近代工商业在沿海城市和某些工矿区内兴起，这些地区的开发也是指它们的经济文化水平在全国所处的地位的提高。

无论根据哪一种标准，移民在地区开发中都起了重要的或决定性的作用。

一、移民与农业社会的地区开发

在生产主要依靠体力劳动的情况下，一定数量的劳动力是完成地区开发的决定条件。任何一个地区必须具有一定数量的人口，才能使多数可以利用的土地得到开垦。也只有人口增加到一定的数量，才能促使农业向精耕细作和多种经营方向发展。而商业和手工业既需要来自农业生产的剩余劳动力，又必须有具备一定消费能力的人口（特别是城镇人口）。所以，商业和手工业发达的地区，一般都是人口稠密的地区；而人口稀少、农业粗放的地方，商业、手工业也往往比较落后。

在人口数量不多、生产力又非常低下的情况下，人类早期的聚居地范围有限，而其余广大的地域都无人居住或人口很少。如果完全依靠本地人口的自然增长，要达到开发的程度显然需要非常长的阶段。甚至有很多地方因为缺少起码的人力而无法抵御自然灾害或外来的袭击，不仅得不到发展，而且人口濒于灭绝。而移民却能在短期内使迁入地的人口有很大的增加，为当地的开发提供基本劳动力；或者促使当地的农业向深度和广度发展。

移民不仅增加了迁入地的人口和劳动力，而且使当地人口和劳动力的素质得到一定程度的提高。因为历代移民的主流是从人口稠密区流向人口稀疏区，从经济文化发达地区流向较落后的地区，由中心区流向边远地区，由汉族地区流向非汉族地区。所以，一般说来，移民的生产技能和文化素质要比迁入地人口高，移民中的青壮年人口比例也较高，移民的迁入为当地生产力的提高创造了有利条件。

具有特殊技艺的移民对农业和手工业的发展往往起着决定性的

作用,因此一些地方常常采取措施引进这类特殊的移民。边疆政权和少数民族政权经常通过掳掠人口的手段取得汉族工匠和艺人,统治者运用行政命令将各类工匠迁至首都,不发达的地区也会通过各种办法吸引有技艺的移民。

地区开发中一些重大的工程,如道路、堤坝、海塘、水渠等,往往需要集中大量劳动力才能建成;如果没有这些基本的工程,开发所必不可少的条件,如沟通联系、开辟丛林、排除积水、围海造田、水利灌溉等,就都不可能具备。在南方,由于平原面积狭小,扩大耕地的主要途径就是开辟丛林和山地,建造海塘,拦海造地。今天成为沃野的珠江、韩江等三角洲,宁绍平原、浙南平原和福建各沿海平原,最初是海涂或海面,通过一次次修建海塘才逐步成为良田。福建沿海各地较大规模的围海造田和水利工程最早出现在唐后期,无疑与安史之乱后北方人口的迁入有关;广东沿海围垦的扩大也得到北方人口南迁的促进。

移民的涌入使迁入地的人口以大大超过正常自然增长率的速度增加,按常规扩大耕地往往难以满足人口的需要,这就促使农业转向通过精耕细作提高单位面积产量的方向,也迫使越来越多的人投入手工业和商业。自唐代后期、五代至宋代,南方的商业和手工业有了很大的发展,沿海地区的商品经济、对外贸易更有长足的进步,无疑与北方人口不断涌入增加了人口压力有因果关系。

自发性的移民,即主要由于迁出地人口压力造成的移民,不会影响迁出地的经济发展;相反由于减少了当地的人口压力,缓解了人地矛盾,会有利于经济的恢复。即使是出于行政措施的强制移民,只要数量不太多,占原有人口的比例不太大,也不会对迁出地造成长期的影响。但在巨大的天灾人祸,尤其是战争条件下的生存型移民,或者是统治者竭泽而渔的强制性移民,就会产生迁出区人口过少,甚至成为无人区的结果。东汉末年江淮间百姓因害怕被曹操迁往北方,10余万户人口渡江南迁,以致长江以北至合肥之间,除了皖城(今安徽潜山市)外成了无人区,此后这一带的经济长期不能恢复。西晋永嘉以后、唐安史之乱以后、宋靖康以后的三次大南迁人口数量都在百万以上,对北方影响尤大。中国经济重心的南移固然有多方面的原因,但北方人口的流失，尤其是其中素质较高的那部分人口的流失无疑起了加速的作用。

二、移民与地区重新开发

由于战争、灾荒、瘟疫等天灾人祸的破坏，历史上不少已经有了相当开发程度的地区曾经出现人口锐减、土地荒芜、城市变成丘墟、经济遭受严重破坏的现象。这些地区面临着重新开发的任务，及时移民就成为解决问题的关键。大量史实证明，凡是能在短时期内完成重新开发，经济文化得到迅速恢复的地区，无不得益于及时的大量的移民。

从秦汉以来，黄河中下游地区一次次沦为战场，多次出现千里丘墟、荒无人烟的局面，但直到盛唐时代依然保持着全国经济文化最发达的地位。这固然有自然条件等多方面的原因，但与政治中心所在地的优越地位对移民的吸引和统治者实施强制性移民大大加速了地区重建有极大关系，而移民对首都地区的影响尤其明显。如秦汉之际的战乱使秦都咸阳成为废墟，西汉前期持续实施的移民则使新都长安迅速崛起。东汉末年，董卓曾经将首都洛阳一带的人口全部迁走，城市被彻底破坏，成为无人区。30年后曹丕定都于此，完全依靠外来移民重建了洛阳，西晋继续沿用。西晋末年开始，洛阳又受到严重破坏，在战争中多次成为争夺对象，居民几乎荡然无存。至北魏孝文帝迁都洛阳，先后有近百万移民迁入，使洛阳得到空前的发展，成为当时中国最繁华、最发达的城市。东魏初，洛阳的人口再次被全部外迁，城市再度荒废。隋唐时重新修建洛阳，又迁入大批移民，使洛阳再现辉煌。华北平原和江淮平原是元末的主要战场，明初人口寥落，地旷人稀。明太祖从江南和南方迁入数百万人口，明成祖定都北京后不仅将故都南京的数十万人口北迁，又从山西等地大量移民，使北京迅速确立首都地位，华北的经济恢复并超过了战前水准。

四川盆地再开发的过程也是很典型的例子。早就被称为"天府之国"的四川盆地到南宋时已成为全国人口密度最高的地区之一，经济发展也居前列，但南宋末年蒙古军进攻的战争持续了数十年，空前激烈和残酷的战争使人口锐减,到元至元二十七年(1290年)登记到的户口仅10万户,致使四川在整个元代都恢复不了元气。元末明初对四川的移民规模很小,四川在整个明代的发展不大。但明末清初四川又受到空前浩劫,人口损失殆尽,到处地旷人稀,很多地方无人居住。从顺治十年(1653年)起,清政府发布了一系列招募移民、鼓励移民进入四川开垦的规定,并为移民提供了土地、赋税、入籍等各种优惠条件。持续一个多世纪的"湖广填四川"实际上是以湖广(今湖南、湖北)为主,包括陕西、江西、福建、广东、江苏、河南、浙江、安徽、贵州、广西等省人口的大迁移。道光三十年(1850年)四川省实际人口已经达到3 200万,仅次于江苏、安徽、山东而居全国第四。人口的迅速增加大大加快了重新开发的速度,不仅平原地区得到恢复,连盆地边缘的山地也都被利用,四川成为农业大省,并由移民迁入地转变为移民输出省。

合理组织的再开发性移民同时具有缓解人口稠密地区的压力、调节地区间过大的人口密度差距的作用,也有利于经济和文化的交流,所以在重建迁入地的同时,对迁出地也能有积极作用。但在严重战乱之后,各地人口一般都有大幅度耗减,经济受到很大破坏,统治者为迅速重建首都或自己的基地,不惜牺牲其他地区的利益,甚至采取掳掠手段,使人民付出沉重的代价。

三、移民与近代城市的发展

1840年鸦片战争以后,近代工商业逐渐在中国沿海地带和内地少数地方兴起,上海、香港、厦门、青岛、大连、天津、沈阳、哈尔滨等新兴城市,从原来只有几万人或几千人的小城镇或村庄迅速发展成为重要的工商业城市。在这些城市的兴起和发展过程中,帝国主义强迫清政府开放口岸,西方资本主义生产方式和人员、资金、技术的输入只是外因,而国内移民大规模迁入却是主要的内因。

这些城市有的原来只是一个很小的聚落,即使原来是有一定规模的城市,以后的人口也大部分是由移民构成的。移民不仅保证了这些城市发展中所迫切需要的劳动力,还带来了各种人才和资金,形成了工人阶级、民族资产阶级和现代管理人员这些对中国近代社会具有重大意义的阶级和阶层,也形成了中国的民族工商业资本。因此,吸收移民的多少、移民的素质和移民带入的资本(有形的、无形的)等就成为中国近代城市发展的三项主要因素。

在以上城市中,上海之所以能发展成为人口最多、发展最快、影响最大的一个,正是由于在这三方面的条件都优于其他城市。上海的城市人口主要迁自江苏和浙江。这两省,特别是其中的长江三角洲地区,长期以来就是全国人口密度最高、经济文化最发达的地方,商业、手工业、农业均居全国前列。所以不仅有大量的富余人口可以输往上海,而且移民的素质较高,既有适应各种生产技艺、经营能力的劳动力和管理人才,也不乏拥有大量资本或土地的官僚、地主、富商。太平天国战争的波及,客观上又加速了江浙向上海的移民过程。正是这些有利条件,使上海迅速成为全国和亚洲最大、最繁荣的工商业城市和金融中心,创造了世界城市发展史上罕见的奇迹。

第四节

移民与文化

文化——无论是物质的还是精神的——都是由人类创造的,也是依附于人类而存在的。地理环境的多样性和人类创造力的多样性使文化因地而异、因人而异,表现出强烈的地理特征。人口在空间的流动,实质上也就是他们所负载的文化在空间的流动。所以说,移民运动在本质上是一种文化的迁移。

人是文化最活跃的载体,在信息交流主要依靠人工传递的古代社会尤其如此,文化传播一般都是借助于人的迁移和流动来实现的。即使是在科学技术非常发达的当代,人在传播文化方面的作用依然是任何技术手段所无法替代的。

当然,这并不是说所有的文化传播都是由本书所规定的移民来实现的,因为其他流动人口也在起传播文化的作用,个别杰出人物所起的作用可能会超过成千上万普通移民。但总的说来,由于移民数量多、居住稳定、居留时间长,可以为他们所负载的文化提供一个适宜的延续和发展的环境,因而往往能比流动人口发挥更大的作用。特别是在制度文化和物质文化的传播过程中,移民具有明显的优势。

一、学术文化

移民中的知识分子与迁入地的本土知识分子之间,在学术文化上总是存在先进与落后的差别或地区间的差别。在先进与落后之间,除非双方过于悬殊,一般总是先进带动落后,使落后进步。而学术文化的地域差异,则不可避免地引起两种或多种地区文化间的碰撞和冲突,引起学术思想、流派、风格的变异,最终必定会产生一种不同于原来任何一种的新地域文化。如果迁入地是新开发区或者本土文化相当落后,甚至无知识分子和学术文化可言,移民知识分子就会起到启蒙和培植的作用,使迁入地逐渐产生知识分子和学术文化的基础。但这一过程也不是简单地复制迁出地的文化,因为它总要受到迁入地的自然和人文地理条件的制约。

由政治中心吸引的移民,或随同政治中心转移的移民,一般都具有数量大、迁移时间和迁入地集中、文化素质高、经济实力强的特点,加上政治中心本身的有利条件,在传播学术文化方面的影响最大。如西汉初定都长安后,就从关东将战国时的贵族后裔和"豪杰名家"10余万人迁入关中,集中安置在长安及周围一带。移民数量估计占关中总人口的四分之一,在移民的定居区,他们所占比例更高。以后百余年间,这样的移民又进行了多次,到西汉末年,移民后裔已占关中人口半数以上。关东的齐、鲁、梁、宋之地,是战国以来文化最发达的地区,出于当地上层的移民素质更高。由于移民在迁入地继续拥有政治、经济、文化上的优势,很快形成一些既有高官显爵又有学术地位的士族,关中著名的学者几乎都是移民或移民后裔,关中也成为全国两个学术文化最发达的地区之一。

永嘉之乱后的北人南迁是与政治中心的转移同步的,移民中不仅有大批中原的上层人士和知识分子,而且成为新政权的统治基础,东晋和南朝统治集团中的主要成员和当时有重大影响的人物,大多数是移民或移民后裔。这次北人南迁,成为东南学术文化鹊起的转折点。

大批北方学者的南迁给南方学术文化带来深刻影响,但从秦汉以来南方本土的学术文化也已有了一定的基础,加上南方与北方差异很大的地理环境和景观,都使以北方移民为主流的学术文化发生了新的变化。如移民后裔谢灵运的诗以描绘会稽、永嘉、庐山等地的山水名胜见长,开创了文学史上的山水诗一派。到南齐诗人谢朓时期,山水诗更趋成熟,而谢朓也是移民后裔。在其他文学创作、书法、绘画、音乐、雕塑等方面,也都出现了不同于北方的风格和表现形式。

北方移民定居集中的地区的总体文化水准因此而得到迅速提高,如原来默默无闻的京口(今江苏镇江市)一带一跃成为全国最重要的文化中心,人才辈出。其原因,正如谭其骧先生所指出的:"南徐州所接受之移民最杂,最多,而其后南朝杰出人才,亦多产于是区,则品质又最精。刘裕家在京口(镇江),萧道成、萧衍家在武进之南兰陵(武进)。……南徐州之人才又多聚于京口。今试为列传中查之,则祖逖范阳遒人,刘穆之东莞莒人,檀道济高平金乡人,刘粹沛郡萧人,孟怀玉平昌安丘人,向靖河内山阳人,刘康祖彭城吕人,诸葛璩琅邪阳都人,关康之河东杨人,皆侨居京口。"[1]

地区性的政治中心吸引或迁移的移民也具有同样的作用,只是作用的大小有所不同,这往往取决于这些地区中心本身的影响范围的大小和所处的环境。如东汉末至三国期间的蜀国、吴国,十六国期间的辽东、河西各政权,唐末、五代南方一些割据政权,都曾有不少移

---

[1] 谭其骧:《晋永嘉丧乱后之民族迁徙》,收入《长水集》(上),人民出版社1987年版。

民迁入并集中在这些政权的中心区,不同程度地促进了当地文化的发展,像迁入河西地区的移民还为中华文化的延续作出了特殊的贡献。

但如果移民在迁入地的条件很差,政治上处于受控制或被歧视的状况,就不可能起这样的作用,也就毫无积极意义可言。如明初迁江南富户充实京师和凤阳等地,就是出于监视和惩罚的目的。被迁富户著"富户籍",与军户、匠户一样是世袭的,并规定如出现缺额要回原籍勾补。他们除了承担迁入地的徭役外,原籍徭役也不能免除。富户的身份一般还不如普通百姓,指望他们促进迁入地的文化发展是很难想象的。

中原汉族向周边民族地区的移民或周边民族的内迁,往往造成中原文化向周边地区扩散或周边民族汉化的结果,这也是移民运动传播学术思想文化的主要表现之一。

这一过程实际上在春秋战国时就已开始,到东汉后,北方游牧或半农半牧民族逐渐内徙,在关中、并州、幽州一带与汉人杂居,以后又广泛分布于黄河流域。经过长期的影响,到三国西晋时期,这些民族的社会上层,逐渐濡染中原学风,出现了一批尊儒习经,优游士林,精通汉文化的人物,汉族学术文化在非汉族中的传播达到前所未有的广度。

如南匈奴长期居于内地,其上层人士与汉族士大夫交往,形成学习汉族学术文化的风气,涌现出一批精通五经、熟知典章的人物。如匈奴左部帅刘渊,"幼好学,师事上党崔游,习《毛诗》《京氏易》《马氏尚书》,尤好《春秋左氏传》《孙吴兵法》,略皆诵之,《史》、《汉》、诸子,无不综览"。匈奴北部都尉左贤王刘宣"好学修洁,师事乐安孙炎,沉精种思,不舍昼夜,好《毛诗》《左氏传》"。刘渊的儿子刘和、刘聪,族子刘曜等都博通经典,精研史籍,刘和习《毛诗》《左氏春秋》和《郑氏易》,刘聪、刘曜则尤好兵书。他们出入儒林,结交名士,一如汉族士大夫。刘渊被任命为北部都尉后,"幽冀名儒,后门秀士,不远千里,亦皆游焉"。其子刘聪,"弱冠游于京师,名士莫不交结,乐广、张华尤异之也"。他们一派名士风度,名声远在一般汉族文人之上。匈奴人原无尊老传统,更不讲孝,这时风气大变。刘渊幼年丧母,也如同东汉以来的士人那样哭嚎终日,极尽哀戚。对于这一举动,"宗族部落咸共叹赏",说明孝道已普遍受到推崇。刘渊一族自称刘姓,建国号为"汉",以绍汉相号召。建国之始,有郊祀、祖祭,建年号,称祥瑞,行大赦,职官设置也采取中原的体制;匈奴大臣上书,动辄征引《诗》《书》;刘聪即位,也假意辞让其弟,公卿们劝进;这些行为已与汉族政权无异[1]。

又如鲜卑,东汉末迁至辽东后与汉族杂居,由此深受汉文化影响,上层也出现了一批汉文化素质很高的人物。如慕容廆年少时就与幽州名士张华交游,并著《家令》数千言,教训子孙慎狱、敬贤、重农等。其子慕容皝亦"尚经学,善天文",西晋末年曾率慕容氏贵族子弟从平原经师刘赞学习儒家经典。西晋末年,中原战乱,大批士人流入鲜卑部族,著名者有河东裴嶷、代郡鲁昌、北平阳耽等,名士几十人被委以重职,于是"路有颂声,礼让兴矣"。到慕容皝建立前燕以后,"赐其大臣子弟为官学生者号高门生,立东庠于旧宫,以行乡射之礼,每月临观,考试优劣。皝雅好文籍,勤于讲授,学徒甚盛,至千余人。亲造《太上章》以代《急就》,又著《典诫》十五篇,以教胄子"[2]。

类似的情况在拓跋鲜卑南迁以后,氐、羌等族迁入关中和北方各地后也都发生过,并且在隋唐以后的历次少数民族的内迁过程中都曾出现。

在正常情况下,汉族人口,尤其是其中的上层和文化程度高的学者士人,不会主动迁往边疆地区和周边少数民族地区。但在战乱条件下,一部分汉人被掳掠到异族地区,还有一部分汉人为躲避战乱迁至边远地区,或者投奔周边民族以求庇护,在东汉末三国初、西晋末十六国时期、隋末唐初、唐后期至五代、明末都曾出现过大量的这一类移民。由于没有选择的余地,上层人士和学者士人也毫无例外地成为移民的一员。这类移民对迁入地,无论是汉族聚居的边远地区,还是少数民族地区的文化水准的提高,都产生了程度不同的积极作用。大批进入少数民族地区的汉人加速了这些民族所建立的政权的封建化、

---

[1] 以上据《晋书》卷101《刘元海载记》、卷102《刘聪载记》。
[2] 以上据《晋书》卷108《慕容廆载记》、卷109《慕容皝载记》。

制度化;增加了这些民族的农业产业成分,甚至使这些民族由游牧过渡到半农半牧或以农为主;提高了当地的手工业技艺。制度文明和物质文明方面的这些进步,无疑也会引起精神文明各方面的变化和提高。

应该承认,无论是汉族迁入少数民族地区或边远地区,还是少数民族移入汉族地区,文化的影响和传播总是双向的。唐后期河北地区深受北方和西北少数民族移民的影响而出现"胡化",就是汉族同样会接受异族文化的明证。但由于汉族在人口数量和文化上的总体优势,特别是由于少数民族一旦脱离牧业迁入中原,建立在农业文明基础上的汉族文化无疑更适合他们新的需要,这就使匈奴、鲜卑、契丹、女真、蒙古、满族等进入中原的军事征服者,毫不例外最后成为文化上的被征服者。

从文化水准较高地区向较低地区的移民对迁入地的影响,并不一定立即产生直接效果,更多地表现为经过若干代以后迁入地文化水准的总体提高上。

如西晋末年中原大乱时,在大量汉人南迁的同时,也有一批汉人或因道路隔绝无法南下,或因地理条件的便利而迁至河西走廊投奔张氏前凉政权。由于前凉和以后的几个政权大多能保境安民,避免了战乱的影响,移民中的学者士人生活安定,获得重视,得到了发挥才干的机会,致力于提高当地的文化水准。一百多年后,河西学者的造诣之高,已足以令中原学者瞠乎其后。北魏太武帝太延五年(439年)灭北凉,大批学者东迁平城,成为北方儒家文化的主要来源。以后随着北魏都城的迁移,洛阳成为北方文化的中心,而北方文化最终成为南北统一后的主流。

值得注意的是,东晋和北朝时河西的著名学者虽大多是本地人,却都产生在中原移民迁入后的数十年之后。如略阳(治今甘肃秦安县东南)人郭荷出身经学世家,张祚(354—355年在位)征至,迁居张掖东山。敦煌人郭瑀师事郭荷,"尽传其业……作《春秋墨说》《孝经错纬》,弟子著录千余人"。酒泉人祈嘉西至敦煌,"依学官诵书……遂博通经传,精究大义"。张重华(346—353年在位)征为儒林祭酒,"在朝卿士、郡县守令彭和正等受业独拜床下者二千余人"[1]。以后被北魏收罗的就有天水人赵逸,安定人胡方回、胡叟,敦煌人宋繇、张湛、阚骃、刘昞、索敞,武威人段承根、阴仲达,金城人赵柔,河内人(第三代移民)常爽等,其中刘昞是郭瑀的弟子,索敞是刘昞的助教[2]。已在平城的中原学者崔浩、高允对这批学者推崇备至,足见其声望和影响;这在西晋以前是不能想象的。

有些移民只是普通百姓,但因迁自较先进的地区,迁出地有读书的风气,也会对迁入地产生潜移默化的影响;或者因移民的迁入而促进了经济的发展,为文化的进步提供了物质条件。如明初迁入安庆地区的,是来自文化水准更高的徽州和江西籍移民。移民本身虽然没有产生突出的文化人物,却在二三百年后的明末清初造就了安庆地区杰出的人才如方维仪(1585—1668年)、方以智(1611—1671年)等。到清代更是人才辈出,如方苞、方东树、姚范、姚鼐、姚莹、张英、张廷玉、戴名世、马其昶、吴汝伦等都是全国知名的。尽管其中的方氏、姚氏出于明以前的土著,但这些学者赖以产生的环境却主要是由外来移民造成的。

明代的苏北主要是苏南、浙江及江西人的移民区,又以苏南人为主,移民原地的文化水平明显高于迁入地。嘉靖末年苏北兴化人李春芳夺得状元,后其子官至礼部尚书,李春芳曾祖明初迁自苏南句容县。清代名画家郑板桥也是兴化人,先祖是洪武年间苏州移民。宝应县望族朱、刘、乔、王等均为苏州移民后裔。其中朱氏家族有朱应登于弘治年间中进士,其子嘉靖年间中进士,清代子孙中有探花1人、进士12人、举人21人,堪称望族。

同样的例子在湖北也是俯拾皆是。明代最负盛名的公安派作家袁宗道(1560—1600年)、袁宏道(1568—1610年)、袁中道(1570—1626年),虽以出生地湖北公安得名公安派,却也是明初江西移民之后。

---

[1] 见《晋书》卷94《郭荷、郭瑀、祈嘉传》。
[2] 并见《魏书》卷52本传及卷84《儒林传》。

二、制度文化

一般说来,制度文化是与物质文化一致的,农业民族、牧业民族、半农半牧民族都会形成与本民族的生产、生活特点相适应的社会制度。但另一方面,社会制度是在不断发展和进步的,农业民族如此,牧业民族也是如此。所以移民对制度文化的传播还是能起很大的作用的。

秦统一后建立的中央集权统治制度,开始时只通行于它的疆域范围之内,而在一些新设置的郡中,往往只能推行到行政中心与主要交通线沿线。西汉以后随着疆域的扩展和汉人向周边地区的移民,其推行范围也逐渐扩大。但西汉时,在非汉族聚居区新设立的"初郡"中还实行与其他郡不同的制度。直到清朝前期,西南少数民族地区还实行土司制度。清朝最终能够推行"改土归流",将少数民族聚居区同样纳入中央集权制度,固然与政治、军事上的优势地位有关,但大批汉族移民(包括军政人员)迁入少数民族地区是一个决定性的因素。

汉族移民迁入游牧民族区后,在传播物质文明的同时,也在制度文化方面作出了贡献。如西汉时因各种原因迁入匈奴的中行说、卫律等人,帮助匈奴建立了统计、书写、组织、军事调动等方面的具体制度。东汉后期开始迁入乌桓、鲜卑地区的汉族移民也使这些民族迅速摆脱部族奴隶制,建立起新的政治和军事制度。以后的突厥、回纥、吐蕃、南诏、契丹、女真、蒙古等族,都曾利用过迁入的汉族移民,并吸收其中的优秀分子加入本族的统治阶层,对原来的制度进行不同程度的改造。

当汉族移民占有相当大的比例时,这些非汉族政权还会建立起与汉族农业区类似的封建制度,或者对汉人与本族人实行不同的制度,在此过程中,汉族移民都起着决定性的作用。如契丹族建立辽朝后,将从汉族地区掳掠来或招降来的人口安置在滦河流域,"率汉人耕种,为治城郭,邑屋廛市如幽州制度",于是"汉人安之,不复思归"[1]。以后,辽朝的中央机构还设置了两套制度和行政机构,分别用于统治本族及其他少数民族、汉族。汉人韩延徽、韩知古、康默记等人受到辽太祖的重用,他们根据契丹族的特点,成功地将中原政权的都邑、宫殿、礼仪、法律、文书制度移植到辽朝。

少数民族政权入主中原以后,由于统治对象已变为人数大大超过本族人口的汉族,只能基本上采用汉族传统的制度。尽管这些政权都尽力保持本族的传统,但由于它们的生产和生活方式已经因长距离的迁移而发生了根本的变化,最后都避免不了被"汉化"的命运,本族的制度也不得不作相应的改变。

如果移民包括统治集团,或者已经建立了自己的政权,他们就可能将迁出地的制度移植到迁入地,并且长期延续。如河西走廊的汉族移民,经常能在与中原隔绝的情况下继续维持着一个农业社会;耶律大石率契丹人、汉人西征,在中亚建立西辽帝国,也将辽朝的制度带到了中亚。当然,随着地理环境和统治对象的变化,任何制度都得作相应的调整。

无论是汉人迁入少数民族地区,还是少数民族进入汉族地区,制度的改变都必须适应物质条件和人口的民族基础,盲目的引进必定以失败告终,坚持不改也会使历史倒退。如西汉时西域的龟兹国王因仰慕汉朝的礼仪制度,也在国内仿照汉朝的衣冠、乐器、仪仗,结果搞得不伦不类、非驴非马。蒙古人进入中原之初,依然照游牧民族的方式行事,使北方遭受了一场空前浩劫。

三、艺术

1. 音乐舞蹈

周边民族的人口迁入为中原地区的音乐、舞蹈不断输入新的养料。由于民族之间艺术上相异的成分很多,不同性质的艺术交流往往导致艺术形式的重大变革和发展。

---

[1] 《新五代史》卷72《四夷附录》第一。

如汉代的西北地区有大量匈奴、羌、西域诸族迁入，这些民族的音乐风格对汉族音乐产生很大影响，形成具有浓厚胡乐色彩的边地音乐。汉代乐府中有赵、代、秦、楚之讴，其中代讴地位特别重要，就是因为代讴的胡乐色彩十分浓重，而代讴流行的范围就是以代郡（约相当今河北西北、山西东北及内蒙古兴和一带）为主的。代地音乐的代表作鼓吹曲和北方流行的军乐横吹曲都起源于游牧民族，但已为来自内地的汉族移民所改造，所以能在汉人中广泛传播。东汉以后，北方许多游牧民族逐渐向内地迁徙，到三国西晋时汉人与各内迁的游牧民族交流日益广泛，北方游牧民族的音乐"胡乐"就在中原广为流传。胡乐中最著名的胡笳曲在中原长盛不衰，留下了很多有关的文学作品和故事。

就对中国音乐影响最大的因素而言，西域人口的内迁最值得重视。前秦建元十九年（383年），苻坚命大将吕光出征西域，次年征服龟兹，西域各国归顺。吕光用2万多匹骆驼载西域珍宝及歌舞艺人东归。从吕光所用骆驼数量看，带回的艺人不在少数。这些西域艺术家以河西走廊为基础，将以龟兹为主的西域音乐进一步传向中原。十六国和北朝期间，大批来自西域的移民迁入中原，其中不少人为经商、出使而来，定居在洛阳等地后成为贵族大贾，他们的社会地位和经济实力都有利于音乐艺术的传播。北魏太武帝拓跋焘（424—452年在位）"通西域，又以悦般国鼓舞设于乐署"[1]。北周武帝宇文邕（560—578年在位）娶突厥公主为后，突厥又征集西域各国乐舞和艺人随之东来，其中有龟兹、疏勒、安国、康国等国音乐，"并于大司乐习焉，采用其声，被于钟石"[2]。这一时期随同西域各国而传入中原的乐器，种类非常多。西域音乐和乐器的传入大大丰富了中原汉族的音乐文化，西域音乐与汉族音乐的融合终于形成了富有新颖时代风格的盛唐音乐。

永嘉之乱后，大批中原人士南迁，中原音乐也随之南移，其中最著名的是清商乐，这本是曹操父子以民间古曲为基础谱成的新曲。迁入河西的移民也将清商乐传到那里，以后苻坚灭前凉时乐师被迁至长

---

1 《魏书》卷109《乐志》。
2 《隋书》卷14《音乐志》。

安,刘裕北伐占领关中后又被带回江南。至此,清商乐不再存在于北方。直到隋文帝灭陈后才又听到这种"华夏正声",实际上这时的清商乐已经糅合了南方的民间音乐,是南北音乐交融的产物。

各族的舞蹈也与音乐同时随着移民传入中原。以拓跋鲜卑族的迁移过程为例,在北魏前期的都城平城(今山西大同)的云冈石窟中,飞天和伎乐天形体粗壮,上身半裸,斜披胳腋,赤足,既显示出印度佛教艺术的影响,更具有游牧民族的审美特色:舞姿雄健有力,常有昂首挺胸收腹的体态,或推掌伸臂,或平展、斜展双臂,或托掌叉腰等;飞天的舞姿缺乏轻捷感,显得有些沉重,表明当时的人们似乎更欣赏雄壮豪健之美。但在迁都洛阳以后开凿的龙门石窟和巩县石窟中,伎乐天的脸型、服饰、舞具都更具汉族特点。如飞天变半裸上身、赤足为短衣、长裙曳地不露足的汉族女子传统服饰,面部及身躯由肥壮变为清瘦、窈窕,表情、舞姿改豪放为含蓄柔美[1],从而形成了一个汉族飞天的形象。飞天形象的变化与鲜卑人由北而南的迁移和汉化过程是一致的。

唐末、五代开始,契丹、党项、吐蕃、回鹘、女真等族移民频繁迁入中原,这些移民对中原音乐产生了很大的影响。北宋末年,"番曲胡乐"的影响已经如此之大,以致京师开封"街巷鄙人多歌番曲,名曰异国朝、四国朝、六国朝、蛮牌序、蓬蓬花等,其言至俚,一时士大夫亦皆歌之"[2]。到女真人建立的金政权统治中原之后,黄河流域的歌声乐曲更是一派"胡声"了。元人所造曲调采用的是北方流行之曲调,胡乐色彩浓重,其风格与流行于南方的曲调迥异。

蒙古族的舞蹈也从北方草原传入中原地区。元代有一著名舞蹈叫"倒喇",其特色是顶瓯灯起舞,类似今蒙古族仍然流行的传统舞蹈灯舞或盅碗舞的女子独舞。尽管蒙古人最终退出了中原,但他们所带来的舞蹈因其新颖别致、风格独特而长时期留在中原,"倒喇"到清代还在流行。

汉族人口的迁移,也会导致迁出地区的音乐、舞蹈向另一地区传

---

1 据王克芬:《中国舞蹈发展史》,上海人民出版社1989年版,第165—166页。
2 曾敏行:《独醒杂志》卷5。

播扩散。如秦汉时期对岭南的移民,导致了中原音乐、舞蹈在岭南地区的传播。1983年发掘的广州象岗南越王赵眜墓中,出土了六个玉雕舞人,其服饰、舞姿大都有中原风韵。广州西村西汉早期墓出土的玉雕舞人,无论服饰、舞姿都与中原出土的战国、汉代玉雕舞人相似。

在吐蕃与唐朝的长期战争中,不少汉人被掳掠到吐蕃,其中包括大批乐师、乐工,所以吐蕃在接待唐朝的使者时可以演奏全套"秦王破阵乐"。中原音乐在吐蕃的长期存在,必定会影响该地的音乐。

2. 戏剧

戏剧的发展过程也与移民有密切关系。宋金时代的杂剧还只是一种名义上的"剧",实际上是由歌舞、音乐、调笑、杂技等杂凑而成。它不能前后连贯地叙述一个完整的故事。戏中人物虽然在表演故事,可是歌词还是叙述体而不是代言体,所以歌唱还没有和戏剧结合成一个整体。蒙古人入主中原后,中原地区那些难以了解的说唱形式的鼓子词、诸宫调和结构松散的杂剧不能引起他们的兴趣,于是一种歌舞兼备、有声有色的新型艺术应运而生,这就是元杂剧。和宋金戏剧相比,元杂剧结构谨严,每出戏一般分为四个折子和一个楔子,每四折叙述一个完整的故事。其曲调除采用唐宋曲调外,还杂有不少的"胡音"。唱词之间的衬字很多,有时衬字多于正文,使得词句流畅活泼,更为口语化,更易表达剧中人物的心情,实际上变成为吟哦的格调。元杂剧虽然不是蒙古移民传入的,却是移民运动引起的民族之间文化碰撞的产物。由于其中含有大量蒙古人及其他游牧民族的音乐成分,因而受到蒙古人及其他族人民的喜爱。

靖康之乱(1126—1127年)后,大批南渡的北方人迁入以浙江为中心的东南地区,北方的歌舞、杂剧随之南来。南宋末年,永嘉杂剧传入杭州,成为南戏。南戏综合了各种艺术手段的戏剧表演艺术。这些手段为表现故事、表达主题而相互结合、相互应用,形成唱白、舞及装扮等综合运用的表演艺术,具有以歌舞演故事的基本特征,已经是比较完整的戏曲形式。南戏的形成,一方面固然与永嘉杂剧的源头有关,另一方面与临安一带的北来移民的文化交流有相当密切的关系。

元灭南宋以后,元剧就侵入南方并压倒南戏。直到元代末年,南戏才得以复兴。元末及明代形成的各种声腔，是南戏和北方杂剧流传到新地之后土著化的结果。南戏系统以弋阳、海盐、余姚、昆山四种声腔最有代表性。弋阳、昆山两种唱腔的流传最为广泛，而弋阳腔的传播又可能与明初大移民有关。

弋阳腔至迟在元代后期已经出现，明初至明中叶，已遍布今之安徽、浙江、江苏、湖南、湖北、福建、广东、云南、贵州、南京、北京等地，并衍变为当地声腔。弋阳腔的传播时间与明初大移民时间可能是吻合的，或者说，在弋阳腔的传播过程中有明初大移民运动的发生，其传播路线很多是与移民迁移的路线一致的。

类似的例子还有凤阳花鼓。明初大批江南富户被朱元璋强制迁入凤阳。他们非常留恋自己的家乡，但受官府管制无法逃跑，便化装成乞丐，每年清明前后返回故里祭扫祖墓，而花鼓表演便成为沿途乞讨的手段。凤阳花鼓也就因此得以广泛传播。

在东南亚的许多华侨居住地区，流传着粤、闽沿海的许多地方戏，如福建的莆仙戏、梨园戏、高甲戏以及广东的潮剧、汉剧等。这是移民作为迁出地戏曲文化载体的典型事例。

四、方言

现代方言区的形成与历史时期汉人的移民过程有密切的关系[1]。

1. 北方方言（官话方言）区

西晋以前，北方方言与南方方言的分野大致在秦岭淮河一线。当时黄河中下游地区的北方方言内部大约比较一致，南方则存在各有特色的吴、楚、蜀等方言。永嘉之乱引发的汉人南迁，使北方方言大规模越过秦岭淮河一线而南下。移民集中分布在淮水（在山东为黄河）以南至浙江宁绍平原、鄱阳湖、洞庭湖以北地区及秦岭以南至四川成都之间，而以今江苏、安徽二省境内最为集中，其中又以建康（今南京）附近最为密集。结果是，北方方言在江淮间取得优势，在南京、镇江一

---

[1] 以下参考了周振鹤、游汝杰：《方言与中国文化》，上海人民出版社1986年版；周振鹤：《现代汉语方言地理的历史背景》，载《历史地理》第九辑，上海人民出版社1990年版。

带已与当地原有的吴方言相颉颃,奠定了今天江淮官话的最初基础。在湖北地区,北方方言也对楚语进行冲击,从而产生西南官话的雏形。

唐代安史之乱引起了北人南迁的第二个高潮,移民集中居住的地区主要是襄阳、江陵、武昌之间的湖北腹地,湖南的西北角,苏、皖二省南部及江西的北部和中部。这次移民加速了北方方言对湖北方言的同化作用,进一步确立了苏皖地区北方方言的地位,并奠定了长江中游西南官话的基础,形成与下游江淮官话不同的北方方言分支。

两宋之际的北人南迁是第三个高潮,移民大量集中于苏南和浙江。杭州、苏州等城中的北方移民高度集中,一度出现杭音与北音、苏音与北音对立并存的现象。经过几百年的发展演化,苏州的北音已经消融,但杭州的北音仍然顽强地保留着。这次南下的北人虽然数量较多,但吴语区的人口数量巨大,南下移民与土著比较仍属少数,所以北方方言仍不可能取代吴语。

滇、黔、川三地的官话方言形成于明代初年。经过宋金、宋元时期的战争,四川人口锐减。元末随明玉珍入川的一批移民来自湖北麻城、黄州一带,明初入川移民也以湖北人为主,其中又多为麻城籍。所谓迁自麻城的湖北人很多是江西籍,实际上对四川的移民主要来自湖北、江西两地。今日四川方言是明初湖北的西南官话混合江西方言以后向西传播的结果。自唐中叶南诏独立以后,在长达600年内,云南处于中原王朝的版图之外。到元代初年重新统治云南之前,这里已经没有汉语的地位。明代初年,中央政府通过调拨军队戍守屯垦实施了对云南和贵州二地的移民,驻守云、贵的军士以今苏、皖二省籍人为主,因此使得昆明地区的方言与江淮官话有不少相似的成分。清代云、贵地区接受的移民主要来自四川、湖南和江西。江西方言通过移民这一媒介深刻地影响了西南官话。

清代及民国时期对东北的移民,使东北成为北方方言区的一部分。

2. 吴语区

三国时期的战乱使江淮之间的人口大量进入江南吴地,江淮之间的原有方言大约与北方方言接近,他们的迁入使南方吴语受到北方话的侵蚀。永嘉之乱后的移民,首先使得建康至镇江一带的吴语消融于北方方言之中。东迁进入吴语腹地的移民也给吴语区注入了许多北方语音因素,但吴语与北方话的差异仍然是巨大的。由于东晋南朝的政治中心设于建康,与吴语区毗邻,北方方言对吴语的渗透就比以前的时代更为有效。

从东汉末年开始,汉人从浙东平原南下,经浦城(今属福建)到达闽北山区,这也是永嘉之乱后、唐末、两宋之际移民入闽的路线。所以浦城一直与吴语区保持联系,并一直是吴语区人民入闽的聚居地。比较今天浦城话与浙江吴语,可以发现它不仅与毗邻的浙西南接近,并且兼有浙北的特点。

吴语区的西南边界在江西东北部。江西在历史上长期被称为"吴头楚尾",说明其东部应该为吴方言区。只是由于以后北方移民迁入江西中部、北部,吴方言不断向东萎缩,目前仅存于上饶、广丰、玉山三地。

徽州地区是方言变化最大的区域之一。秦汉时代,当地是山越人的聚居区,自然是吴方言区。永嘉之乱后北人由芜湖一带迁入,他们的北方方言造成了对吴语的第一次大冲击。唐代汉人分别从北方、浙江及江西三个方向进入徽州,现代徽州方言大抵于此时形成。但徽州四面环山,徽州方言在一个较封闭的环境中发展,便与周围吴语的差异越来越大。

3. 湘语区

湘方言的最早源头应当是现已不存在的楚语。南朝宋时曾在今常德地区安置来自河南、山西的移民,形成湘北沅、澧下游的西南官话区。这是北方方言对湘语的第一次大规模侵入。

现代湘语分布在湖南的湘江和资水流域,大致以长沙为界,南北分为新湘语区与老湘语区。方言学家认为北片新湘语受官话的影响而有逐渐靠拢官话的趋势,这种影响至迟在安史之乱引发的北人南下大移民中已经出现。新湘语在这一时期已经萌芽,但其形成则在明清时期。元末战乱后,长沙地区80%以上人口是来自江西中部的移民,操赣方言。赣方言语音的最大特点是无全浊声母,这恰恰是新老湘语差别的关键所在。但长沙地区周围依然是湘语区，以后逐渐侵蚀这一赣语区，终于形成没有浊声母的新湘语。

尽管江西人迁入长沙以南地区的历史很长，但却是一代一代的渐次迁入，即补充式人口迁移。在这种方式下，移民的方言容易被迁入地方言所同化，所以长沙以南地区保留着浊声母，湘语形态相对古老。

4. 赣语区

西晋末年北人南下大潮波及江西北部，从而形成赣语的最初源头。唐代中期至五代时迁入江西北部和中部的大量移民像楔子一样，把吴语区和湘语区永远分隔开来。赣语就在移民聚居区内形成，但当时与北方方言的差别甚小。所以尽管五代至北宋有大批江西人迁入湘北、长沙一带和沅江中上游，却没有使这一区域也成为赣语区。

元末明初的大移民中，江西是主要的迁出地，赣方言不仅深刻地影响了湖南的方言分布，也对湖北、安徽甚至西南地区的方言产生很大影响。湖北东南地区至今仍是江西方言区，如武昌南部就属南昌方言系统。与湖北东南部紧邻的是皖西南赣语区，以安庆为中心，包括今安庆地区各县及池州地区的东至县，与赣东北的语音类似。池州地区在明初也是一个与安庆方言相同的赣语区。太平天国战争后，江北移民纷纷渡江前来，因而沿江一带的赣方言消失。唯有在这一变乱中人口损失较小的东至，赣方言完整地保留了下来。

5. 客家方言区

唐及五代时期，一部分北方移民进入了赣南、闽西，地理障碍使他们与北方方言隔绝开来。尤其是闽西地区，有武夷山与赣南相隔，更与北方方言隔绝，在当地定居的移民形成了他们独特的方言。有的学者认为，这些移民使用的方言是客家话的源头。但是，由于他们与下一次更大规模的移民即两宋之际至南宋末年的北人南迁相隔了一二百年时间，移民数量也非后者可比，所以影响有限。南宋期间迁入赣南、闽西的移民数量多，居住集中，而当地土著居民数量少，居住分散，在这个相对封闭的环境中，一种为移民所共同接受的新方言客家方言终于在宋元之际形成，这一带成为客家方言的中心区。一直处于其他方言包围中的客家人,形成了顽强地坚持自己的方言的传统,因此在以后的移殖中始终保持着自己的方言,不轻易为其他方言所同化。

北宋后期,梅州客户已超过土著,虽然客户未必尽是客家人,客户中还包括了一部分迁入较早的移民的后裔,但说明外来移民的数量在当地人口中占有很高的比例。南宋时,赣南和汀州的人口开始向粤东迁移,粤东客家方言在此后逐渐形成。

明清时代,客家方言随着客家人的迁移而四处扩散。闽西、粤东客家人大批迁入赣南,使得自宋以来分别发展的几支客家方言相互融合。

迁入台湾、四川、湘东、浙南、海南以及广西东部的客家人都把客家方言带到了新居住地,并大多保留至今。客家方言因其拥有众多方言岛,成为汉语中最为人津津乐道的一种方言。

6. 闽语区

闽语区可分为几片:闽东片以福州为中心,是福建最早的置县之地,表明中原汉人最初是由海路抵闽的。魏晋时期,北方移民深入闽南,东吴政权在晋江口设县,说明移民也是由海路而来,然后以沿海河口为据点,向各河流的中上游渐次移殖,同时也扩大自己的方言区。从陆路移入福建的汉人越仙霞岭,经浦城、崇安进入建溪流域,形成闽北方言片。以后逐步推进到闽中,奠定闽中方言片的基础。另外一支移民在三国时由今江西经临川越武夷山进入闽西北,还有一些零星的移民是由今广东迁入的。这一区域的移民主要来自江西,自然使用当时江西的方言。但当地还有大批越人后裔,他们的语言对移民也会产生影响。由于移民方向和入闽的路线不同,形成古代闽方言中的闽东沿海和闽西北山地方言之间很大的差异。

唐后期和五代迁入福建的移民不仅数量多,居住集中,而且居于统治地位,这些移民又带来了他们使用的北方方言,并且产生很大的影响。类似的过程又在南宋重现。所以闽方言既受到自唐后期至南宋期间北方移民的共同影响,又保持了原来各片之间不同的特点。

闽语向福建以外地区的扩散是随着福建人的外迁展开的。从北宋后期开始,闽南人不断迁入广东,移民把闽南方言散布到广东东、西两端的沿海地带,并在珠江三角洲留下了一些闽南方言岛。一部分闽南人沿海向北迁移,使温州一些地方成为闽南方言区。清代闽南人大举迁台,构成台湾人口的绝对多数,闽南话遂成为台湾最重要的方言。有意思的是,一支原籍泉州的移民迁入并分布于赣东北、浙西南的上饶、玉山、常山、广丰、铅山的平原河谷地带,至今仍讲一口"异化"的闽南话。另一批闽南人与江西人混合,沿天目山北迁,至今在苏南溧阳、宜兴留下闽南方言岛。

7. 粤语区

岭南原是百越民族的居住地,秦始皇军事征服的结果是留下了10余万移民,他们所使用的语言成为今日粤语的先声。此后对于岭南的移民一直是渐次推进的,而且大多由北部相邻地区迁来,直接来自北方的不多。所以,外来移民的方言多为粤方言所融化,这也就是粤语保留古音特点和古词较多而且内部分歧较小的原因。

五、宗教与信仰

宗教的传播主要通过教徒传道,并不一定需要由大规模的移民作为媒介。但移民的过程往往是某一种宗教或某种信仰的范围扩大或转移的过程,随着教徒的迁移,他们信仰的宗教也传播到新的地区。

1. 道教

道教最初形成于东汉顺帝时期(126—144年)的青、徐滨海地带,其间沛国丰(今江苏丰县)人张道陵往四川鹤鸣山修道,创五斗米道,又称天师道,道教开始定型。传至其孙张鲁,在汉中建立了政教合一的政权达30多年。

东汉建安二十年(215年),曹操率大军西征,张鲁投降,被曹操带回中原。数万户汉中人也被东迁,其中有大量教徒将五斗米道传入北方。曹丕本人也信道,曾建了不少道观,度道士,道术逐渐受到官方的重视。到晋代,道教开始向上层社会发展。琅邪道士孙秀,以谄媚赵王伦而飞黄腾达;道士步熊投靠成都王颖,成为他的死党。一些高级士族都是道教信徒。如郗鉴,与其叔父郗隆及孙秀同为赵王伦的党羽,其二子均信奉天师道。永嘉之乱后南迁的北方上层移民中,道徒也不少,见于《晋书》记载的五斗米道信徒就有王羲之、鲍靓、殷仲堪等人。孙秀族人孙泰、孙恩也是南迁的五斗米道信徒;孙泰师事钱塘杜子恭,成为他的传人。杜子恭的信徒中有太子少傅、刺史、太守等高级官员和大量南迁士族,不少人显然是道徒移民的后裔。道教在士族和民间下层的传播,形成了孙恩之乱的社会基础。

西晋末年,关中大乱,部分人口迁往河西地区。移民中的道士到河西后继续传教,其中的京兆人刘弘,拥有门徒千余人,连凉王张寔的左右都成为他的爪牙。随着势力的膨胀,刘弘甚至产生了取代张寔的野心,一些从关中来的道教徒也密谋推刘弘为王。张寔发觉后杀掉刘弘,而京兆道教徒、张寔左右的阎沙、赵仰等也袭杀了张寔[1]。这一道俗势力的流血冲突,反映了河西地区外来道徒势力之巨大。

2. 佛教

佛教是以西域为中介,在东汉时传入中原的。永平十年(公元67年),中郎将蔡愔等人于大月氏国遇沙门迦叶摄摩腾、竺法兰两人,并得佛家经卷,用白马驮还洛阳。汉明帝特建白马寺,让摄摩腾和竺法兰在寺中翻译经卷。此后,随着西域内徙人口的增加,一批高僧和佛教徒也移居中原。其中最负盛名的当属安世高、支谶、竺佛朗、安玄、支曜、康孟祥等人,他们多迁居于都城洛阳,从事佛经的翻译,加速了佛教的传播。

三国时期,西域人口的内徙过程仍在继续,随之而来的月氏、天竺、安息、康居等国的支谦、昙柯迦罗、昙谛、康僧铠等也先后到洛阳译经传教。不久,支谦因避北方战乱南下,迁居武昌(今湖北鄂州市),又转迁建业(今江苏南京),专事佛经翻译。同期在武昌或建业活动的僧人还有维祇难、竺将炎、康僧会等。西晋时西域高僧仍不断内徙从事译经,当时的洛阳和长安,寺院遍布,僧尼数千,佛教得到了极大的传播。

永嘉之后北人南迁,佛教徒也随之南来,其中最著名的有竺潜、支

---

[1]《晋书》卷86《张轨传》。

遁和慧远。竺潜（286—374年），永嘉初渡江，受到元、明二帝及丞相王导、太尉庾亮的尊重，以后隐居剡山30余年，哀帝时应召重回建康（今南京），在宫中讲佛经，其学说即所谓"本无"义。支遁，本姓关，陈留（今河南开封市祥符区南）人，在江浙一带游学，哀帝时也被召入宫中讲佛经，其学说世称即色义。慧远，原籍雁门楼烦（今山西原平市东北），东晋兴宁三年（365年）为避乱随师南下，渡江后入庐山讲学，倡导"弥陀净土法门"，宣称死后可往生西方"净土"，是为净土宗初祖。庐山成为当时与建康并称的南方佛教中心之一。

通过这样一批博学的佛教徒的大力传播，佛教越来越为统治阶级所崇尚，一般的文人学士也大都信奉佛教。南朝梁武帝本是父祖相传的道教徒，做皇帝后舍道信佛。南朝佛教兴盛，寺庙林立，僧侣如云。"南朝四百八十寺"的描述绝非诗人的夸张。

3. 伊斯兰教和摩尼教

伊斯兰教在阿拉伯地区兴起不久就能传入中国，得力于在华进行贸易的阿拉伯和波斯商人。唐宋时先后以广州、泉州、杭州、扬州等地为对外贸易港口，并设有专门销售阿拉伯商品的市场。不少阿拉伯人在这些港口久居不归，成为移民。他们被称为"蕃客"，居地被称为"蕃坊"。地方官府简选其中德高望重者为"蕃长"，负责领导宗教活动，管理民事诉讼，联系贸易等，还经营穆斯林的公共墓地，建筑清真寺。实际上他们管理着一个穆斯林移民社会。

阿拉伯人向东方扩张，征服了中亚，并传入伊斯兰教。10世纪，伊斯兰教开始传入今新疆，至16世纪遍及整个地区。

13世纪，蒙古骑兵西征，占领了中亚及阿拉伯的一部分。大批中亚人、波斯人、阿拉伯人被征调东迁，大部分人被编入"探马赤军"，镇守边疆。因此，伊斯兰教在他们的驻地今陕、甘、宁、青、滇等地迅速传播。东来的穆斯林商人的分布则更为广泛，他们被称为"回回"，有"元朝回回遍天下"的说法。元朝政府尊重穆斯林的信仰，各地普遍建立清真寺，伊斯兰教在中国得到空前传播。

摩尼教起源于古代波斯。公元六七世纪传入中国的新疆地区。以后又从新疆传入漠北的回纥，被回纥可汗尊为国教。另外，波斯的摩尼教徒也直接向中原传播，并在长安正式设置寺院。唐武宗于会昌三年（843年）下令灭佛，同时也革除摩尼教。以后佛教重新恢复，摩尼教却未曾再见容于朝廷。五代以后，摩尼教仅在民间流传。由于摩尼教的传播者回纥人绝大部分在9世纪中叶西迁，在中原传播摩尼教就失去了人口基础；而伊斯兰教却因为中亚、波斯及阿拉伯人源源不断地迁入中国而日益扩大了其传播范围。移民对宗教传播的作用于此可见。

4. 民间信仰

移民除了传播民间秘密宗教以外，更大量的是传播他们的信仰，主要是对俗神的崇拜。在众多的崇拜对象中，有与自然现象相关的自然神，有带着明显人间特征的英雄神、文化神，有被认为专门保护个人、家庭和公众安全的守护神，有被认为有特定职能的行业神和功能神。有些神是许多地方都有的，如雷公、风伯、门神、灶神、城隍、土地等，另一些神则是地方特有的，如妈祖、许真君等。不论是许多地方都有的神，还是某些地方所特有的神，都曾随着移民的扩散转移到其他地区，而后者表现得特别明显。

如妈祖，据说为福建莆田人，是五代时闽王统军兵马使林愿之第六女林默，得传道术，能通变化，驱邪救世，常于海上救危扶难，平波息浪，被崇奉为航海保护神。宋以后历代备受封赠，被称为"天妃"或"天后"。这本来是闽南沿海的地方神，以后随移民而扩大到新的地方，以至于海外许多国家和地区。闽南人大举迁台后，在台湾各地纷纷建立妈祖庙，致使今天台湾的妈祖庙多达千余座，数量超过其他任何一个地区。福建移民还将妈祖庙带至越南中部，称为天姆、灵姆庙。对妈祖的民间信仰，在客家移民集中的浙南山区也有发现。如浙江遂昌县有大小天妃（后）宫5处，最大的天妃宫在王村口镇，规模宏大，富丽堂皇。这些例子说明天妃（妈祖）成为福建人尤其是福建籍移民共同的地域崇拜，已失去航海保护神的内涵。移民所建妈祖庙或天妃宫除了用作祭祀外，还是他们共叙乡情或处理公共事务的场所。在商业中心所建的天妃宫，则是福建人的同乡会馆。

又如江西地方俗神许真君，名许逊，晋代道士，据说他在江西镇蛟除害,历来为江西人所崇祀。江西外出移民足迹所至,皆建有许真君庙,又称万寿宫,实际已成为江西会馆。

民族间的移民又会使对俗神的信仰出现地域变化。如关公(关羽)本来是汉族人广泛崇拜的对象,但满族入关前就已崇奉关公,显然是从汉族移民那里吸收来的。清朝入关后把关羽的封号提升为"帝",当作包括满蒙各族在内的共同的保护神,所以关帝庙也随着满族驻军和屯垦移民扩展到边疆各地,也分布在内外蒙古。

六、农作物及其栽培

农作物品种和栽培技术的传播离不开适宜的自然条件,但适应当地条件的品种和栽培技术往往不会自发产生,而需要由外地传入,移民在这方面的作用是不言而喻的。另一方面,移民的迁入既加快了开发速度,也增加了粮食供应的压力,都在客观上促进了新品种、新技术的推广。

1. 水稻、小麦

古代南方的越人早就以种植水稻著称,随着越人的迁移,水稻种植区也发生变化。西汉建元三年(前138年)和元封元年(前110年),汉朝曾两次将在今浙江南部和福建的越人内迁至江淮之间,人数有10余万。越人迁入江淮后仍然维持原地的耕作方式,以种植水稻为生,形成江淮平原的水稻产区。越人中的一部分继续被迁往河东郡(今山西省西南),让他们在北方人无法耕种的渠田上种稻,但受自然条件限制,这一试验并未成功。

从东汉以来北人的不断南迁,也使南方的水稻生产有了根本性的变化。北方人给南方带来了精耕细作的栽培技术,改变了南方土著居民的粗放式耕作。如西晋末年南迁的郭文,就曾隐居于吴兴大涤山(在今浙江湖州市境)中,以区种菽麦为生。区种法是在少量土地上投以密集的劳动并辅以其他高产技术的一种种植方法,这种提高单位面积产量的耕作技术不可能不对江南水稻生产产生影响。移民人口的大量增加和政治、军事活动的需要都对南方的粮食生产提出了更高的需求，促进了南方水利建设的发展。寿春的芍陂、会稽的镜湖被修复使用，许多地区陂堰的兴修，浙江沿海海塘的建造等，都有利于水稻生产规模的扩大。北方移民，尤其是大批贵族、官僚，不习惯籼米，他们希望吃到米质好的粳稻，促使太湖流域的水稻类型向粳稻方向发展。南宋初年的北人南下更加强了这一趋势，人为选择的结果使粳稻在太湖流域日益取得主要地位。

习惯于食用小麦的北方人的南迁，促使南方小麦产区不断扩大。上述郭文的事例说明北方移民自己在南方生产小麦。东晋元帝大兴二年(319年)，即东晋政权建立的第三年，麦的歉收就震动了朝廷，而在此之前几乎见不到什么关于南方种麦的记载，这证明当时南方小麦的生产已经有了一定的规模。刘宋元嘉二十一年(444年)，诏令"南徐、兖、豫及扬州、浙江西属郡"种麦[1]，可见麦区已扩大至今钱塘江西北的江南地区。自此以后，麦成为南方一种重要的农作物。

两宋之际的北人南迁，使麦的需求大为增加。庄季裕《鸡肋编》说：

> 建炎之后，江、浙、湖、湘、闽、广，西北流寓之人遍满。绍兴初，麦一斛至万二千钱，农获其利，倍于种稻。而佃户输租，只有秋课，而种麦之利，独归客户。于是竞种春稼，极目不减淮北。

这不仅说明南方小麦的种植面积扩大是受北人影响，而且种植者本身可能就是北方迁来的农民，即所谓"客户"。最重要的是种麦的收成不需交租，这显然是对外来移民和非定居人口的优待，对佃农客户十分有利，直到清代依然如此。这一惯例对于稳定南方小麦的种植是非常重要的。

到清代，随着东南人口由东向西的大迁移，东南地区盛行的双季稻向西部传播。如双季间作稻，先从粤东传至赣南会昌，继而传至龙泉(今遂川、井冈山二县市)，又传入萍乡，嘉庆初年传至万载，与客家移民向江西迁移的路线完全一致。江西移民的外迁，又将双季稻传至四川等地。

---

[1] 《宋书》卷5《文帝纪》。

2. 玉米、番薯

在各种农作物的传播中,与移民运动关系最密切的莫过于玉米和番薯。这是因为一方面这两种作物适宜于原来无法开垦的干旱山区,为移民提供了新的垦殖区。另一方面,移民的迁移又大大扩展了这些作物的产区。

玉米(又称玉蜀黍)在明代中期传入中国,但在长江中下游地区并未发展成有规模的产区,并未成为百姓赖以为生的粮食作物。清代前期,玉米种植开始向山地发展,立即显示出强大的生命力。在陕西南部山区,来自湖北、湖南、安徽、江西、四川等省的移民蜂拥而至,开垦后普遍种植玉米,使这一带很快成为主要的玉米产区。

安徽人在将玉米东传的过程中显得最为重要。乾隆年间,皖西大别山区已形成蔓延数百里的玉米种植区,最初的种植者极可能就是去陕南垦殖的安庆移民,他们将玉米种植带回安徽,又向东、南传播,扩大到皖南、浙西、赣东北山区。湖北移民则将玉米产区扩大到赣西北武宁县和义宁州北部的幕阜山区。

鄂西南及湘西玉米产区的形成也与移民有关,主要是改土归流后大量迁入少数民族地区的汉人,利用玉米作为开垦山地的主要作物。云贵的情况与湘西类似,玉米集中产区也是主要移民迁入区。

番薯(又称甘薯、红薯、山薯、红苕、地瓜等)于明代万历年间(1573—1620年)由广东、福建人分别从安南(今越南)、吕宋(今菲律宾)传入中国大陆,并率先在闽、粤二省形成大面积集中产区,成为主要粮食作物。

番薯传入赣南约在清初,首先种植的是福建迁入的移民。清前期推广到整个赣南山区,清后期成为主食之一。赣西北、赣东北山区的番薯产区也是闽籍移民传播的结果。传入湖南则始于平江县,由广东、福建客民种植,不久又随着客民推广到邻近县份,如巴陵、攸县等地。这些客民直接来自江西,实为闽粤人迁赣后的再迁移。闽粤移民在四川建成了规模可观的番薯产区,如在潼川府、资州等地,都是首先由闽粤移民种植,以后才为土著所接受。在广西,客家移民最集中的浔州府也是番薯产区。台湾是闽南沿海人口的移民区,所种番薯当由移民传入。浙江温州番薯产区的形成也与闽人的活动有关,其中的玉环岛正是清前期闽南人的迁入地,泰顺等山区县则为闽西客家移民集中地。以后温州人迁往浙西,番薯也随之传入。

3. 烟草、甘蔗

移民对于烟草、甘蔗等经济作物的传播贡献也很大。

明万历年间(1573—1620年),烟草经闽、粤人引种后率先在闽、粤两省形成大面积的种植区。明末随移民传入江西南部,清初烟叶种植面积在瑞金迅速发展。闽人更多的还是从事烟草加工业,在瑞金一地即达数万人之多。清康熙年间(1662—1722年),烟草种植向西推广至整个赣南。各县烟草中心产地也多为闽粤移民集中地,如兴国五里亭,雩都的银坑、桥头等地。

赣东北的烟草种植与加工也由移民经营。赣东北烟草以广丰最为著名,广丰烟叶的中心产区在西南部的关里一带,此地正处铜塘山边缘,是福建移民的主要定居点。上饶植烟稍迟于广丰,产地分布在铜塘山区边缘,也应是闽籍移民迁入的结果。赣东北的烟草加工业随之发展。清中期,玉山烟厂颇具声名,直到民国,玉山一县从事制烟业的闽籍工人、商人仍有五六千人以上。

雍正年间(1723—1735年),江西瑞金客家移民傅沐荣在四川金堂县赵家渡植烟熬糖,金堂逐渐成为四川烟草最著名的产区。川东的云阳县,在清中叶有赖、卢诸姓闽籍移民引入种烟,到民国时还相当兴盛,是直接由闽籍移民建立的一个烟草种植区。移民种植烟草的范围甚至远达川西南的会理。

福建沿海是甘(糖)蔗传统产地,漳、泉二州尤为著名。明中期,闽南已经遍地种植糖蔗。明清之际,随着闽人迁入粤东,并操纵了蔗糖贸易,当地也开始大面积种蔗。

在清代前期,赣南形成了一个以雩都、赣县、南康三县中部沿江谷地为中心,面积达数百平方千米的甘蔗种植区,其西南沿章水延伸至大庾县东部河谷,其东北溯平江延伸至宁都、兴国,其南顺桃江延伸至信丰县中北部河谷,至今依然。中心地带的植蔗者大多是闽人后裔。

四川的蔗糖业也是客家移民创建的,中心在沱江和涪江流域,上引瑞金傅氏在金堂县植蔗熬糖就是一例。但在四川发展植蔗业的并不以金堂傅氏为最早,据称康熙九年(1670年)内江梁家坝就开始自福建引种甘蔗[1],应是以移民为中介的。南溪县的甘蔗也是由广东移民传入的。

闽南人移殖台湾,开辟了台湾的糖蔗种植区。

此外,在粮食方面还有马铃薯(土豆、洋薯),经济作物方面还有花生(落花生)、苎麻等,经济林方面有油茶、漆树等,果木方面有荔枝等,也都是由移民传播的。移民对中国经济作物区和经济林区的形成、对于新的旱地作物的传播,作出了非常重要的贡献。

第五节

移民与人口发展

这里所讨论的人口发展主要指三个方面,即人口数量的增加、人口地理分布的优化和人口素质的提高。研究移民与人口发展的关系,也就是要考察各类移民活动对这三方面的直接和间接的影响。

一、人口自然增长率的提高

移民是人口的一种机械流动,其直接结果是迁出地人口的减少和迁入地人口相应的增加。所以如果将迁出地和迁入地合并在一个单位统计的话,人口总数不会发生什么变化。问题是,这些迁移人口本身在迁入地定居后,其自然增长率是否会有所提高?而在这些人口迁移以后,迁出地余下人口的自然增长率又会有什么变化?

历代移民的大多数都是从人口相对稠密地区迁入稀疏地区,从

---

1 孙敬之:《西南地区经济地理》,科学出版社1939年版,第38页。

经济文化比较发达的地区迁入落后地区，从开发程度高的地区迁入开发程度比较低的或尚未开发的地区，从人均耕地少的地区迁入人均耕地较多的地区，所以一般说来，移民在迁入地可以比较容易地获得耕地，具有开垦和耕种的能力，拥有经济文化方面的优势。在农业社会中，这些条件能使移民的物质生活得到不同程度的提高和改善。在完全依靠人力、畜力和简单工具进行生产的情况下，人力是扩大生产、获得更多财富的主要因素。所以只要不存在土地不足，人们就会千方百计繁殖人口，直到土地无法再满足新增劳动力的需要为止。正因为如此，移民在迁入地定居后，经过一段时间的辛勤开垦，一般都能获得充足的土地和比原来好一点的生活条件，于是人口的出生率就会提高。如果没有特殊情况，人口的自然增长率也就相应提高了。这种高增长率可以持续到出现新的人地矛盾为止，到那时，在人口压力的驱使下，又会开始一轮新的移民过程。在不受到天灾人祸影响的情况下，自北而南的生存型移民和由平原向山区的开发型移民就是这样渐次推进的。

由于移民迁入之初需要一段适应和调整的时间，无论是在新开发区还是旧开发区，定居的过程都比较艰苦，加上移民人口中有偶率较低，性别比偏高，初期的人口增长率不会有明显的提高，甚至会出现下降。但开发成功、生活稳定后，人口增长的高峰就不可避免。第一阶段的长短取决于迁入地的开发条件和移民本身的状况。新开发区和开发条件较差的地区需要较长的时间，但因为余地大、容量大，此后的高增长也可以持续比较长的时间。已有一定开发程度的地区不需要较长时间，但由于已有了一定的人口密度，达到新的相对饱和的时间也不会长。单纯出于人口压力迁出的移民大多有一定准备，家庭结构和性别比大致正常；而因天灾人祸产生的移民往往毫无准备，无所选择，有偶率低，性别比高。因此，两类移民所需要的时间就会相差很大。

游牧民族内徙后一般变牧为农，变流动为定居，生活条件比原来要好。如果成为统治民族，就更能获得种种政治和经济上的特权。因此，游牧民族，包括半农半牧、半狩猎半农耕等各类民族，在迁入农业区以后,人口增长率也会有较大的提高。当然有的民族可能不适应迁入地的气候、地形等自然条件或农业民族的生活习惯,但如果无法取得适应的手段,他们最后只能选择迁离。

由官方强制实施的移民,虽然主要是以首都等政治、军事要地和边疆为迁入地,但大多也符合上面所说的流动方向。而且统治者为了巩固这些军政要地,迅速达到增加人口、恢复和发展经济的目的,还会采取一些优待措施。因此尽管移民的迁移是出于强迫,但除了那些在原籍声势煊赫的豪强世族的生活水平可能不得不有所降低外,其余多数移民的实际生活水平是有提高的,他们的人口数量同样会在一段时间内有较快的增长。对边疆的移民,如果迁入地局势平稳、自然条件较好,主管部门又能采取合理的措施,移民就能顺利定居和开垦,其结果与其他开发型的移民无异。只有完全出于政治或军事目的的移民和掠夺性的移民,由于根本不考虑迁入地的安置条件,或者一点不计较经济损失,甚至纯粹是为了获得劳动力和他们的财物,当然只会造成人口的耗减和增长率的下降。但是在经过初期的破坏以后,如果移民最终还是获得了比较适宜的条件,较高的人口增长率依然会出现。不过掠夺性的移民一般毫无物质基础,完整的家庭少,有偶率低,性别比高,需要很长的恢复阶段。其最终结果还取决于掠夺者的政策。如唐末五代至北宋初被契丹人和辽国掳掠去的大批中原人民,由于民族情绪的对立、军事行动的粗暴和生存环境的改变,在开始阶段肯定有较大的人口损失。但在契丹统治者将他们集中安置,按中原方式治理,并提供农业开发的条件以后,移民的生活得到改善,实际上已转化为开发型。由于躲避了中原的长期战乱,这些移民的人口增长反而超过了迁出地人口。相反,有的掠夺者只是为了获得奴隶或兵士,如蒙古和元初的多数将领那样,当然就不会出现积极的后果。

正如前面已经指出的,移民的迁出地一般都是经济文化比较发达、人口密度高、人均耕地少、人口压力比较严重的地区。从这些地区迁出人口,无疑会降低当地的人口密度,提高人均耕地数,从而缓解人口压力。移民虽然可以带走财物和土地的所有权,却无法带走土地本身,所以在迁出地的农民尽管不一定能获得土地的所有权,却得到了土地的使用权。在这种情况下,当地人口的出生率得到刺激,人口会以更快的速度增加,迁出移民的空缺很快会被新增人口所填补。由于传统农业一般不需要集约管理和技术更新,所以当地人才随移民外迁,不会妨碍农业生产的发展,但对商业、手工业和文化、教育、学术、艺术等必然带来不利影响。这类影响至多只会减少外来移民和流动人口,却不会使本地人口的增长减慢。秦汉时从关东移民关中,从西汉至元代(除发生战乱和严重自然灾害期间之外)自黄河流域向长江流域的移民,明初从江南、江西向江淮之间的移民,从山西向北京和华北的移民,明清时的江西填湖广和湖广填四川,太平天国战争后周围地区向长江三角洲的移民,清朝后期华北对东北地区的移民,福建、广东沿海对台湾和海外的移民,一般都没有给迁出地区的人口增长带来较长时间的消极影响。

二、人口的合理分布

由于自然和人文地理条件的差异,也由于人们所从事的生产方式的不同,各地的人口分布不可能也不应该均衡。但是在特定的地理条件和生产方式下,人口的分布完全可以做到相对合理,即与当时主要的生产力配置基本一致。要做到这一点无非是通过这样几种手段:(1)根据已经形成的人口分布状况,发展或调整生产规模与布局。(2)根据现有的生产力配置,调节各地的人口自然增长率,使人口的规模逐渐与生产的规模平衡。(3)增加运输能力,解决局部地区人口分布与生产布局不平衡造成的供应问题。(4)组织人口迁移,调整人口分布,使之与生产力的配置相适应。

第一种方法面临的最大困难,是决定生产规模和配置的并不仅仅是人力,还得以可能利用的资源为基础。以中国传统的农业而言,必须有可以开垦和耕种的土地、适宜的气候条件。牧业同样需要有充足的牧地和适宜的气候。而且在人力和资源之外,毕竟还得有必要的生产资料,如种子、种畜、工具等。由于在相当长的历史时期内总人口量不大,在大多数地方还有大片富余的农田和牧地,传统农牧业又并不要求更多的投资,所以只要风调雨顺,有人力就能扩大生产,人口密度高的地区往往也是生产规模大、农业经济发达的地区。但是等到土地的利用达到当时生产水平的极限时,除非出现一场技术革命,否则就无法再满足日益增加的人口的需要。例如在西汉后期,黄河下游的关东地区很多地方已经人满为患,尽管适宜耕种的土地都已开发,但显然无法消除人口压力。南宋时的江南和福建尽管是全国生产水平最高的地方,但由于人口密度太高,农业生产的增长仍然赶不上人口增长的速度。为了尽可能扩大耕地,江南的很多江湖水面被围垦成农田;而江南和福建又是杀婴现象最严重的地方;这无疑都是人口压力相当大的反映。至于手工业和商业的发展,一方面也要受到原料和市场的限制,另一方面本身也要以农业所能提供的商品粮食为存在的基础,不可能缓解多少人口压力。

这还没有考虑一些当时人力无法抗拒的、突发性的因素,如严重的、持续多年的、大范围的自然灾害。这种情况一旦发生,即使原来得到平衡的人口生产布局关系也会被打破,绝对不可能只用调整生产力配置这方面的办法予以解决。

第二种办法更难实行。尽管实际上人口的自然增长率早已受到了各地生产力水平的制约,就如前面指出过的,在移民迁出地与迁入地之间、同一个地区的不同时期以及同一氏族人口在不同时期的人口自然增长率会有不同的变化,但中国以往的人口观念绝不会接受限制生育的概念,更不用说会将这种限制付诸实践。再说,在现代科学技术产生之前,人类要控制或调节自然增长率还缺少有效的办法。所以我们在中国人口史上能发现的只是战争、饥荒、杀婴及危险性很大的原始避孕行为等消极的减少人口的手段,而不可能有积极的控制,更不可能做与已有的生产配置相适应的调节。

第三种办法其实是第一种办法的延伸,也就是用粮食等生活生产必需品的输送来调剂各地的余缺,弥补生产力配置的缺陷。但在没有现代运输手段的条件下,大量物资的长距离输送是相当困难的,耗费的人力、物力往往超过物资本身的价值。当时最便利的运输手段是水运,但中国特殊的地形条件增加了水运的困难:西高东低的地势造成了大多数江河的东西流向，没有一条贯通南北的天然水道。早期全国性的政治中心和军事要地都在主要河流的中上游，而主要粮食产地却在下游。唐朝以后，经济重心已经逐渐转移到了南方，但政治中心和军事要地依然在北方。由于粮食等必需品的输送基本只能逆向水运或穿越不同水系由南向北运输，所以一般只限于供应首都和国防的需要。连接南北的运河虽然使不同水系间的航运成为可能，但运量不大，而且存在很大的负面效应。正因为如此，历代统治者花费很大力量维持的漕运，实际作用相当有限，而耗费已经不小。如西汉时常年由关东经黄河、渭河逆向水运至关中的粮食是 400 万石，但只够 22 万人一年的口粮，即至多只能解决关中十分之一人口的供应。明清时由南方输往北京的漕运也是国家大事，往往以暂时不堵黄河决口的代价来维持运河的畅通，但实际运量也不过数百万石，最高不超过 1 000 万石。粮食的大量储存和长距离运输既然相当困难，人口的分布就只能与粮食生产的分布相一致，以便就近获得供应。在两者发生矛盾时，主要采用改变人口的分布以维持就近消费的格局，而不是靠长距离的运输来弥补当地生产的不足。如隋、唐在关中发生饥荒时，曾多次组织官民临时迁往洛阳"就食"。

只有第四种办法是唯一切实可行的。其主要手段是通过人口迁移，一方面使人口的分布适应可耕地的分布，这既可以使耕地得到充分的开发和利用，又使剩余的劳动力有田可种；另一方面是使人口分布适应粮食的产地，尽量就近消费。前一种安排一般都产生了定居的移民，因为无论是新土地的开垦，还是抛荒地的垦复，都需要固定的、长期的劳动。移民获得土地后一般也可以维持比较长的一个时期，然后再因土地不足推动一部分人成为新的移民。后一种措施则可以是长期的，也可以是临时性的。例如在发生自然灾害、向灾区调运粮食又有困难时，统治者往往会让灾民到非灾区"就食"。这类迁移者大多不久就返回，留下定居的只是极少数。除去这类临时迁移，其他两种措施应该是形成人口合理分布的最有效的手段。

西汉末年（公元初），在其正式设置政区的郡、国的范围内，人口分布非常不均衡，密度相差悬殊。密度最高的济阴郡（约今山东菏泽、定陶、东明等县市)高达262(单位：人/平方千米。以下同)，而最低的郁林郡(约今广西西部)仅0.56，相差468倍。60%的人口集中在面积仅占11%的关东，这一地区的密度平均约77.6。长江以南大部分地区却人口稀少，尤其是今浙江南部、福建、广东、广西、贵州大多还榛莽未辟，密度很低。所以，北方和南方的人口比超过8比2[1]。但到清朝末年，尽管全国人口分布依然是很不均衡的，却比公元初的分布要合理得多：人口的北南之比已缩小到4比6，密度最高的江苏省与最低的云南省之间相差不到28倍，人口相对稠密地区的范围也已有江苏、浙江、安徽、山东、湖北、福建、河南、江西、广东、山西等省。

形成这样的布局当然有很多原因，但移民是一个非常重要的因素。由于自然和人文地理方面的差异，各地的人口增长率不会相同。但仅仅靠人口增长率的不同是不可能使人口分布趋于合理的。人口稀疏地区固然可以以比较高的自然增长率增加人口，但人口稠密地区的人口基数大，即使自然增长率较低，每年的净增数也会很多。在双方相差悬殊的情况下，要缩短差距需要相当长的时间。而且由于经济基础和资源方面的原因，有时差距会越来越大。天灾人祸的影响更难以估计。只有通过移民，才能迅速调整人口分布，促进人口的有效增长，这是其他任何手段所无法替代的。

1935年胡焕庸先生在《中国人口之分布》一文[2]中提出的划分中国东南人口稠密区和西北人口稀疏区的瑷珲—腾冲线至今仍然基本适用，但从中国历史时期的人口分布来看，这一格局也是长期移民的结果，最早要到20世纪初才形成。因为在这以前，东北三省这一广大地区还没有得到充分开发，除了南部今辽宁省境内人口较多外，其余地方的人口还相当稀少。据光绪三十三年(1903年)的统计，东三省人口约1 500万，其中半数以上居住在奉天(大致即今辽宁省)。所以中国东南的人口稠密区至多只能延伸到辽河下游，不能包括其北至瑷珲之间的地带。而更以前，长江流域内地山区的开发还没有完成，

---

[1] 有关人口分布和密度的数据均根据葛剑雄《西汉人口地理》第六章(人民出版社1986年版)及《中国人口发展史》第十三章，以下同。
[2] 原载《地理学报》1935年第2期。

人口分布的空白依然广泛存在，东南稠密区之间也没有连成一片。

三、人口素质的提高

人口素质应包括身体素质和文化素质两个方面。虽然目前已可能采用具体的指标进行定量分析，尤其是在身体素质方面；但在对历史时期人口的研究中，由于连基本的数据也无法获得，还没有作定量分析的条件。所以我们只能作一些推论。

在身体素质方面，移民无疑有利于避免近亲、同族间的通婚，或仅在很小的区域内通婚，而在封闭的农业社会中，这本来是难以避免的。直到改革开放初，我国广大农村中婚姻的平均半径还非常小，在商品经济更不发达、交通更不方便、人们的文化水平更低下的古代就可想而知了。正是移民为异地居民之间或异族人口之间的通婚创造了条件。尽管无法作出定量结论，但大量事实足以说明，这些对于防止人口身体素质的退化、提高身体素质都是有益的。同时，移民的过程往往也是一个优存劣汰的过程。特别是在早期的或长距离的、战乱中的人口迁移中，能够到达终点并且能生存繁衍下去的，往往是体力和智力上的强者。经过一次移民，人口的素质就会得到一定程度的提高。

不可否认，人口的迁移或流动也传播了疾病，有时还会造成严重的后果，如历史上几次大疫无疑与疫区的灾民、饥民外流扩大了传染范围有关。如公元二三世纪之交中原的大疫正好发生在南匈奴南迁并逐步进入今山西、河南、陕西以后；13世纪流行于欧亚大陆的黑死病和中国北方人口的大量死亡又与蒙古人的西征和南下同步，看来并非偶然的巧合。但人口的迁移和流动同时也传播了抵抗疾病的因素和方法，最终的结果还是积极的。

移民对于文化素质的提高也是有利的。无论原来的文化程度是高是低，为了要在迁入地获得生存和发展，移民不仅要保持和发挥原有的文化优势，还必须吸收当地文化中先进的或有利的因素。因此，在迁入地定居的移民的文化水准、生产技能一般都会比在迁出地时高。经常迁移的人较少狭隘的地域观念、乡土观念和保守思想，容易接受新思想、新观念和新技术。很多新作物、新工具、新方法的传播和推广就是由移民在迁移和定居的过程中实现的。与中国传统的终身困守在穷乡僻壤、安于现状、听天由命的小农相比,移民中毕竟要多一点开拓意识和冒险精神,并且有机会接受多种文化的影响,因此移民和移民后裔中出现更多的人才并不是偶然的。

第四章

研究中国移民史的基本方法和手段

在中国移民史上人数最多的是两类移民:一类是统治者运用官方的权力和财力加以引导、组织或者强制推行的,以及在社会的或自然的外力压迫下大规模爆发的;一类是下层民众为了逃避天灾人祸,维持生存,追求温饱而自发进行的。前者不仅数量大,迁移的时间、地点集中,而且移民中往往包括大批贵族甚至帝王、官吏、文人以及随同的艺人、工匠、商人、将士、奴婢等,因而对迁入地的经济、政治、文化、社会等各方面都会产生重大影响。这些移民运动在史籍和其他文字资料中留下比较详细的记载,得到比较全面的反映,并且一向受到历史学家的重视,成为研究的重点,如西汉的实关中、移民西北边疆,永嘉乱后、安史乱后和靖康乱后的人口南迁等。后者则是无组织的、零散的、缓慢的,迁移的对象大多是底层的农民或贫民,他们的文化程度低、社会影响小,对迁入地区不会产生急剧的、巨大的影响。这类移民多数不见于史籍的直接记载,数量更不易推断。即使在一些发生过相当集中的移民的地区,往往也只能在地方志中留下一鳞半爪的痕迹。年代久远的,甚至已经没有只言片语可寻了。如明清时期南方由平原向山区的移民,由内地向边疆的移民。但是这类移民几乎随时都在进行着,由于持续时间长、涉及范围广,累计的总数就非常大。尤其是在边远地区、山区和其他处女地的开发,大多是由这一类移民进行或奠定基础的。

当然,我们很难说哪一类移民的意义更重大些,而且在不少情况下还很难将二者加以区别。我们也不能说对前者的研究已经足够了,但是对后者的复原和研究进行得实在太少却是人所共知的事实,也是有关学者们的共识。由于史料的缺乏,对后者的研究无疑更加困难。而且即使我们尽最大的努力,也只能发现其中的一小部分。可是如果缺少了这一部分,就不可能有完整的中国移民史,所以填补这方面的空白是本书无可回避的责任。对近代以前的移民过程,要运用文献研究以外的方法加以复原,或者通过实地考察来解决全部问题,大概是不可能做到的。因此,文献资料的收集和运用仍然是我们研究的主要手段。

第一节

文 献 资 料

在文献资料的收集和运用方面,前人和当今的学者虽然已经尽了很大的努力,但却并没有挖掘殆尽。一方面,这是由于传统的检索方法的局限,对分散在一些非专门史籍中的资料还没有充分地利用。例如在唐宋人的传记、墓志铭、神道碑、序跋和诗词文章中就有不少有关个人或家族迁移的记载,是研究移民史的重要材料。另一方面,有些类型的史料尚未引起人们的足够重视,或者人们还来不及加以整理利用,如家(族)谱和地方志等。

一、官方史籍的记载

历史上一些重大的移民运动往往会在官方史籍中留下记载,有的还是唯一见于文字的记载。如传说中的夏都的迁移、商都的迁移就见于《竹书纪年》《尚书》等典籍，秦汉以来的规模较大的移民在《二十四史》《十通》以及明清《实录》等史籍中都有所记载。

这些文献资料无疑是非常重要的，往往成为我们最重要的或唯一的文献依据。由于官方史籍大多数是纂修于当朝或下一朝，基本都有原始档案或官方文件的根据，所以所载移民的迁移原因、时间、迁出地和迁入地等一般是可信的。特别是某一次移民的总的数量，除了这类记载外，就找不到其他史料来源了。如秦始皇迁天下豪富12万户于咸阳，汉高祖迁齐、楚大族、燕、赵、韩、魏之后及豪杰名家10余万口于关中，汉武帝时迁关东贫民72万余口于西北；要是没有《史记》《汉书》中的记载，现在就无论如何也不可能研究出这样具体的数字来了。特别是一二千年以前的移民，现在早已无踪迹可寻，在其他古籍和家谱、地方志中也找不到什么可信的资料，离开了官方史籍就无法查考。

但官方史籍的局限性也是很明显的。首先，作者所记内容自然以对当时统治者的重要性及有利无害为取舍的标准，因而所载移民一般只包括由官方组织实施或强制实行的，至多只记载了那些得到官方认可的自发移民，而不会包括大多数自发移民。甚至连官方实施的移民也只有十分简略的记载，或者只记录了其中一些片断。如明初的大移民涉及上千万人口和大半个中国，但在《明实录》《明史》等官方史书中只有寥寥数段，使后人长期忽略了这次移民运动的规模和范围。其次，官方所载移民情况往往有头无尾，只有皇帝下令迁某地多少人至某地，至于结果如何、究竟有多少人迁成了、是否真在迁入地定居了，书中再也找不到答案。最后，史籍在流传过程中产生的错漏脱讹在所难免，不能完全信从。如前面提到的汉武帝迁关东贫民于西北，《汉书》上就多了"会稽"二字，一些学者信以为真，认为西汉时江南已开始大规模输出移民，由此引出一系列错误结论。

二、其他古籍中的记载

其他古籍可分为三类：第一类虽非官方史籍，却是以官方的文献资料为主要依据而编纂或撰写的，这类书的价值与官方史籍的价值是相同的。唐以前的官方史籍传世不多,这类书就更加珍贵。有的虽然仅存残卷甚或片言只语,但还是能证实某一方面的问题。如《史记》《汉书》《后汉书》《三国志》的注文中和一些类书中所引的佚书,往往包含了重要的史料。第二类是已经著录的出土文献,如古代的墓志铭、神道碑、碑刻、石刻、题记文字等,相当大一部分已在出土后被收录进有关的著作。有的原物早已不存,但却留下了拓片或传抄的文字。有的原来仅见文字记载,以后又为新出土的原物所证实。如在内蒙古鄂伦春旗嘎仙洞发现的鲜卑石室中的石刻文字就与《魏书》所载基本相同,这就证实了《魏书》这一部分的真实性,为确定早期鲜卑人的活动范围和以后的迁移路线提供了很可靠的根据。这类记载的价值与出土文物基本相同,尽管其中难免有一些文字错误,也可能有个别伪作,但绝大多数可当作第一手的史料。第三类是或多或少记载着与移民研究有关内容的各类古籍,如公私文件、日记、行记、游记、奏章、传记、神道碑、墓志铭、诗文、书信、序跋、题记、歌谣等。由于内容非常分散,获得有用的资料就如同沙里淘金,往往翻遍一部卷帙浩繁的著作,也不一定能找到一二句话。但正因为作者当时并非有意作正面或全面的记载,所以倒比较真实地反映了某一个侧面的情况。例如某人的传记中讲到他何年何月从何处迁至何处,很可能正好证实了某一次移民中的重要一支;一份奏章中报告的内容,可能就是一次移民的具体原因;一种游记记录的某地人文景观,足以证明该地移民的重要地位;等等。当然这类记载也有其局限,如诗文内容往往多夸张,行记、游记所记可能出于道听途说,传记、墓志因扬善隐恶而失真,诸如此类,必须在运用中加以注意。

三、家(族)谱

在现存的超过 5 万多种家(族)谱[1]中,每一种家谱一般都详细地

---

[1] 据武新立《中国的家谱及其学术价值》(载《历史研究》1988 年第 4 期)统计,国内外收藏的中国家谱有 42 993 种,其中部分是重复的。上海图书馆编《中国家谱总目》(上海古籍出版社 2008 年版)收录家谱条目 52 401 种,其中多姓合谱 23 种,海外华人谱 44 种。

记载了先辈在何时由何地迁到了何地，比较完整地反映了该家族迁移的历史。对于一些自发的、小规模的、分散的移民，有关的家谱可能已成为唯一的文字记载来源。因为普通的一家一姓的迁移，对社会固然不会有什么大的影响，自然不可能有载诸史籍的价值；但对于该家族的后裔来说，却是一件极其重大的事情。即使对于那些大规模的、官方安置的、集中的移民，正史和其他史料的记载也往往失之粗略，缺乏具体而详确的叙述，更没有定量分析。究竟有多少人？从哪里迁到哪里？迁移的路线有哪些？多少人定居了？多少人又返回或迁走了？移民的成分有哪些？这些问题大多是找不到答案的。尽管一二部、一二十部家谱也不一定找得到完整的答案，但如果能集中若干种有关同一次迁移的家谱，就有可能作出比较具体的分析。在这类资料积累到一定数量时，再运用科学的计算方法，就会获得相当可靠的结果。

家谱的局限性也是明显的。一般的家谱都要找出一位煊赫的祖宗，不是帝王、圣贤，就是高官、名人，甚至要追溯到三皇五帝。由于这些上古贵人基本都出在北方的黄河流域，要使本家族特别是不在黄河流域的家族与这些祖先联系起来，就只能编造出一段迁移的历史。

一部分家族的确是有过迁移的，但为了把他们祖先的迁移史附会于历史上确实存在的大移民，如永嘉之乱、安史之乱、靖康之乱后的北人南迁，具体的迁移时间、地点就不一定正确。由于这些迁移都是历史事实，所以人们往往会对这些家族的来源深信不疑。但因为这些家族的祖先实际上并不是那些移民运动中的迁移对象，所以如果轻信了这些家谱中的记载，就会影响我们对移民历史的正确复原。例如，不少客家人的家谱中都有本族的始祖是东汉末年或永嘉之乱后从北方迁至闽南、赣南或粤北的记载，国内外的客家研究学者大多以此为根据肯定这是客家人的第一次大迁移。但如果我们对公元2世纪末至4世纪的北人南迁作一个比较全面的考察，就不难发现当时南迁的浪潮所及还离闽南、赣南很远。即使有一些零星移民迁至这一带，也不足以形成一个能使自己长期不被周围土著居民融合的独立群体。事实是，客家人的南迁并形成一个不同于土著居民的群体并没有那么早，客家家族谱中关于始迁祖的记载并没有可靠的史实依据，而是出于后人的附会。

另一些家谱中所载始祖的迁移时间并没有错,但地点和原因却不一定对。这是由于有些家族始迁到某地的祖先当时既没有社会、经济地位,更没有文化,有的甚至还是以罪犯的身份被强制迁去的。到了有条件修谱时,一个家族一般都已支派繁衍,人丁兴旺,并有了相当的社会地位和经济实力,有的还成了书香门第、官宦人家,子孙们即使对祖先的来历弄不清楚,也不能在谱上出现空白;或者知道祖先是如何迁来的,却不愿意留下不大光彩的记录。常用的办法,一是根据当地最主要的移民来源将本族的祖先当作其中的一员,一是将迁入时的目的或身份改得尽可能地体面。例如,苏北地区不少家谱都说祖先是明初由苏州或苏州阊门迁来的,其中大部分就不一定是事实,有的可以肯定不是来自苏州,而是迁自江南其他地方。主要原因是当时朱元璋的确曾从苏州迁过一批富户到苏北,这批人虽然被迫迁移,但毕竟有经济实力,文化水平也较高,自然成为苏北地区移民中的上层和主流阶层。迁自其他地方的零星或贫穷移民,当时既没有必要也不敢冒称来自苏州,但到他们的子孙发达后修家谱时,无论是弄不清祖先从哪里来,还是故意回避,写上祖先由苏州迁来都是顺理成章的事了。又如一些家谱称始迁祖是在明初"奉旨分丁""奉旨安插",或者是来某地当官、驻防的,实际上可能朱元璋根本就没有下过这样具体的圣旨,这些始迁者也不是什么官员或将军,所谓"奉旨"无非是流亡到此开荒定居后得到了官府承认被纳入编户,或者就是被绑着双手押送来的。

以上两种情况尽管在具体情节上有出入,该家族是移民后裔倒是事实,所以只要认真分析,再结合其他史料,还是可以大致弄清历史真相。但第三种情况就根本不存在迁移的事实,家谱中的记载千万不可轻信。这主要发生在南方或边疆地区的少数民族中。随着汉族移民的增加和经济文化的进步,当地一部分少数民族家族也发达起来,但在专制社会民族歧视政策的影响下,要取得与汉族同样的社会地位还是相当困难的。所以有了一定的社会地位和经济实力的少数民族家族,就通过修家谱将自己的祖先说成是来自中原的汉族,如谪居的官员、从征的将士、流落的文人等。由于这也满足了汉族官员和士人的民族优越感,所以很容易得到他们的认可。如从唐朝后期起世居贵州的杨保族,到明初就编出了是北宋杨家将之后的谱系;不少广西的壮族家族都说祖先是宋朝随狄青征蛮而迁来的;清朝贵州独山学者莫与俦、莫友芝父子明明是布依族,却要说是迁自江宁。这一假象如果不识破,我们就会编造出根本不存在的移民史来。

四、地方志

现存的8 000多种地方志,绝大多数纂修于明、清及民国时期。这些方志在追述历史及引用其他史料时往往会错误百出,但在记叙当地、当代的事件与状况时却大体是可信的。尽管也颇有详略失当之处,却保存了不少不见于其他任何书籍的史料。与家谱的记载相比,方志的史料一般更加集中、更加重要,大多是对该地方有相当影响的移民及有关情况。此外,方志中还保存着一些有价值的原始资料,如有关的文书、告示、诗文、歌谣等,以及反映移民背景的记载,如风俗、方言、物产、会馆、祠庙、氏族、户口、赋役、地名等。有些资料的原物早已不存在了,就靠方志的记载或总结才得以保存至今。如方志中的"氏族"一门所依据的家族谱牒,今天一般已难收罗得如此齐全。尽管我们无法见到原本,但利用这一门的统计数还可以分析移民家族的来源、迁入时间、定居后的具体分布和规模。正因为如此,要研究明代以来的移民,就绝对离不开方志。仅仅依靠全国性的史籍和其他著作,就不可能取得具体可靠的研究成果。

近年来已经问世和正在编纂的新方志大多承接以前的志书,填补了数十年或百余年的空白。在编纂的过程中,各地搜集和记录了大量珍贵的史料。许多地方还利用地名普查和人口普查的资料和数据,编成了地名录、姓氏录、人口志、民族志、氏族志等实用的工具书。这些都为我们提供了新的资料来源。

在以上这些文献资料的收集和运用中,对间接的记载也应该予以充分的重视。这是因为移民和人口一样,是社会、自然和人类自身活动的复杂产物,不仅有深刻的原因,也会产生其必然的广泛影响。所以有关其原因和影响的记载反过来也能用于复原移民史的某些片断,考察移民本身的过程、范围和数量等各个方面。

不过,文献资料毕竟是有限度的,直接的记载更是可望而不可及。即使做出更大的努力,文献资料中存在的巨大空白,特别是唐宋以前的阶段,显然还将是无法填补的。这就需要寻求非文献的研究方法,使用新的研究手段。

第二节

文献以外的研究方法

运用文献考证以外的研究方法,其原理与前者并无二致,只是适用的范围有所不同。这是由于移民的影响或痕迹有的本来就没有进入文献记载,有的虽曾进入却早已散佚了。但在一些相对闭塞、流动较少、发展缓慢的地区,以往移民的影响或痕迹依然不同程度地存在着,尤其是在风俗习惯、方言、宗教信仰、姓氏、地名、建筑形式、文物古迹等方面,有可能通过调查考察加以收集,并通过各相关学科的研究手段加以复原。由于这些事例或数据大多既零散又繁琐,而且分布不均、多寡悬殊,非有合理的抽样方法和缜密的统计手段不可。

文献记载与实地调查这两方面实际上是密不可分的,因为只有把这两方面的研究结果互为补充、互相印证,才能相得益彰。不进行实地考察固然无法弥补文献记载的不足,也不能使抽象的记录具体化;但如果完全脱离文献记载,实地考察的结果也不可能全面深入,更不可能与当时全国或更大范围的移民形势联系起来。

非文献的研究方法一般都要借助其他学科的研究手段和成果,主要有以下几种。

一、考古学的方法

主要是通过考古发现或鉴定的遗址、遗物及其地理分布来证实、否定或补充文献资料的记载。对离今天较近的移民运动有可能进行实地考察,因为在移民的迁入地或迁出地都可能找到能够反映移民现象的一些实物,并可能向移民本人或他们的后裔以及其他人员作调查,收集口述史料。例如对20世纪三四十年代向东北地区的移民作研究时,我们完全可以在东北各地或山东、河北等输出移民的地区找到移民本人、他们的子女后人以及直接或间接了解迁移的具体情况的人,也可以发现很多第一手的档案文书、照片和实物。但对上古时代或数百年乃至上千年前的移民就无法作同样的调查,除了文献记载外就只能依靠考古研究的成果。

考古发现的遗物和遗址是当时社会和人们物质生活的一部分,尽管可能只是其中一个小小的片断,但毕竟真实地保存了这个片断,为我们正确复原历史事实提供了可靠的基础。例如,《后汉书·西羌传》中有这样一段话:

> 至爰剑曾孙忍时,秦献公初立,欲复穆公之迹,兵临渭首,灭狄獂戎。忍季父卬畏秦之威,将其种人附落而南,出赐支河曲西数千里,与众羌绝远,不复交通。其后子孙分别,各自为种,任随所之。或为牦牛种,越嶲羌是也;或为白马种,广汉羌是也;或为参狼种,武都羌是也。

根据这一记载,羌人的一部分在公元前4世纪后期曾经有过一次大迁移,从渭河上游迁至黄河上游河曲地区,又南下直到今四川西部和云南。由于这段文字相当简略,有关这次移民的具体情况语焉不详,究竟是否可信不无疑问。但根据现有的考古发现,在今横断山脉地区、四川岷江上游和川西其他地区存在一种"石棺葬文化",具有明显的游牧民族特色,其渊源就是西北甘青地区的氐羌文化。这一文化的年代上限相当于西周晚期,而盛行于战国至西汉时期。这就证明,羌人的南迁确有其事,并且在西周晚期就开始了。

又如扬雄的《蜀王本纪》的佚文是目前传世最早的关于蜀地先民来源的史料,但其中羼杂着神话、传说的成分,加上内容残缺,很难作出合理的解释:

> 蜀王之先名蚕丛,后代名曰柏濩,后者名鱼凫,此三代各数百岁,皆神化不死,其民亦颇随王化去。鱼凫田于湔山,得仙,今庙祀之于湔。时蜀民稀少。
>
> 后有一男子,名曰杜宇,从天堕,止朱提。有一女子名利,从江源井中出,为杜宇妻。乃自立为蜀王,号曰望帝。治汶山下,邑曰郫,化民往往复出。
>
> 望帝积百余岁,荆有一人名鳖灵,其尸亡去,荆人求之不得。鳖灵尸随江水上至郫,遂活,与望帝相见。[1]

这里提到蚕丛、鱼凫、杜宇、鳖灵的来历,实际上是不同部落首领的迁移和消长,但仅仅依靠这几句话是很难作进一步推断的。而近年来对四川广汉三星堆出土文物的研究成果,使我们已有可能对其中一些部落的兴衰过程和大致时间作出新的判断,至少证明了扬雄的说法并非完全出于后人的附会和想象。

又如《史记》载周人古公亶父之子太(泰)伯和仲雍由今陕西迁至江南,在今无锡一带建吴国。到周武王克殷后,其五世后人虞仲又被封于中原今山西南部。但 1954 年在江苏丹徒烟墩山出土的宜侯矢簋上的铭文和周围地区出土的大批文物都证明,江南的吴国是在周康王时由山西的虞国分封出去的,其地先在长江北岸今江苏仪征一带,以后迁至丹徒附近,再由宁镇丘陵发展到以东的平原地区。

当然考古学的方法也不是万能的。考古研究的依据是出土或传世的遗址和遗物,但经过数百数千年自然和人为的破坏,能够保存到今天的遗址和遗物只是极少的一部分,并且因各地区间自然与社会

---

[1] 严可均辑:《全后汉文》卷 53,中华书局 1991 年影印本,第 414 页。按"从天堕止朱提有一女子名利"句或断为"从天堕止,朱提有一女子名利",则以朱提为地名,但"堕止"义甚牵强。今断此句于"朱提"后,以朱提为树木名,非地名,而女子出处即"江源井",与汶山相去不远。

条件的差异而多寡悬殊。如在西北人口稀少、气候干燥的地区,古代的遗址遗物保存较多,受到破坏也较少;而在东南人口稠密、气候湿润、地下水位高的地方,遗址遗物存在的可能性就要小得多。其次,古代遗址遗物发现的多少还取决于人们发掘的状况,已经发现的文物并不一定反映了它们存在的实际情况。至今没有发现或很少发现古代文物的地方不等于就没有或很少存在文物,更不等于说历史上就没有存在或很少存在过这些物品。可是考古研究却只能以已经发现的遗址遗物为根据,只能据已有的证据说话,所以即使是最完满的研究成果也不可能完全取代文献资料,不能运用于所有的历史时期或各个地区,更不能解决所有的问题。

除了某些特殊情况外,遗址遗物中的文字资料是相当有限的,所以根据考古研究得出的结论往往很难在时间、地点、数量、名称等方面作出精确的判断,需要与文献资料的研究结合起来,才能互相印证,相得益彰。

运用考古成果时,还应注意将遗址和遗物区别开来。遗址是不能移动的,据此判定的地理位置是不会错的。但遗物一般是可以移动的,其原因又极其复杂,所以遗物出土或发现的地点并不一定就是该物的原产地或原持有人居住的地方。例如春秋吴国的器物在当时楚国的地方出土,不能据此就断定吴国人曾经迁移到了楚国,或者曾经占领过这个地方,因为楚国人或其他人也可能将这些器物带到楚国。而且有些器物是可以长期保存或使用的,这些器物的出土并不一定能为某一历史事件确定时限。如在某地出土的明代的瓷器很可能是清代的移民由外地带来的,不能因此肯定这里必定有明代迁入的移民。

二、人口学的方法

移民本身就是一种人口现象,属于人口学的研究范畴,人口学的方法用之于移民史研究自不待言。但在移民史的研究中,由于资料的不足,历史人口学的研究成果往往能起特殊的、决定性的作用。

在一个范围固定的区域中,人口数量的变化就决定于两方面:人口的自然增长和因迁移造成的机械增长。在不发生大规模的天灾人祸的条件下,一个地区在较长时期内的人口自然增长率不会有很大的变化;在自然和社会条件大致相同的情况下,地区之间也不会有很大的差异。根据这一原理,一个地区的人口实际增长率,特别是地区之间和不同年代之间的比较,可以作为判断是否有过移民的根据,也可以用于推算移民的数量。

假定一个地区的常年年平均人口增长率作为参照的同类地区同阶段的年平均增长率为 R_1,要进行研究的某一特定阶段的年平均增长率为 R_2,如果 R_1 与 R_2 有较大的差距,而在这一阶段又没有发生过重大的天灾人祸,那么就可以考虑该地属于移民迁入地或迁出地的可能性。例如从西汉元始二年(公元 2 年)至东汉永和五年(140 年)之间,零陵、长沙和桂阳三郡的人口年平均增长率分别达到 13.5‰、11.6‰和 8.3‰,而同期全国人口的年平均增长率估计不会超过 7‰,南方其他地区的年平均增长率估计不会高于 5‰。据此可以断定,这三郡在这一百多年间有大批移民迁入,属于移民迁入区。

在此基础上,我们可以进一步推算移民的数量。设某一地区在特定阶段中的理论年平均增长率(即该地的常年年平均增长率或作为参照的同类地区同阶段的年平均增长率)为 R_1,就可求得该地在这阶段末的理论人口总数 P_1。以该地该阶段的实际年平均人口增长率为 R_2,即可求得在这阶段末的实际人口总数 P_2;或者可使用现成的实际人口总数 P_2。P_2 与 P_1 的差距就是该地在这一阶段间迁入或迁出的人口总数。如果这一阶段较长,如超过了一代(二三十年),那么对迁出来说,这是指迁出的人口的总数;对迁入地来说,是指迁入的人口与他们的后裔的总数。

这一判断似乎相当简单,但在运用时却必须十分谨慎,特别是不能将传统史料中的户口统计数不加分析地当作实际人口数来运用。上面所提到的人口年平均增长率必须是真正的人口增长率,而不能用户口增长率。历史上很多情况下的户口负增长实际上并不反映实际的人口变化,而只是户口隐漏越来越严重的结果。如果误以为凡是没有发生较大天灾人祸期间户口数量有较大幅度下降的地区都是人口迁出地区,那就是上了虚假的户口数字的大当了。同时还应注意数字的可比性,即在所研究的阶段中这些人口数据所代表的地域范围必须相同。由于历史上行政区划的变化有时十分频繁,在不能选择相同的地域范围的条件下,就应充分考虑这一因素产生的影响。

　　一个地区人口性别比的变化也能反映移民的特征。一般说来,在输出和输入移民都很少的地区,人口的性别比比较稳定,在短期内不会有大幅度的变化。但在移民迁入地区,特别是移民占当地人口大多数的地区,人口的性别比会发生较大的变化,并且因移民成分和迁移条件的不同而有明显差异。移民的家庭结构和规模(户均人口)也有这样的变化特点。和平时期移民的性别比和家庭规模比较正常,战乱时的移民因残破家庭及单身较多,迁移途中死亡率高,所以在定居后性别比往往偏高或偏低,户均人口少。上层移民和官方资助的移民性别比和家庭规模比较正常,下层移民、自发的开发性移民、军事移民、由农村迁入城市的第一代移民中间男性人口的比例较高,单身多,户均人口少。迁出地区一般会产生相反的结果,但如果迁出人口在总人口中所占比例不高,这些结果不会有明显的影响。人口结构的这些变化规律反过来可用以推测移民的状况,但由于历史时期基本上没有性别比统计数据,缺乏可靠的家庭规模数据,使这一方法在多数情况下只具有理论上的意义。

三、历史地理学的方法

　　移民史研究的很多方面与历史人口地理的研究是重合的,而历史人口地理是历史地理学的一个分支,所以历史地理学的多数研究方法完全适用于移民史研究。而且,同一切发生在历史时期的事件一样,移民史研究离不开具体的疆域、政区的范围和地理坐标的确定,也离不开历史时期地理环境的复原,这些都得借助于历史地理的研究成果。另一方面,历史上的移民既有适应地理环境的一面,也有促使地理环境——无论是人文的还是自然的——发生变化的一面。因此,

通过复原历史地理环境及其发展变化的过程,有可能显示出移民过程及其影响的某些片断,弥补文献资料的不足。这里举两个例子:

政区设置过程的分析。在正常情况下,新的政区的设置与地区开发和人口的增加是一致的,因此分析某一地区中行政区域设置的过程和这些政区相互间的关系,就可以复原出该地区的开发过程,也就可能了解该地区内的人口迁移过程和方向。

谭其骧先生从行政区域的设置过程着手,论证浙江省的开发过程,就是一个成功的例子[1],也是移民史研究可以利用的成果。他的根据就是"一地方至于创建县治,大致即可以表示该地开发已臻成熟";"所以,知道了一个地方是什么时间开始设县的,就大致可以断定在那个时候该地区的开发程度已经达到了一定的标准。弄清了一个新县是从哪一个或哪几个老县分出来的,也就大致可以肯定开发该县的动力,即最早来那里开垦的人民是从哪里来的"。他根据浙江省各县设置的先后和析置所自,推断出省内移民的时间、过程和范围。在研究及复原相邻地区间的移民时,这种方法无疑是有其应用价值的。边疆地区、新开发地区行政区域的设置过程往往也是与移民的定居过程和数量增加一致的,所以也能应用这一方法。

迁移路线的复原。对移民的迁移路线,史料中往往缺乏具体的记载,即使是一些规模很大的移民运动也不例外,有关早期的移民迁移路线的记载更加简略。在机械交通工具问世之前,地理环境对人类的交通具有很大的制约性。尽管可能出现个别特殊情况,大多数移民的迁移路线还是会取在当时条件下克服地理障碍最便利的一条。因此我们只要复原出当时自然地理和人文地理环境,或者复原出当时的交通路线,再结合史料中的记载,就可能大致确定移民的主要迁移路线。要做到这一点,关键在于既要了解古今在地形、地貌、水文等自然地理景观方面的变化,也要充分注意到人文地理因素的影响。例如黄河下游的改道、海河水系的形成、长江三角洲地区水道和海岸线的变

---

1 见《浙江省历代行政区域——兼论浙江各地区的开发过程》,原载 1947 年 10 月 4 日杭州《东南日报》,收入《长水集》上册,人民出版社 1987 年版。又见《浙江各地区的开发过程和省界、地区界的形成》,载《历史地理研究》第 1 辑,复旦大学出版社 1986 年版。

化,都会使通过这些地区的交通线发生变化,运河的开凿或废弃、河堤和海塘的修建也会改变交通线和交通方式。

四、地名学的方法

移民的迁入地、迁出地以及迁移路线都涉及大量地名,这些地名的点、线、面的确定虽然主要通过历史地理的方法,但也离不开地名学的研究方法和成果。移民还导致地名的发展和变化,所以对这些发展和变化的考察又反过来可以用以发现或证实移民的事实。

物质生活和精神生活上的各种差异使不同地区、不同时期、不同民族的人们命名了各种不同的地名,其中一部分在读音、用字、意义、结构或命名方法上具有鲜明的地区、时代或民族特点。通过对这些特点的收集、归纳和分析,往往可以了解历史上某一类人口的分布和迁移过程。例如江南的很多古地名都以于、余、姑字开始,显然都是由古越人命名,证明这些地方曾经是越人的居住区。山东半岛在秦汉时还有不少以"不"(音夫)字开头的地名,这类地名的分布反映了此前土著民族的分布范围,也可以看出由西周分封而来的鲁、齐二国与土著的消长过程。在不同类型、不同时期的移民交错叠加的地区,这类地名往往成为判断不同移民群体的界线的依据。

古代的非华夏(汉)族基本上没有留下系统的文字记载,现存的历史地名大多是用当时的汉语读音记录下来或翻译的。因此我们在研究时一定要注意区别地名不同的民族语源和方言来源,不能认为凡是同一个汉字的地名都出于同一来源,更不能望文生义,只用汉语的意义对非汉族地名作牵强附会的解释。有人把带有某一个汉字的地名都看成某国或某族的迁移所及,因而得出了与历史事实大相径庭的结论。

由专名和通名组成的地名,通名部分的不同往往直接反映了移民的结果。如按照明朝的制度,土著之民编为里,迁发之民编为屯,所以华北各地带屯的地名一般都起源于移民村落,一个地方里、屯的数量和比例大致能代表土著、移民的数量和比例。西南地区带屯、营、堡、旗的地名，往往与明清时的军事移民有关。各地的卫、所基本上都是明代卫所制度的产物，可以追溯到明代的军事移民。专名部分的特点虽然没有那么明显，但也可以作为研究的线索。例如在"迁安""来安""归安"一类祈愿性的地名集中出现的情况下，一般都可以作为存在着移民聚落的佐证。

由于人们有将原来的地名使用于新迁入地的习惯，所以历史上出现过无数次地名搬家，原来在北方的地名以后出现在南方，本来应在沿海地区的地名却转到了山区，域外民族和少数民族的地名却在汉族聚居区落了户。原始地名的转移过程在很多情况下是与当地人口的迁移过程一致的，而且由于少量的、流动的人口一般不可能引起这种转移，所以一个原始地名转移的完成实际上就标志着一次移民运动的完成。如从甲地迁出的一批移民，如果他们只在乙地停留了一个短时期，或者其中有少量的人迁入了丙地或丁地，一般是不可能将甲地的地名转移到乙地、丙地和丁地的，要等到他们中的大部分在戊地定居后才有可能用甲地的地名命名他们的新居住地。在文献资料缺乏的条件下，这无疑又提供了一种有效的研究手段，使我们得以通过考察地名转移的过程来复原移民的迁和定居过程。如商人喜欢将他们的部落首领居住的地方或都城称之为"亳"，所以在黄河中下游留下了不少带"亳"的地名，以考古发现结合文献资料确定这些"亳"的存在年代或出现先后，就可以描绘出商人的移民过程。当然商人在迁移过程中居住过的地方不止这些"亳"，但我们可以肯定"亳"是数量较多、地位较高的商人比较稳定的、主要的定居地，研究这些地名比其他地点具有大得多的意义，也更符合我们所规定的移民的定义。

在原始地名出现过大规模的、系统的转移的情况下，这种方法就更加有效，有可能据此复原整个移民过程。最典型的例子是西晋永嘉之乱后北方人口南迁，东晋在南方大量设置侨州、郡、县。这些侨州、郡、县不仅使用原来的行政区域名称，其居民也主要由原政区的人口构成。北方除了地处辽东的平州外，各州都在南方设置了相应的侨州、郡、县。这些侨置政区的设立过程和地理分布，基本上也就是北方移民的定居过程和地理分布；谭其骧先生《晋永嘉丧乱后之民族迁徙》

一文[1]就是运用这一原理的成功范例。根据这些侨郡县在南朝宋时的户口数，还可大致推算出这次移民的规模。

又如：明初的洪武、永乐年间曾多次将大量山西人口迁至华北，所以在北京市郊区至今还保留着大量以山西地名命名的村落名称。如在今顺义区西北有绛州营、稷山营、河津营、夏县营、红（洪）铜（洞）营、忻州营，今大兴区凤河沿岸有石州营、霍州营、解州营、赵县营、留民营、沁水营、长子营、河津营、北蒲州营、南蒲州营、上黎城、下黎城、潞城营、屯留营、大同营、东潞州、包头营、山西营[2]。值得注意的是，凤河西岸还有北山东营，与文献所载永乐二年（1404年）也有山东移民是一致的。全面调查这些地名的分布情况和规律，无疑能弥补文献记载的不足，有助于确定山西移民的具体来源和定居过程。

运用这种方法时，必须注意地名在转写、转译过程中的变化。古汉语的发音与今天不尽相同，不同地区、不同民族对同一个地名的发音也会有差异，在将非汉族的地名翻译或转写成汉语的过程中也会产生误差，原来不同的地名可能会变成相同的汉字，而同一个地名却会产生不同的译名，因此简单地根据汉语地名或今天的读音就会得出错误的结论。西汉张掖郡有一个骊靬县，而汉朝的史料如《史记》《汉书》《说文解字》等将大秦国（罗马帝国）称为黎靬、黎轩、犁靬、黎汙或丽靬等，所以长期以来人们都认为这个县的来历与大秦有关，甚至认为此县就是以大秦的眩人（杂技演员）或降人设置的；也有人认为骊靬是亚历山大的异译，所以此县应与亚历山大有关。但是在《汉书·匈奴传》中还载有一个匈奴的犁靬王，他曾在昭帝元凤三年（前78年）率4 000骑入侵汉朝的张掖郡，被击败后仅数百人逃脱，立下战功的义渠王被封为犁汙王。以后的骊靬县就在这一带，所以得名于犁靬王的可能性更大，而此县与大秦国的关系倒缺乏可靠的证据[3]。

在一个新开发地区，随着定居人口的增加和新的聚落的形成，必然会有新的地名陆续出现。在原来已有一定开发程度的地方，如果有

---

1 原载《燕京学报》第15期，1934年6月；收入《长水集》上册，人民出版社1987年版。
2 转引自尹钧科：《明代北京郊区村落的发展》，载《历史地理》第三辑，上海人民出版社1983年版。
3 详见拙文《天涯何处罗马城》，载《往事和近事》，生活·读书·新知三联书店1996年版。

大批移民迁入并且保持聚居的话，也会出现一批新的地名。正如前面已经指出的，新地名的出现可以视为一次移民运动完成的标志。明清时期，大批移民陆续迁入南方和西南山区，在那里建立了一个个居民点。这些居民点一般都以移民的原籍为基础，所以如果能查清它们的建立年代和各自的移民来源，就为这一移民过程确定了时间和空间的范围。类似的情况也发生在台湾和东北的移民过程中，因此也可以由这一途径入手进行研究。

本书的作者之一曹树基在研究明清时期江西移民时，曾作过一次有益的试验。他利用计算机，以 prolog 语言设计了一个追踪自然村原籍的系统，对江西奉新县丘陵山区的 1 148 个自然村进行原籍的追踪检索，并对所含的人口进行了统计，结果得出了明以前及明洪武、隆庆，直到解放后共 10 个时期按本县、本区、赣南、江西及其他地区、福建、广东及其他省 7 项分类统计的原籍及人口数。当然，重要的前提是，对这些自然村的始建时间和移民来源的判断是正确的，否则任何结果都将不可信。曹树基的设计正是建立在对地名调查的正确性经过充分验证核实的基础上的。

对移民形成的自然村的统计和分析，还可以作为对移民作量化分析的基础。尽管自然村有大小之分、移民数量有多少之别，但在同一阶段形成的同类自然村如明朝永乐年间在平原地带形成的自然村的人口数量不会有太大的差别，可以大致作为同一个数量等级。但由于移民定居后的自然增长，不同阶段形成的自然村最终的人口数量是不同的。一般说来，形成的时间越早，人口数量越多。所以，如果我们掌握了一个地区内由移民构成的自然村的形成时间和数量，就有可能作出比较正确的数量分析。

五、语言学的方法

方言众多是汉语的一大特点，语言学家根据各种方言的基本特征及其地理分布，在汉语区划出了若干方言区和亚区。现代汉语方言区的形成与历史时期的移民活动有密切的关系，同样，历史时期的方言区也与此前的移民活动有密切的关系[1]。原始的方言区主要受到自然地理环境的制约,但当人口在不同方言区之间迁移时,移民就对方言区的变化起了重大的甚至是决定性的作用。来自其他方言区的移民对迁入地原有方言的影响取决于以下四个主要因素:

一是移民的数量,既包括其绝对数量,也包括其相对数量,即在迁入地总人口中所占的比例。数量太少的移民一般不可能对当地的方言造成明显的影响,只能被当地的方言所同化。数量稍多的移民可能会对原有方言造成影响,使其发生一定的变异,但还不足以完全改变或取代原有的方言。只有数量相当大,如占压倒性优势时,才能使原有的方言发生根本性的变化,或者能够用移民自己的方言取代原有的方言。但数量的标准不是绝对的,还要受到其他因素的影响。

二是移民的集中程度。所谓集中,既指居住地的集中,也应指迁入时间的集中,即足以在一个特定时期内产生使移民在迁入地的全境或某一局部占压倒性优势的条件。有时迁入的移民绝对数量并不少,但由于居住分散,所以还是淹没在土著人口之中;反之,聚居的移民尽管人数不多,却能在局部地区形成自己的数量优势,或形成一个相当封闭的语言环境。同样,分散在很长阶段内迁入的移民,由于每年迁入的数量有限,所以也先后被当地方言所融合,很难形成外来方言的优势。

三是移民的社会地位。移民的社会地位越高,文化经济上的优势越大,掌握的行政权力越大,他们的方言对当地原有方言的优势也越大。这一方面是由于社会地位高、文化经济先进或大权在握的移民不仅有强烈的方言优越感,而且可以利用自己的影响和权力来保持和推行自己的方言,至少可以不受到迁入地原有方言的强制同化。另一方面,土著居民为了迎合这些上层移民的需要,或出于对先进文化的仰慕仿效,或受到官方的压力,会改变自己的方言,甚至完全放弃原有方言,改而采用移民的方言。如在南宋的都城杭州城中,来自北方特别是首都开封的移民不但数量多,而且包括皇帝宗室、文武高官、富商

---

[1] 有关这些方面的详细论述,参见周振鹤:《现代汉语方言地理的历史背景》,载《历史地理》第九辑,上海人民出版社1990年版;周振鹤、游汝杰:《方言与中国文化》,上海人民出版社1986年版。

大贾、文人学士等上层人士，使移民拥有至高无上的社会地位和经济、文化优势，天长日久，原有的杭州方言被一种新的、带有明显的开封话特色的方言所取代，以至于时至今日，杭州话还是带北方味的半官话，与毗邻地区的方言完全不同。又如明朝随卫、所驻屯而迁入各地的军事移民，尽管一般数量不多，但由于居住地高度集中，在当地居统治地位，又有较严格的军事组织，所以他们的方言得以长期延续。客家人虽不一定有高于迁入地土著居民的社会或经济地位，但他们有强烈的方言意识，因此也一直保持着自己的方言。

四是移民的方言与迁入地原有方言间的差异。差异越大，语言上的冲突越激烈，不是"你死我活"，一种方言消灭另一种；就是势均力敌，长期并存。而在差异不大的情况下，往往容易相互影响，使原有方言发生微小、缓慢的变化。

上述这些因素不是孤立存在的，也不是孤立起作用的。移民与迁入地的土著居民间的方言关系是如此，不同来源的移民群体间的方言关系也是如此。历史上和当代汉语方言区的形成与移民有如此密切的关系，那么通过对这些方言区及亚区的考察自然也可以反过来复原历史时期移民活动的若干片断。如上面提到了杭州的方言与北宋末开始的北方移民的迁入就是一个典型的例子。在缺少文献资料的情况下，方言往往能成为确定某次移民运动是否存在、移民来自何处、何时迁入等问题的重要证据。

汉语区中还存在一种"方言岛"，即一个或大或小的地区内的人口使用一种与周围地区不同的方言。方言岛与移民的关系更加密切，特点也更明显[1]，尤其值得移民史研究者重视。

六、社会学和文化人类学的方法

人口是文化最基础的载体，迁出地的文化通过移民这些载体传播到他们的迁入地。与方言一样，迁出地文化在迁入地会发生各种变

---

[1] 有关方言岛及其与移民关系的论述，参见游汝杰：《汉语方言岛及其文化背景》，载《中国文化》第2期，生活·读书·新知三联书店1990年版。

化,或兴或衰,或存或亡。由于物质的、精神的文化现象异常复杂,传播和存在的条件迥异,所以有的很快消失,有的却能长期存在;有的天下皆然,有的却独此一家。我们要研究移民史,就得选择既与移民活动有因果关系,又能在较长时间内稳定存在的文化现象,利用社会学和文化人类学的方法进行考察和分析,作为移民历史的佐证。

在物质文化方面,民居的建筑形式是有代表性的。民居不同于官方建筑,后者是权力和制度的象征,所以必须有一定的规范;前者虽然也受到气候、地形、地势、建筑材料等条件的制约,但在形式上却比较自由,因此有鲜明的地方特色。这些特色往往会随着移民的迁移而扩大到他们的迁入地,并且保持相当长的时间;不同来源的移民会有各自的民居特色,一段时间内能在同一迁入地并存;但先进的、适应本地条件的民居形式最终会取而代之。如江南古越人住的是干栏式建筑,但北方汉人迁入后逐渐消失。唐宋时今湖南很多地方的民居是板屋,以后随着江西移民的迁入,板屋为砖房所取代。清代后期迁入广西桂平县的移民主要有广(州)肇(庆)派、嘉(应州)惠(州)派和闽派三大集团,也保持着各自的住房形式。

在精神文化方面,民间信仰和崇拜也是有代表性的。在众多的民间俗神中,有一部分是具有强烈的地方特点的,如妈祖、许真君、二郎神等。但移民打破了原来的信仰地域,将它扩大到了新的居住地,出于对这些地方神的崇拜而建立的宫观寺庙也出现在移民的迁入地。这类建筑物的出现不仅是某地移民存在的证据,而且说明他们已有相当的数量,并具有相当的经济实力。如万寿宫、萧公祠是江西移民的专利,妈祖庙或天妃宫是福建人或客家人的活动场所,玉王宫、寿福寺为湖南人所建,蜀王庙必定来自四川。城隍庙虽各地都有,但各个城隍爷却都是具体的人物,移民往往会将故乡的城隍爷搬到迁入地去,如18世纪时很多西南城镇的城隍爷都是四川、湖南、江西籍贯,当代台湾南部的城隍爷"请"自福建,这些城隍庙显然是移民所建。

民俗可以说是物质文化和精神文化的混合,因此移民既要保持并传播其迁出地原有的风俗习惯,也不得不加以改变以适应变化了的物质条件。一般说来,受物质条件限制较大的日常生产和生活的习惯只能适应迁入地的环境，所以改变较快；而婚丧节庆、祭祀、禁忌等活动以及较少受到物质条件限制的某些生活习惯、称谓等往往能在迁入地保持很长的时间。所以，某种喜庆仪式、丧葬方式、禁忌、饮食癖好、装饰、称谓就能成为区别移民与土著、不同来源的移民、迁入先后的移民的标志。

由于我们需要研究的是历史时期的移民，绝大多数已不能通过实地调查的方法来加以考察，所以以上六个方面的方法一般也离不开文献资料的帮助，并且很难依靠某一种方法解决全部问题。尽管任何一种方法都有其局限性，但多种方法的结合、文献资料的研究与非文献资料的研究结合，就为我们提供了最大限度地复原移民历史事实的可能性。但是我们也应该清醒地认识到，历史毕竟是历史，总有一些历史事实是永远无法了解的，移民史也是如此。

参考文献

一、古代文献

郑玄：《周礼注疏》，《十三经注疏》本，中华书局1979年影印本。

戴望：《管子校正》，《诸子集成》本，上海书店1986年影印本。

孔安国：《尚书正义》，《十三经注疏》本，中华书局1979年影印本。

司马迁：《史记》，中华书局1959年点校本。

魏收：《魏书》，中华书局1974年点校本。

陈寿：《三国志》，中华书局1982年点校本。

沈约：《宋书》，中华书局1974年点校本。

房玄龄等：《晋书》，中华书局1974年点校本。

魏徵：《隋书》，中华书局1973年点校本。

欧阳修：《新五代史》，中华书局1974年点校本。

徐梦莘：《三朝北盟会编》，上海古籍出版社1987年版。

曾敏行：《独醒杂志》，上海古籍出版社1986年版。

陈桥驿点校：《水经注》，上海古籍出版社1990年版。

严可均辑：《全后汉文》，中华书局1991年影印本。

二、近代以来论著

孙敬之：《西南地区经济地理》，科学出版社1939年版。

谭其骧主编：《中国历史地图集》第一册，中国地图出版社 1982 年版。

中国科学院《中国自然地理》编委会：《中国自然地理·历史自然地理》，科学出版社 1982 年版。

庄为玑等编：《闽台关系族谱资料选编》，福建人民出版社 1985 年版。

田方：《中国移民史略》，知识出版社 1986 年版。

田方、林发棠主编：《中国人口迁移》，知识出版社 1986 年版。

周振鹤、游汝杰：《方言与中国文化》，上海人民出版社 1986 年版。

葛剑雄：《西汉人口地理》，人民出版社 1986 年版。

周振鹤、游汝杰：《方言与中国文化》，上海人民出版社 1986 年版。

李德滨、石方：《黑龙江移民概要》，黑龙江人民出版社 1987 年版。

中国中日关系史研究会编：《日本的中国移民》，生活·读书·新知三联书店 1987 年版。

王克芬：《中国舞蹈发展史》，上海人民出版社 1989 年版。

何炳棣：《1368—1953 中国人口研究》，葛剑雄译，上海古籍出版社 1989 年版。

石方：《中国人口迁移史稿》，黑龙江人民出版社 1990 年版。

《中国大百科全书·地理学》，中国大百科全书出版社 1990 年版。

葛剑雄：《中国人口发展史》，福建人民出版社 1991 年版。

葛剑雄：《简明中国移民史》，福建人民出版社 1993 年版。

上海图书馆编：《中国家谱总目》，上海古籍出版社 2008 年版。

谭其骧：《晋永嘉丧乱后之民族迁徙》，原载《燕京学报》第 15 期，1934 年 6 月；收入《长水集》上册，人民出版社 1987 年版。

胡焕庸：《中国人口之分布》，《地理学报》1935 年第 2 期。

谭其骧：《浙江省历代行政区域——兼论浙江各地区的开发过

程》,原载杭州《东南日报》1947年10月4日;收入《长水集》上册,人民出版社1987年版。

竺可桢:《中国近五千年来气候变迁的初步研究》,《考古学报》1972年第1期。

尹钧科:《明代北京郊区村落的发展》,《历史地理》第3辑,上海人民出版社1983年版。

谭其骧:《浙江各地区的开发过程和省界、地区界的形成》,《历史地理研究》第1辑,复旦大学出版社1986年版。

武新立:《中国的家谱及其学术价值》,《历史研究》1988年第4期。

周振鹤:《现代汉语方言地理的历史背景》,《历史地理》第9辑,上海人民出版社1990年版。

游汝杰:《汉语方言岛及其文化背景》,《中国文化》第2期,生活·读书·新知三联书店1990年版。

葛剑雄:《天涯何处罗马城》,《往事和近事》,生活·读书·新知三联书店1996年版。

大事年表

说　　明

1. 本表起于约公元前21世纪,止于2000年。
2. 本表所列,限于移民史实或与此密切相关的内容。
3. 古地名首次出现时,一般均注明今地。县级或以下地名注其驻地或所在地,府、州、郡或以上地名一般仅注治所。
4. 分裂时期或当年不止一个年号时,仅注与内容有关的政权纪年或年号。
5. 限于篇幅,所记移民过程、迁入和迁出地等往往从略,详情请阅相应的正文。

约公元前 21 世纪—约公元前 16 世纪　　夏朝

初都阳城,在今河南登封县东南告城;后迁斟鄩,在今河南巩义市西南,或以为即偃师市二里头遗址;再迁至帝丘,在今濮阳县西;第四个都城原,在今济源市西北;第五个都城老丘,在今开封市祥符区东南;第六个都城西河,在今内黄县东南。见于其他比较可靠的史籍的夏都还有:平阳,在今山西临汾市西南;安邑,在今夏县西北;晋阳,在今太原市西南;斟灌,在今河南清丰县东南。每次迁都都是一次规模不小的人口迁移,形成大量移民。

商建国前有八次迁移:契本居于亳,在今山东曹县东南;迁居蕃,在今山东滕州市。昭明迁至砥石,今地不详。昭明又迁至商,在今河南商丘市东南。第四、五次,可能相土迁至东都,在泰山下;又迁回商。夏朝帝芬三十三年,自商迁于殷,在今河南安阳市。夏朝孔甲九年,迁回商丘。成汤迁至亳(南亳,今河南商丘市东南;北亳,今商丘市北;西亳,今河南偃师市西)。

约公元前 16 世纪—约公元前 11 世纪　　商朝

中(仲)丁由亳迁于嚣(隞),在今河南荥阳市北敖山南。河亶甲迁于相,在今内黄县东南。祖乙迁于邢(耿),在今河北邢台市;又迁于庇,在今山东郓城县东北。南庚迁于奄,在今曲阜市。盘庚迁于殷,在今河南安阳市小屯。从盘庚迁殷至殷商亡,维持了273年(一说253年、275年)。

在帝武乙时,随着商朝国力的衰退,东夷逐渐强盛,迁至淮河流域和泰山山脉一带,并扩展到中原。

周人的始祖后稷(弃),传说被舜封于邰(今陕西武功县西南)。其后裔不窋失官后奔戎狄间,大致在今甘肃庆阳一带。其孙公刘迁到豳(今陕西旬邑县西)。至古公亶父(约公元前12世纪)时,迁至岐山下的周原(今岐山县境),豳人随同迁移。

约公元前11世纪,姬昌(周文王)建丰邑(在今西安市沣水西岸)为都,周人向东迁移。

约公元前11世纪　　西周

灭商后,武王(姬发)实行分封,周人及其控制的人口迁往各地:召公奭封于燕,在今河北北部和辽宁西端,都于蓟(今北京城西南隅);武王弟叔鲜封于管,在今河南郑州市一带,都于管(今郑州市);武王弟叔度封于蔡,在今河南境内,后改封于今上蔡县一带,都于上蔡(今上蔡县西南);武王弟武(处、霍叔)封于霍(今山西霍州市西)。武王弟封(康叔)封于康(今河南禹州市西北)。武王弟叔振铎封于曹(今山东菏泽市定陶区西南);周章(仲雍曾孙)之弟虞仲封于虞(今山西平陆县东)。同时被封的诸侯国很多。

封巴为子国,称巴子国。此时巴的都城已由夷城(今湖北宜都市)迁至江州(今重庆市)。

成王时,周公旦摄政,平息了商纣王子武庚和管叔、蔡叔的叛乱以及夷人的反抗,再次分封,一部分"殷顽民"(参与叛乱的殷遗民)也被分封给诸侯,随他们迁入新的封地:周公之子伯禽封于鲁,在今山东西南一带,都于曲阜(奄,今曲阜市)。吕尚(师尚父)封于齐,在今山东北部,都于营丘(今山东淄博市东北)。康叔改封于卫,在今河南北部,都于朝歌(今河南淇县)。商纣王异母兄微子开封于宋,在今河南东部及江苏、安徽、山东间地,都于商丘(今河南商丘市睢阳区南)。成王弟唐叔虞封于晋，在今山西西南，都于唐（今山西翼城县西）。成王弟某，封于韩，在今山西河津市东北。

成王七年，周公营建成周洛邑（在今河南洛阳市），建有王城和成周二城，作为周朝控制东方的政治中心，周公旦在此驻守，并迁入大批"殷顽民"。

约公元前 12—前 11 世纪　　周康王

周人在今山西平陆县东一带的一支虞（北虞）的一支宜（吴），迁至今江苏仪征市一带，以后南迁至丹徒，并扩大至宁镇丘陵和皖南，最终在今无锡、苏州地区建吴国。初都蕃离（一作梅里，今无锡市东南），后迁至吴（今苏州市）。

约公元前 890 年　　周孝王

嬴姓部落首领非子本在犬丘（西犬丘、西垂，今甘肃天水市西南）畜牧，被孝王召至汧渭之间（今陕西扶风、眉县一带）养马，受封于秦（今甘肃清水县秦亭）。

前 806 年　　周宣王二十二年

封异母弟友于郑（今陕西渭南市华州区）。

前 774 年　　周幽王八年

郑桓公将部族迁至郐（今河南新郑市西北）、东虢（今荥阳市东北）之间。部分周人随郑东迁。

前 771 年　　周幽王十一年

犬戎攻入镐京，幽王被杀，西周亡。幽王子宜臼继位，是为平王。

前 770 年　　周平王元年

平王东迁雒邑（今河南洛阳市王城公园一带）。秦襄公以救护之功，被封为诸侯，"赐以岐以西之地"，但实际为戎人所占。

前 769 年　　周平王二年　郑武公二年
　　郑灭郐,迁都于新郑(今河南新郑市)。

前 767 年　　周平王四年　郑武公四年
　　郑灭东虢,郑人迁入原东虢地。

前 762 年　　周平王九年　秦文公四年
　　秦文公"东猎",迁至汧渭之会。

前 750 年　　周平王二十一年　秦文公十六年
　　秦驱逐戎人,获得岐以西地。

前 745 年　　周平王二十六年　晋昭侯元年
　　晋封成师于曲沃(今山西闻喜县东北),已有大批晋人迁入涑水河谷。

前 740—前 690 年　　楚武王在位
　　楚国先后征服一批小国,疆土扩大到长江中游,楚人由山区迁入平原。

前 714 年　　周桓王六年　秦宁公二年
　　秦迁都平阳(今陕西宝鸡市陈仓区东)。

前 689 年　　楚文王元年
　　楚都自丹阳(今湖北秭归县东南)迁至郢(今湖北荆州市荆州区西北纪南城)。

前 678 年　　周釐王四年
　　曲沃武公灭晋,改称晋武公。

前 677 年　　　周釐王五年　秦德公元年
　　秦迁都于雍(今陕西凤翔县)。

前 669 年　　　周惠王八年　晋献公八年
　　晋迁都于绛(今山西翼城县东南)。

前 661 年　　　周惠王十六年　晋献公十六年
　　晋灭魏(在今山西芮城县北),以其地封大夫毕万,其后裔即以魏为氏。至公元前 7 世纪末,魏悼子迁至霍(今山西霍州市西南)。

前 638 年　　　周襄王十四年　秦穆公二十二年
　　秦以武力驱逐原在今陕西武功县一带的陆浑戎,陆浑戎被迫迁至伊川南鄙之田(今河南嵩县一带)。

前 593 年　　　周定王十四年　晋景公七年
　　晋灭赤狄,晋人扩展至今山西中北部。

前 585 年　　　周简王元年　晋景公十五年
　　晋迁都新田(新绛,今山西侯马市)。

前 567 年　　　周灵王五年　齐灵公十五年
　　齐灭莱,疆域扩展至今山东东部,大批齐人迁入新辟地区。

前 562 年　　　周灵王十年　晋悼公十一年
　　魏绛(昭子)迁至安邑(今山西夏县西北)。

前 534 年　　　周景王十一年　楚灵王七年
　　灵王下令将"亡人"迁至干溪(今安徽亳州市东南)的离宫章华台周围。

前497年　　周敬王二十三年　晋定公十五年

晋赵简子始以晋阳（今山西太原市西南）为基地。赵人于西周时被封于赵城（今山西洪洞县北赵城），晋献公时赵夙受封于耿（今山西河津市东南），晋文公时赵衰被封为原大夫，迁居于原（今河南济源市西北），但赵氏宗族大多仍在耿。

前475年　　周元王元年

晋赵襄子灭代（今河北蔚县一带），封予侄子赵周，称代成君。

前473年　　周元王三年

越灭吴，后迁都琅邪（今山东胶南市西南），越人大批北迁今山东南部和淮河流域。

前460年　　周贞定王九年

翟攻破卫国国都朝歌（今河南淇县），卫遗民5 000人拥立戴公，迁至曹（今河南滑县东）。后迁至楚丘（今滑县东），最后迁都于帝丘（今河南濮阳县西南）。

前425年　　周威烈王元年

赵桓子迁都于中牟（今河南鹤壁市西）。

前416年　　周威烈王十年　韩武子九年

韩迁都宜阳（今河南宜阳县西）。韩的先人春秋时为晋大夫，受封于韩原（今山西河津市东北）。春秋末年，韩贞子迁于平阳（今临汾市西南）。

前403年　　周威烈王二十三年

赵、韩、魏被承认为诸侯。韩景侯时迁都于阳翟（今河南禹州市）。

前386年　　周安王十六年　赵敬侯元年

赵迁都于邯郸（今河北邯郸市）。

前 383 年　　周安王十九年　秦献公二年

秦迁都栎阳(今陕西西安市临潼区北)。

秦献公初,灭狄獂戎。首领卬率羌人由渭河上游出发,至今青海贵德、共和一带黄河河曲,后循青藏高原东部和川西高原间谷地分别迁至今甘南、川北、川西和云贵高原。

前 375 年　　周烈王元年　韩哀侯二年

韩灭郑,迁都于新郑(今河南新郑市)。

前 361 年　　周显王八年　魏惠王九年

魏迁都于大梁(今河南开封市)。

前 350 年　　周显王十九年　秦孝公十二年

秦迁都咸阳(今陕西咸阳市西北)。

前 330 年　　秦惠文王八年

秦军在攻占曲沃(今河南灵宝市东北)后,占有此城,而将当地人全部驱逐。

前 325 年　　秦惠文王十三年

秦张仪攻下陕(今河南三门峡市陕州区)后,将当地人驱逐至魏国。

前 316 年　　秦惠文王更元九年

秦灭巴。此前巴的国都已由江州迁至垫江(今重庆市合川区),再迁至阆中(今四川阆中市)。此后,阆中和汉中一带的巴人成为板楯蛮,在湘西的成为武陵蛮,在鄂东的一部分至东汉时被称为江夏蛮。

秦灭蜀,仍立蜀王子孙为蜀侯,另派相国加以控制。30 多年后废蜀侯,直接派郡守治理。蜀人复国无望,大批南迁,经今云南进入今越南境内。

前 314 年　　秦惠文王更元十一年

第一次向蜀大规模移民，从秦国迁入万户。此后仍不断向巴蜀移民。

前 306 年　　秦昭王元年　楚怀王二十三年　赵武灵王二十年

楚灭越，但越君仍拥有以会稽（今浙江绍兴市）为中心的浙东一带。此前越都已由琅邪迁回吴。

赵开始进攻中山、林胡、楼烦。

前 296 年　　秦昭王十一年　赵惠文王三年

赵主父灭中山国，迁其王于肤施（今陕西榆林市榆阳区南）。至此赵已灭林胡、楼烦，置云中、雁门二郡，大量人口迁入。

前 286 年　　秦昭王二十一年

秦将司马错攻魏河内，魏被迫献出安邑（今山西夏县西北），秦将当地人驱逐，招募移民迁入，赐爵；又赦免罪人迁入。

前 281 年　　秦昭王二十六年

秦赦罪人迁之穰（今河南邓州市）。

前 280 年　　秦昭王二十七年

秦将错（人名）攻楚，赦罪人迁之南阳（今河南西南一带）。

前 279 年　　秦昭王二十八年　楚顷襄王二十年

秦大良造白起攻楚，取鄢（今河南漯河市郾城区南）、邓（今郾城区西北），赦罪人迁之。

楚将庄蹻由沅水溯流而上，攻克在今贵州都匀、黄平、贵定一带的且兰国，征服今贵州西部的夜郎国，进至滇池。

前 278 年　　秦昭王二十九年　楚顷襄王二十一年
秦军攻占郢,楚国迁都于陈(今河南淮阳县)。

前 277 年　　秦昭王三十年　楚顷襄王二十二年
因秦军夺取楚黔中、巫郡,庄蹻退路已断,留驻当地,后成为统治当地民族的滇王,在今昆明市晋宁区境内建都。

前 273 年　　秦昭王三十四年
秦以魏、韩上庸地(今湖北竹山县西南一带)置郡,从南阳迁"免臣"(得到赦免的奴隶或战俘)前往定居。

前 255 年　　秦昭王五十二年
秦迁西周公于惪狐(今河南汝州市西北),周民向东逃亡。

前 254 年　　秦昭王五十三年　魏安釐王二十三年
魏灭卫。后卫在秦庇护下复国,迁至野王(今河南沁阳市)。

前 253 年　　秦昭王五十四年　楚考烈王十年
楚迁都巨阳(今安徽阜阳市北)。

前 249 年　　秦庄襄王元年
秦迁东周君后人于阳人聚(今河南汝州市西北)。

前 242 年　　秦王政五年　楚考烈王二十一年
楚迁都于寿春(今安徽寿县)。

前 239 年　　秦王政八年
秦攻占魏国的东郡(今河南东北与相邻的山东一带)后,将原在帝丘(今河南濮阳县西南)的卫元君迁至野王(今河南沁阳市)。
秦王弟长安君成蟜将军击赵;反,死屯留(今山西长治市屯留区南),军吏皆斩死,迁其民于临洮(今甘肃岷县)。

前 238 年　　秦王政九年

嫪毐作乱被杀后,其舍人党羽"夺爵迁蜀四千余家",安置在房陵(今湖北房县)。两年后,秦始皇下令免除这些移民的赋役。

前 235 年　　秦王政十二年

已被罢免相国的吕不韦被迫自杀,舍人数千人私自为他举行葬礼,秦始皇下令将其中的晋人驱逐出境,其中的秦国人大部分流放,估计被迁于蜀。吕不韦的家属也被迁于蜀,以后成为当地一支大族。

前 230 年　　秦王政十七年

秦灭韩,韩哀侯的后裔平氏被从平邑(可能在今河南南乐县东北)迁至下邑(今安徽砀山县东)。

蜀王后裔在今越南北部击败当地的雒王,建安阳国,越南史上称为蜀朝。

前 228 年　　秦王政十九年

秦灭赵,赵人或被迁至温(今河南温县西南),如汉石奋之父;或被迁于蜀,其中以钱财买通押送官员者被安置于葭萌(今四川广元市西南)一带,另一些人如卓氏、程郑等则迁至临邛(今四川邛崃市)。赵王迁被流放到房陵(今湖北房县)。赵王宗族、名将赵奢后人从邯郸迁至咸阳。

赵公子嘉出奔代(今河北蔚县),自立为代王。

前 226 年　　秦王政二十一年

秦军攻入燕都蓟(今北京城区西南),燕王喜迁于辽东。

前 225 年　　秦王政二十二年

秦灭魏,魏都大梁(今河南开封市)的人口一部分迁至丰(今江苏丰县),汉高祖刘邦之祖父亦在其中;部分迁于沛(今江苏沛县);或迁至外黄(今河南民权县西北),如张耳;或迁至南阳湖阳(今河南唐河县西南),如东汉冯鲂之祖先;或迁于南阳郡治宛县(今南阳市宛城区),如以冶铁致富的孔氏及一批"不轨之民"。信陵君后裔卑子也是被迁对象,但逃往泰山。

前 223 年　　秦王政二十四年

秦灭楚,楚王部分宗族被迁至严道(今四川荥经县);贵族上官氏被迁至陇西上邽(今甘肃天水市);权氏也被迁于陇西。据称,柳氏迁于河东,后成为大族。班固的先人、楚令尹子文之后,迁于晋代(今山西北部)之间,至秦始皇末年班壹迁至楼烦(今宁武县)。

前 222 年　　秦王政二十五年

秦灭燕。一些燕人逃亡至朝鲜半岛北部。

前 221 年　　秦始皇二十六年

秦灭齐,齐王建被迁至共(甘肃泾川县北一带)。

"徙天下豪富于咸阳十二万户",估计有 60 万人,主要来自关东。

不断向巴蜀移民,巴蜀也是安置罪犯的主要地区。派常頞开通了自今四川宜宾至云南曲靖的"五尺道",在沿途和滇池一带设置行政机构,秦亡后废弃。

前 219 年　　秦始皇二十八年

秦始皇东巡,登琅邪台(今山东胶南市西南),迁 3 万户于琅邪台下,给予免除 12 年赋役的优待。

前 217 年　　秦始皇三十年

尉屠睢率 50 万大军分五路进攻南越。

前 215 年　　秦始皇三十二年

派蒙恬率 30 万人进攻匈奴,略取河南地(黄河上游今宁夏以下、内蒙古境内黄河以南部分)。

前 214 年　　秦始皇三十三年

蒙恬驱逐匈奴,新置 44(一作 34)县。又渡河取高阙、阳山、北假中,强制迁内地人口于新设县,数量估计有一二十万。蒙恬留驻上郡,继续负责长城的修筑。

羌人被限于秦长城以西,在今黄河、洮河以西,河西走廊以南的甘肃、青海省地,而以黄河、湟水、大通河交汇处为中心。

进攻南越的军队受到越人激烈反抗,损失惨重。当年开通了连接湘江和漓江的灵渠(在今广西兴安县境),便利运输,又派兵增援,才将越人征服。留驻的秦军估计不足 10 万人,又征发"尝逋亡人(曾经逃亡过的人)、赘婿、贾人"及戍卒迁往南越,以后又迁去 1.5 万名妇女,供移民婚配。中原移民与越人杂居,但仍集中在番禺(今广东广州市)一带。

前 212 年　　秦始皇三十五年

自咸阳等地迁 3 万家于丽邑(今陕西西安市临潼区东北),5 万家于云阳(今陕西淳化县西北)。

前 211 年　　秦始皇三十六年

又迁 3 万家于北河、榆中(今河套平原),被迁者给予"拜爵一级"的奖励。

前 210 年　　秦始皇三十七年

秦始皇巡游至会稽(今浙江绍兴市),迁越人于余杭、伊攻、故鄣、乌程、黟、歙、无湖、石城以南、於潜等地(约相当于今浙江西北、安徽南部一带),迁"天下有罪谪吏民"于越地。中原移民定居于以山阴(今绍兴市)为中心的浙东平原,但山区仍以越人为主。

齐人徐福(市)率男女3 000人及五谷、百工出海为秦始皇求不死药,在海外定居,或以为徐福所居即日本。

秦始皇死,蒙恬被二世赐死,被迁至河南地的人口纷纷逃亡。至秦亡后,匈奴重新占有河南地,一些秦人被迁入匈奴。

前206年　　汉高祖元年

秦后期有不少人因逃避苦役,由辽东或山东迁至朝鲜半岛,以后即就地定居。因各种原因逃亡的人数极多,如下相(今江苏宿迁市宿城区西南)人项梁(项羽叔父)避仇于吴(今江苏苏州),单父(今山东单县)人吕公(刘邦吕后之父)因避仇而居沛县(今江苏沛县),张良因策划刺杀秦始皇失败而隐居下邳(今睢宁县西北),原魏国名士张耳、陈余因受通缉从外黄(今河南民权县西北)迁至陈(今河南淮阳县)。秦法规定不能如期到达目的地的服役者要处死刑,因此而逃亡者也很多。

西汉名将李广的先人李信,秦时自槐里(今陕西兴平市东南)迁至成纪(今甘肃静宁县西南)。

项羽屠咸阳,烧宫室,火三月不灭,咸阳及周围人口或死或迁。

东胡族的乌桓和鲜卑被匈奴击破,乌桓余众聚保于乌桓山(在今辽河上游西拉木伦河以北、内蒙古阿鲁科尔沁旗附近),鲜卑余众聚于鲜卑山(今大兴安岭南段),均臣服于匈奴。

前205年　　汉高祖二年

萧何征发关中老弱及未成年男子全部输往前线军队。关中爆发大饥荒,米价一斛万钱,人相食,令百姓至蜀汉(今陕西汉中地区和四川)就食。关中人口大量外流。

前202年　　汉高祖五年

二月,汉王即皇帝位,定都洛阳。

五月,遣散兵士回乡,并规定诸侯之子留在关中可免除赋役十二年,回乡者只能免除六年。凡外逃百姓,脱离户籍者,回乡后可恢复原有田宅爵位,因饥荒自卖为奴婢者免为庶人。

六月,听从戍卒娄(刘)敬建议,迁都关中,暂住栎阳(今陕西西安市临潼区东北)。建宫室和新都长安。

闰九月,令诸侯子全部迁入关中。以后又令二千石以上官员迁入长安。

立闽越首领无诸为闽越王,都东冶(今福建福州市)。

前 201 年　　汉高祖六年

封功臣 100 余人为列侯。列侯的封邑都在关东,但均留居长安。

前 200 年　　汉高祖七年

长乐宫落成。自栎阳迁都长安。

为太上皇在丽邑建新城,完全仿照丰县,居民从丰县迁入。

韩王信逃亡入匈奴。

前 198 年　　汉高祖九年

十一月,"徙齐楚大族昭氏、屈氏、景氏、怀氏、田氏五姓关中",同时迁入的还有燕、赵、韩、魏之后和豪杰名家,总数有 10 余万口。移民中齐国田氏人数最多,财力最雄,以后成为关中大族,并在商业上占绝对优势。

前 197 年　　汉高祖十年

太上皇死,葬栎阳北原,因在栎阳城内设万年县。丽邑改名新丰。次年令迁入关中的丰县人终身免除赋役。

前 195 年　　汉高祖十二年

长陵建成,置长陵县,迁入万户。至元始二年(公元 2 年)长陵县有 17.95 万口,基本都是移民后裔。

卢绾与数千人逃亡入匈奴。

前 192 年　　汉惠帝三年

封句践后人摇为东海王,都东瓯(今浙江温州市),又称东瓯王。

前 188 年　　汉惠帝七年

惠帝死,葬安陵。迁入安陵县(今陕西咸阳市东北)5 000 户,据称主要是关东倡优乐户。

前 182 年　　汉高后六年

随着汉人的迁入,至此在故青衣羌国置青衣县(今四川名山县西北)。又置僰道县(今四川宜宾市西南),当地僰人逐渐迁离。

前 181 年　　汉高后七年

冬十二月,匈奴寇狄道(今甘肃临洮县),掳掠 2 000 余人。

前 180 年　　汉高后八年

赵佗灭安阳国,安阳王从海路逃走,但蜀人后裔多数居留原地。

前 178 年　　汉文帝二年

诏居长安的列侯就国(回封邑居住),列侯及其家属、仆从迁回关东。

前 177 年　　汉文帝三年

十一月,诏列侯就国,并免丞相周勃,令就国。

匈奴入居北地、河南(今宁夏和河套地区)为寇。

前 175 年　　汉文帝五年

原居住在敦煌和祁连山间的月氏人被匈奴冒顿单于击败,大部分西迁至今伊犁河流域。未迁余众进入南山(祁连山)与羌人杂居,成为小月氏。

前 171 年　　汉文帝九年

建霸陵于秦芷阳县（今西安市东北），改芷阳县为霸陵县，迁入 5 000 户。

前 168 年　　汉文帝十二年

取消出入关用"传"（官方颁发的通行证件）的制度，允许百姓自由出入。

前 166 年　　汉文帝十四年

汉初数十年间，匈奴侵扰不绝，几乎年年入塞劫掠，大批汉人被掠至匈奴。当年匈奴 14 万骑入朝那（今宁夏固原市原州区东南）、萧关（今固原市东南），逼近长安。

文帝时，晁错上"守边备胡，劝农力本策"，建议向北方边疆移民，但未能实行。

前 158 年　　文帝后元六年

匈奴 3 万骑入上郡（今陕西西北部和内蒙古南部），3 万骑入云中（今内蒙古土默特、呼和浩特一带）。这一阶段，匈奴"岁入边，杀略人民甚众，云中、辽东（今辽河下游和辽东半岛）最甚，郡万余人"。每年被掠入匈奴的人口估计有四五万。

前 156 年　　汉景帝元年

因各地人口密度不同，下诏允许百姓迁往土地富余地区。

景帝时，研种羌留何等请求迁入陇西塞内，部分羌人又迁回今甘肃南部洮河流域和渭水、汉水、白龙江上游地区，处于汉朝的监护之下。

前 155 年　　汉景帝二年

为文帝薄太后南陵置南陵县（今西安市东），迁入居民。

前153年　　汉景帝四年

恢复出入关用"传"的制度。

前152年　　汉景帝五年

在弋阳(今陕西西安市高陵区西南)建阳陵,置阳陵邑。夏,募民迁入阳陵,每户赐钱20万,估计迁入5 000户。

前146年　　汉景帝中元四年

严格限制壮马和强弩流出关外,"禁马高五尺九寸以上,齿未平,不得出关";"弩十石以上"也禁止出关。这两项禁令直到昭帝始元五年(前82年)才废除。

前142年　　汉景帝后元二年

停止列侯就国。

前140年　　汉武帝建元元年

令列侯就国。

前139年　　建元二年

在槐里茂乡(今陕西兴平市东北)建茂陵,置茂陵邑。

前138年　　建元三年

迁入茂陵者每户赐钱20万、田2顷。估计迁入5 000余户。

东瓯举国内迁至江淮间。东瓯王望被封为广武侯,与所率4万人被迁至庐江郡。东瓯故地长期荒废,至西汉后期才在今浙江台州市椒江区东南重新设回浦县。

前129年　　元光六年

匈奴入上谷(今河北西北部),杀略吏民;数千人侵入边境抢掠,渔阳(今河北东北部)受损失尤其严重。汉将公孙敖从代郡(今山西东北、河北西北)出击,损失士兵 7 000 人,其中大部分被俘入匈奴。

约在此前数年,原在今敦煌一带的乌孙人迁至今伊犁河和伊塞克湖一带,迫使已定居于此的月氏人再次西迁至妫水(今阿姆河)流域,征服了当地大夏人,在其地设置王庭,建立国家。乌孙建都于赤谷城(伊塞克湖南),吸收留下的月氏人和塞种人,至西汉后期有人口 63 万,是西域都护府属国中人口最多的国。

前 128 年　　元朔元年

"首虏"匈奴数千人。

秋,匈奴杀辽西(今辽宁医巫闾山以西地)太守,掠走 2 000 余人;败渔阳太守军千余人,入雁门杀掠千余人。

前 127 年　　元朔二年

夏,迁各地豪杰及资产 300 万以上者于茂陵,估计迁入 5 000 余户。

"首虏"匈奴数千人,其中"捕伏听者"3 017 人。收复阴山以南秦朝故地,置朔方、五原二郡。夏,募民 10 万口迁入朔方,移民安置区以今黄河、乌加河一带的河套平原为中心,包括周围及黄河以南地区。

前 126 年　　元朔三年

匈奴入代,杀太守,掠千余人;入雁门,杀掠千余人。

前 125 年　　元朔四年

匈奴入代、定襄(今内蒙古清水河县、和林格尔县一带)、上郡,杀掠千余人。入河南,侵扰朔方(今内蒙古南部黄河以南),杀掠吏民甚多。

前 124 年　　元朔五年

匈奴入代,杀都尉,掠千余人。

得匈奴右贤王人众男女 1.5 万余人。

前 123 年　　元朔六年

汉征匈奴,损失 2 将军、3 000 余骑兵。

前 122 年　　元狩元年

此年前后,部分越人迁至河东(今山西西南),在废河东渠田种稻,后不知所终。

前 121 年　　元狩二年

"首虏"匈奴 3 万余人。秋,匈奴昆邪王杀休屠王,并将其众合 4 万人来降,汉朝据有河西走廊,直至盐泽(今新疆罗布泊)。在西北边郡故塞置五属国,安置匈奴降人。昆邪王等首领分别安置在平原、南阳、济南等内地,部分匈奴人被征入军队,屯驻于首都附近;曾抵抗或有罪的匈奴人被没为官奴隶,如在黄门养马。

小月氏来降,其人迁离祁连山区后,可能进入河湟谷地、河西走廊。

前 120 年　　元狩三年

匈奴入右北平(今河北东北角、辽宁西边和内蒙古赤峰以南地)、定襄,杀掠千余人。

前 119 年　　元狩四年

关东连年遭受水灾,流民无处安置,迁贫民 72 万余于今内蒙古南部、山西西北部、陕西西北部、宁夏南部和甘肃中西部,即秦长城(故塞)内外以及河西走廊。随着移民的增加和农业的开发,以后陆续在河西走廊设置了酒泉(治今甘肃酒泉市)、武威(治今武威市)、张掖(治今张掖市西北)、敦煌(治今敦煌市西)四郡。

两军出塞伐匈奴,损失私马 11 万多匹,人员损失也很大。卫青部"首虏"匈奴 1.9 万人,霍去病部"首虏"7 万余人。

卫青、霍去病率将乌桓迁至上谷、渔阳、右北平、辽东、辽西五郡塞外(今内蒙古东南部、河北北部和辽宁北部一带),其后乌桓长期定居于此，以在上谷塞外白山（今河北大马群山）的一支最为强大。

鲜卑南迁至乌桓旧地今西拉木伦河流域，但仍受匈奴控制。

前118年　　元狩五年

徙天下奸猾吏民于边区。

前114年　　元鼎三年

因楼船将军杨仆之请将函谷关东移300里，从今河南灵宝市东北旧址迁至新安（今新安县东），费用由杨仆承担。

前112年　　元鼎五年

遣徐自为率数万人渡黄河筑令居塞（在今永登县西庄浪河西岸），断绝羌人与匈奴的联系，引起羌人恐慌，10万羌人反。

前111年　　元鼎六年

置武都郡（治今甘肃西和县南），原居住在今陕、甘二省与四川交界处的氐人迁往陇东、川西和河西走廊等处。

冬十月，征发10万人征羌。五六年后，羌人被逐出湟水流域，退到鲜水海（今青海湖）及其西地区，部分羌人被陆续内迁。汉朝在临羌（今青海湟源县）置护羌校尉，汉人开始向湟水流域移殖。

南越平，原丞相吕嘉家属被迁至益州不韦县（今云南保山市东北）。

前110年　　元封元年

闽越国中越人被迁至江淮间。至西汉后期，闽越旧地才重新设置冶县（今福建福州市）。

在海南岛置儋耳、珠崖二郡。

前109年　　元封二年

募天下死罪犯，编入进攻朝鲜的军队。

前 108 年　　元封三年

武都氐人反,被迁至酒泉郡(治今甘肃酒泉市)。

前 107 年　　元封四年

正月,小月氏王杆者率众千余骑来降。

小月氏右苴王稽姑谷率众来降。

前 105 年　　元封六年

以江都王女细君为公主,嫁乌孙(今哈萨克斯坦伊塞克湖与伊犁河一带及新疆西北部)王,随行数百人。

前 104 年　　太初元年

以李广利为贰师将军,率属国 6 000 骑及郡国恶少年数万人西征大宛(今乌兹别克斯坦、塔吉克斯坦费尔干纳盆地)。

前 103 年　　太初二年

李广利军败归敦煌,士卒仅存十之一二。

赵破奴率 2 万骑降匈奴。

前 102 年　　太初三年

发"七科谪"(七种有罪或身份低下的人)征大宛,并赦囚徒,发恶少年及边境骑士,随李广利出征。一年多从敦煌而出的有 6 万人(不包括私从运粮食的)、牛 10 万、马 3 万、骆驼以万计,人数至少有 20 万。

匈奴入定襄、云中、五原、朔方,杀掠数千人;入张掖、酒泉(河西走廊东段),掠数千人。

前 101 年　　太初四年

李广利军归,入玉门关者仅万余人、马千余匹,其余除战死外,均流落西域。

弘农都尉（原驻今河南灵宝市东北）移治武关（今陕西商洛市商州区西南），加强对关中至南阳盆地及南方的要道的控制。

前 100 年　　天汉元年
征发谪戍屯五原郡（治今内蒙古包头市西北）。

前 99 年　　天汉二年
诏关都尉严格检查出入者。
李陵步骑 5 000 战败降匈奴。

前 97 年　　天汉四年
征发"七科谪"及勇敢士，随李广利等征匈奴。

前 96 年　　太始元年
迁各地吏民豪杰于茂陵，估计迁入 5 000 余户。三次共迁入 1.6 万户，至元始二年（公元 2 年）茂陵县有 27.7 万口，基本都是移民后裔。

前 91 年　　征和二年
戾太子与丞相刘屈氂在长安大战，事败后，"吏士劫掠者"都被迁至敦煌郡（治今甘肃敦煌市西）。

前 90 年　　征和三年
李广利将 7 万人伐匈奴，兵败降。

前 87 年　　后元二年
昭帝即位，在云阳县境为其母赵婕妤（追尊为太后）建云陵。

前 85 年　　汉昭帝始元二年
冬，征发习射士驻守朔方，调故吏将屯田张掖郡。

前 84 年　　始元三年

秋,募民迁入云陵县(今陕西淳化县东南),迁入者赐钱和田宅。

前 83 年　　始元四年

迁三辅富人于云陵县,每户赐钱 10 万。迁入者共约 3 000 户。

前 81 年　　始元六年

从天水、陇西、张掖三郡析置金城郡,该郡人口几乎全系外来移民。

前 80 年　　汉昭帝元凤元年

征发三辅徒,编入进攻武都(今甘肃东南一带)氐人的军队。

前 78 年　　元凤三年

匈奴 3 000 骑入五原,杀掠数千人。又行攻塞外亭障,掠取吏民而去。

前 77 年　　元凤四年

在伊循(今新疆若羌县东)屯田,后更置都尉。当时,从敦煌至盐泽间建有亭,在轮台(今新疆轮台县东)、渠犁(今新疆库尔勒市)都驻有田卒数百人。

前 76 年　　元凤五年

征发三辅及郡国恶少年及被检举而逃亡的官吏屯驻辽东。

前 74 年　　元平元年

昭帝时建平陵,置平陵县(今咸阳市西北)。

昭帝末年,西河属国数千匈奴人叛逃出塞。

前 73 年　　汉宣帝本始元年

募郡国吏民资产百万以上者迁入平陵县。

前72年　　本始二年

以水衡钱（皇帝私钱）为迁入平陵移民建宅第。

前71年　　本始三年

常惠等将乌孙兵攻匈奴右地,俘获二三万人。

前70年　　本始四年

为缓和关中粮食供应的困难,规定百姓用车船载谷入关,可不必用"传"。

前67年　　汉宣帝地节三年

匈奴控制的西嗕居左地者数千人南下降汉。

前65年　　元康元年

在杜县东原建杜陵,改杜县为杜陵县,迁丞相、将军、列侯、二千石以上官吏及资产百万者于杜陵,估计约5 000户。

此前宣帝为父史皇孙置奉明园,至此设奉明县（今西安市西北）,有户1 600,基本都是移民。

前63年　　元康三年

此前先零羌酋长向去巡视的光禄大夫义渠提出渡过湟水,在汉人未开垦地区放牧的要求,未等批准即强行越过湟水。至此,先零羌与其他部族酋长200余人解仇结盟,交换人质,作对抗汉朝准备。

前61年　　神爵元年

春,羌人起兵反,赵充国率6万军队镇压。

前60年　　神爵二年

五月,"羌乱"平定。据报,杀7 600人,降3.12万人,死者五六千人,逃亡者不足4 000人。降者主要安置在金城属国,部分迁至陇西等地。

匈奴日逐王先贤掸将人众万余降汉。

置西域都护府,驻乌垒(今新疆轮台县东北)。

前 59 年　　神爵三年

置西河、北地属国以安置上年所降匈奴人。

前 48 年　　汉元帝初元元年

元帝初,关东连年受灾,民流入关。上郡属国万余匈奴人叛逃。

前 46 年　　初元三年

撤销在海南岛所设政区,军政人员及自愿迁离的居民均迁回大陆。

前 42 年　　永光二年

秋,在今大夏河与洮河间的彡姐旁种羌反,冯奉世率军镇压,杀8 000 人,余众迁至汉朝境外。

前 40 年　　永光四年

诏停置陵县,原有陵县按所在地分属三辅,不再直属太常。

前 33 年　　竟宁元年

元帝以后宫王嫱(昭君)赐匈奴呼韩邪单于。

前 28 年　　汉成帝河平元年

流民入函谷(今河南新安县东)、天井(今山西晋城市南太行山上)、壶口(今长治市上党区东南壶口)、五阮(今河北易县西北紫荆关)等关。

前 24 年　　阳朔元年

京兆尹王商被杀,妻子被迁合浦(今广东徐闻县南)。此后,有罪官员、外戚及其家属多被迁合浦，仅少数人有返回机会。

前 20 年　　鸿嘉元年

在陈汤等怂恿下，成帝放弃已修建 10 年的延陵，在新丰戏乡建昌陵。

前 19 年　　鸿嘉二年

迁郡国豪杰及资产 500 万以上者 5 000 户于昌陵县。

前 17 年　　鸿嘉四年

因关东流民多，下诏：流民欲入关，经登记其户籍后可放入，所至郡国要妥善救济。

前 14 年　　永始三年

下诏停建昌陵，罢昌陵县，已迁入者大多返回原籍，少数大臣名家趁机入籍长安。

成帝时，有康居（粟特）人迁入河西走廊，有的即以康为姓。

公元 4 年　　汉平帝元始四年

王莽执政，招诱羌人献地，在湟水以西、青海湖周围地区新设西海郡，将各地"犯禁者"迁入。为增加迁入西海郡人口，王莽不惜人为扩大"犯禁"范围，增加法令条文。

10 年　　新（王莽）始建国二年

禁止百姓挟带弩铠，违者迁至西海郡。

西域车师后王（在今新疆吉木萨尔县一带）须置离之兄狐兰支率士众 2 000 余人，"举国亡降匈奴"。

11 年　　始建国三年

汉戊己校尉（驻今新疆吐鲁番市东南）的属官陈良等劫掠吏卒数

百人,杀戊己校尉,"胁略戊己校尉吏士男妇二千余人入匈奴";这些人被安置在零吾水(即余吾水,今蒙古国土拉河)上从事农耕。

此后,匈奴不断"入塞寇盗,大辈万余,中辈数千,少者数百,杀雁门、朔方太守、都尉,略吏民畜产不可胜数,缘边虚耗"。到王莽覆灭这几年间,被掠入匈奴的边民甚多。

22 年　　地皇三年

数十万流民入关。

23 年　　地皇四年　刘玄更始元年

王莽死。西海郡地被羌人夺回,原迁入人口大多逃散。羌人进而迁入金城、陇西二郡。

24 年　　更始二年

因避乱而居留会稽(治今江苏苏州市)的北方人颇多,但大多在乱后迁回。在南方其他地方避难的人同样如此。

25 年　　东汉光武帝建武元年

刘秀定都洛阳(今河南洛阳市东北),此后,包括关中在内的各地都有大量人口迁至洛阳。

窦融据有河西,拥兵自保,匈奴很少能侵入,安定、北地、上郡等地流民大批迁入,其中部分就此定居。

外迁的氐人重新汇集于今甘肃东南和四川北部一带。因与羌人杂居,故往往合称为氐羌。

29 年　　建武五年

匈奴扶植卢芳入塞,在九原县(今内蒙古包头市西北)建"都",占有汉朝的五原、朔方、云中、定襄和雁门五郡(约相当于今山西、陕西北部以北地),并出兵与卢芳一起侵扰汉朝的北边。

33 年　　建武九年

为躲避匈奴侵扰，迁雁门郡（治今山西左云县西）吏民于太原郡（治今山西太原市西南，辖境约有今山西中部吕梁山以东地）。

一度割据陇西的隗嚣曾利用羌人对付汉军，至此隗嚣覆灭，羌人则已遍布于凉州（今青海东部、甘肃大部和宁夏西部）各地，与汉人杂居。

34 年　　建武十年

撤销定襄郡（治今内蒙古和林格尔县西北），将该郡百姓迁至西河郡（治今山西吕梁市离石区）。

35 年　　建武十一年

夏，先零羌等被马援击败投降，被安置于天水、陇西和扶风三郡，首次大规模迁入关中。

朔方刺史部（辖境约相当今银川至壶口的黄河流域，北括阴山南北，南迄陕西宜川、甘肃宁县一线）被并入并州刺史部。

36 年　　建武十二年

将各郡弛刑徒迁至晋阳（今山西太原市西南）和广武（今山西代县西南）一带镇守，并实行屯田。

39 年　　建武十五年

迁雁门、代郡（治今河北蔚县东北）和上谷（治今河北怀来县东南）三郡全部官吏百姓 6 万余口至常山关（在今唐县西北太行山东麓倒马关）和居庸关（在今北京昌平区西北）以东。

41 年　　建武十七年

平原太守（治今山东平原县西南，辖境约相当于今山东德州、齐河、阳信间地）赵熹建议将当地"盗贼"余党数千人迁至京师近郡，光武帝批准安置于颍川（治今河南禹州市）、陈留（治今开封市祥符区东南）。

44 年　　建武二十年

撤销五原郡（治今内蒙古包头市西北），该郡吏民被迁至河东郡（治今山西夏县西北，辖境约有山西西南部）。此期间撤销或内迁的还有朔方、云中、北地三郡。

至此，汉朝的北界退至今北京西北、太行山中段、五台山、山西偏关、河曲一线，在此以北的居民大多已南迁。

46 年　　建武二十二年

乌桓趁匈奴内乱，击败匈奴，迫使匈奴"北徙数千里，漠南地空"，可能有一些乌桓人移居漠南。

48 年　　建武二十四年

南单于降汉，鲜卑也接受汉朝招抚，并接连进攻北匈奴，在此后数年间，部分鲜卑西迁，填补二部匈奴间空白区。

49 年　　建武二十五年

辽西乌桓大人郝旦等 9 000 余人到洛阳"诣阙朝贡"，其中一部分人"愿留宿卫"，被编入驻在洛阳一带的警卫部队。另有 81 人被封为侯王君长，安置在缘边塞内，乌桓居住范围扩大至今内蒙古河套地区和山西、河北的北部。汉于上谷宁城（今河北万全县）置护乌桓校尉，常住有一批乌桓人。另有乌桓人被编入汉朝军队。

匈奴南单于向汉朝称臣，入居云中郡。

50 年　　建武二十六年

将云中、五原、朔方、北地、定襄、雁门、上谷、代八郡吏民迁回原地，对分散在各地的边民也发遣回边县，并给予钱粮资助，但不少人留在内地。

为匈奴南单于在五原西部塞 80 里处（今内蒙古包头市西）建单于庭，不久南单于率部进入云中郡（今土默特旗一带），最终迁至西河郡美稷县（今准格尔旗西北），匈奴部族散居在汉朝西北缘边地区。原由南匈奴掠去的汉人大多回归。北单于也归还了多数掠走的汉人。

原被匈奴掠为奴隶的丁令、羌人和其他部族人逃亡到金城、武威、酒泉北黑水、西河东西，即今甘肃兰州一带黄河两岸、武威至民勤一带，河西走廊的黑河和党河流域,被称为"赀（匈奴语奴隶）房",到汉魏之际已有几万落。

58 年　　东汉明帝永平元年

窦固在西邯水（在今青海化隆县西）击败羌人首领滇吾，余众7 000投降，被安置在三辅（京兆尹、左冯翊、右扶风），羌人继续东迁。

59 年　　永平二年

北匈奴护于丘率千余人降。

61 年　　永平四年

太仆梁松被杀，弟梁竦、梁恭被迁九真（治今越南清化省清化西北）。此后，九真郡与日南郡（治今越南广治省甘露河与广治河合流处）、比景县（今越南广平省宋河下游高牢下村）成为获罪官员亲属、外戚的主要流放地。

62 年　　永平五年

发遣滞留内地的边民迁回原地，每人赐钱2万。

65 年　　永平八年

诏募各郡国在押死罪犯，减罪一等，迁往朔方、五原二郡的边县（今内蒙古乌加河沿岸至固阳县一带）屯垦。

66 年　　永平九年

诏郡国在押死罪犯减罪，与妻、子迁往朔方、五原。如迁移对象死亡，给予家属抚恤。

69 年　　永平十二年
　　拓跋鲜卑已迁入匈奴故地。

73 年　　永平十六年
　　窦固击败北匈奴，留兵屯伊吾卢城（今新疆哈密市）、楼兰（即鄯善，今新疆若羌县东米兰）、车师（今吐鲁番市西北）、戊己校尉驻地（高昌壁，今吐鲁番市东南），在伊吾卢置宜禾校尉屯田。诏令各郡国将在押死罪犯迁往朔方和敦煌，妻子自随。

74 年　　永平十七年
　　复置西域都护府和戊己校尉。
　　永平年间，来自天竺的佛教徒至洛阳传教。以后天竺和其他国的高僧不断东来。

76 年　　东汉章帝建初元年
　　因连年大旱，杨终上疏请求将因受广陵、楚、淮阳、济南诸王案件牵连迁往边疆和屯驻西域的人员放还，章帝同意"听不徙者，悉罢边屯"，撤销西域都护府和戊己校尉。

77 年　　建初二年
　　四月，诏"还坐楚、淮阳事徙者四百余家，令归本郡"。
　　南单于攻北匈奴于涿邪山（今蒙古阿尔泰山东南部），降者三四千人。

82 年　　建初七年
　　诏各地在押死罪犯减死一等，迁往边疆，妻子自随，违者以妨碍军需定罪。

83 年　　建初八年
　　北匈奴三木楼訾大人稽留斯等率 3.8 万人至五原塞降。

零陵和桂阳二郡"峤道"（今湖南与广东、广西间翻越南岭的山路）开通，成为主要交通线，但岭南与长江下游地区的联系仍以海路为主。

84 年　　元和元年

诏各郡国将在押死罪犯减死一等，迁往边疆县，妻、子自随，在当地入籍。

85 年　　元和二年

北匈奴大人车利、涿兵等共 73 批先后入塞投降，当年又有数千人降。鲜卑从此控制漠北匈奴旧地。10 余万落匈奴人迁至辽东，与鲜卑人杂居，成为以后宇文部的主要组成部。

87 年　　章和元年

夏四月，各郡国在押死罪犯减死迁往边县；秋，对在丙子年（76年）前犯下死罪而已在押的犯人和在逃未归案者，均减死迁往金城（治今甘肃永靖县西北，辖境约相当于今黄河以北的湟河流域）戍边，人数过万。

鲜卑从东部进攻北匈奴，北庭大乱，屈兰、储卑、胡都须等 58 部，口 20 万，胜兵 8 000 人，至云中、五原、朔方、北地降。

88 年　　章和二年

北匈奴蝗灾，降者不断。

89 年　　东汉和帝永元元年

汉将耿秉、窦宪及南单于出朔方，大破北匈奴，"首房"20 余万。

因已击败匈奴，下诏原被迁至塞外的犯人，包括刑期未满者，均可返回故乡。

90 年　　永元二年

汉军与南单于两路出击北匈奴，俘获数千人。南匈奴接连获得俘虏和归降人员,领户 3.4 万,口 23.73 万,胜兵 5.15 万。

91 年　　永元三年

复置西域都护府。驻龟兹它乾城(今新疆新和县西南大望库木旧城),戊己校尉驻高昌壁(今吐鲁番市东南)。

北单于被汉军击败后西迁,至乌孙西北的悦般国,数十年后又迁至康居(今中亚阿姆河流域)。3 世纪后期统治了今阿姆河、锡尔河间泽拉夫善河流域的粟特国,4 世纪中叶后侵入位于西亚和黑海北岸的阿兰,4 世纪 70 年代进入欧洲。

94 年　　永元六年

新降北匈奴 15 部 20 余万人拥立逢侯为单于,发动叛乱,出朔方逃往漠北。在追击中,汉军前后杀 1.7 万人,俘虏万余人,其余都随之出塞。逢侯在塞外分为左、右两部。

96 年　　永元八年

在押死罪犯减死一等,迁往敦煌郡(治今甘肃敦煌市西)戍边。

冬,匈奴逢侯左部还朔方投降,共有胜兵 4 000 人,弱小万余口,分散安置在北部边郡。南单于部下乌居战率数千人叛出塞,被汉军击败收降,于是将乌居战部下和其他归降者共 2 万余人安置在安定、北地二郡(今宁夏大部和甘肃东部)。逢侯部下也陆续有人入塞投降。

100 年　　永元十二年

南单于从逢侯部下收回生口前后数以千计。

101 年　　永元十三年

迷唐羌被击破,降人 6 000 余被迁至汉阳(原天水郡)、安定和陇西境内。至此,羌人在西北各地分布已很广。

102 年　　永元十四年

修缮西海郡(今青海海晏县),迁金城西部都尉(原驻龙支城,今民和县东南)驻守。

107 年　　东汉安帝永初元年

羌人全面反抗,汉军大败。弃西域,迁凉州民于三辅。

108 年　　永初二年

羌人向东攻至赵、魏(今河南北部和河北中南部),向南攻入汉中(今陕西南部汉中盆地)。

110 年　　永初四年

金城郡治从允吾(今甘肃永靖县西北)迁至襄武(今陇西县西南)。

下诏:自建初以来,因"妖言"及其他罪行而迁往边地者,各归本郡。

111 年　　永初五年

羌人攻至河东(今山西西南部)和河内(今河南北部)。陇西郡从狄道(今甘肃临洮县)迁治襄武(今陇西县东南),安定郡从临泾(今镇原县西南)迁治美阳(今陕西武功县西北),北地郡从富平(今宁夏吴忠市西北)迁治池阳(今陕西泾阳县西北),上郡从肤施(今榆林市东南)迁治衙县(今黄龙县西南),居民随之内迁,损失惨重。羌人进一步内迁。因"羌乱"波及三辅,本地人也外出避难。如窦融之后窦章迁居于陈留郡外黄县(今河南民权县西北),以后未再返回。

117 年　　元初四年

逢侯被鲜卑所破,部众归入鲜卑。

118 年　　元初五年

逢侯将百余骑至朔方投降,被安置在颍川郡(今河南中部)。

"羌乱"基本平息,羌人大多在凉州境内定居,少数迁回塞外(今甘肃西南、青海中西部),或被迁至河西走廊。

120 年　　永宁元年

罗马帝国杂技演员由海路抵今缅甸,再由陆路入汉朝,至洛阳。

122 年　　延光元年

冬,鲜卑侵入雁门、定襄二郡(今山西西北部与相邻的内蒙古地),攻至太原郡(治今山西太原市西南),掠杀百姓。此后鲜卑不断在边郡掳掠人口。

123 年　　延光二年

设西域长史府,屯柳中(今新疆鄯善县西南)。

124 年　　延光三年

在押死罪犯减死一等,迁往敦煌、陇西(治今甘肃临洮县)及度辽营(驻五原郡曼柏,今内蒙古达拉特旗东南)。

129 年　　东汉顺帝永建四年

安定、北地、上郡迁回原地,令内迁人口迁回,但仍有部分人留居关中。

130 年　　永建五年

在押死罪犯减死一等,迁往北地、上郡、安定戍边。

131 年　　永建六年

复在伊吾卢屯田。

136 年　　永和元年

羌人反抗规模扩大,攻至关中,安定、北地二郡迁至关中的扶风、冯翊二郡内。

140 年　　永和五年

南匈奴内乱。秋，叛乱者又"东引乌桓，西收羌戎及诸胡等数万人"，寇掠并、凉、冀、幽四州。汉朝无力镇压，西河、上郡、朔方三郡内迁，上郡迁治夏阳（今陕西韩城市西南），西河迁治离石（今山西吕梁市离石区），朔方迁治五原（今内蒙古包头市西北），吏民随之迁移。原在边区的匈奴人进一步南下，并渡过黄河进入今山西汾河流域。

141 年　　永和六年

巩唐羌攻至三辅，安定和北地二郡迁至关中的扶风和冯翊，吏民随之内迁。

145 年　　东汉冲帝永嘉元年

"羌乱"平息，大批羌人因降俘而被迁至各地。

146 年　　东汉质帝本初元年

洛阳的太学规模逐渐扩大，至此已有诸生 3 万余人。太学生和各地来京游学者中有不少人定居洛阳。

147 年　　东汉桓帝建和元年

全国死罪犯减死一等，迁往戍边。

桓帝初，来自安息的高僧安清至洛阳，从事译经和传教。

149 年　　建和三年

下诏：自永建元年至今，因"妖恶、支亲从坐"及吏民减死徙边者，除"没入者"外，悉归本郡。

154 年　　永兴二年

全国死罪犯减死一等，迁往戍边。

156 年　　　永寿二年

鲜卑首领檀石槐建庭于弹汗山（在今内蒙古商都县附近），尽据匈奴故地，"东西万二千里，南北七千余里"，分鲜卑为东、中、西三部。

159 年　　　延熹二年

鲜卑攻入雁门，大抄略而去。

166 年　　　延熹九年

鲜卑数万骑侵扰缘边九郡，杀掠吏民。

170 年　　　东汉灵帝建宁三年

段颎镇压羌人获胜回师时，将秦胡步骑 5 万余骑、生口万余人带至洛阳，其中一些人被安置在洛阳一带。

灵帝时，幽、并、凉三州缘边诸郡每年都受鲜卑侵扰，"杀略不可胜数"，大批汉人被掠往鲜卑地区。

2 世纪中叶贵霜帝国（大月氏）战乱不绝，大批难民东迁西域诸国，一部分迁至敦煌。灵帝时月氏人支法度率国人数百人至洛阳，被封为率善中郎将。一些康居（粟特）人也在此前后迁入中原。

185 年　　　东汉灵帝中平二年

黄巾起义后，关中人大批外迁，"南出武关（在今陕西商南县西南），北徙壶关（在今山西长治市上党区东南）"。

187 年　　　中平四年

南匈奴又发生内乱，国人杀了单于羌渠，另立须卜骨都侯为单于。羌渠之子於扶罗去朝廷控告，正逢灵帝死后京城大乱，无人受理，于是就在河内、太原诸郡（今河南北部和山西中部）寇掠。因不为国人所接受，遂率数千部众滞留在平阳（今山西临汾市西南）一带。匈奴人继续迁入河东。

190 年　　东汉献帝初平元年

董卓强行迁都长安,将洛阳及其周围数百万人口西迁,途中造成大量死亡,到达长安的人口仅数十万。洛阳城破坏殆尽,完全荒废。

月氏人支谦与乡人数十由洛阳迁吴(今江苏苏州市),康居人释昙谛迁往吴兴(今浙江湖州市一带)。安息高僧安清迁往江南。

青徐二州(约相当于今山东大部和江苏北部)有百余万人逃往刘虞所辖的今河北北部、北京市和辽宁西部。今山东西部和河南人口则南迁至今湖北荆州市荆州区一带投奔荆州牧刘表。

192 年　　初平三年

董卓被杀,董氏余党李傕、郭汜攻入长安,以后又相互攻击,造成大量死亡和外逃,以至关中"无复人迹"。数十万人东迁至今江苏徐州一带投奔徐州刺史陶谦,数万户进入四川投奔益州牧刘焉,一部分人南出武关,经南阳,迁入荆州。

孙策渡长江南下,经营江东,江淮间不少人随之南迁。

冬,曹操收黄巾降卒 30 万,以其精锐编为青州兵,随其征战。

193 年　　初平四年

投奔陶谦的难民大部分被曹操屠杀。

197 年　　建安二年

曹操在许昌(今河南许昌市东)屯田。

199 年　　建安四年

孙策俘获袁术留下的百工及鼓吹、部曲 3 万余人,迁至吴(今江苏苏州市)。

204 年　　建安九年

曹操攻下袁氏所据阴安(今河南南乐县西南),迁其民于河南(今河南中部)。

205 年　　建安十年

曹操收"黑山贼"降人 10 余万。

207 年　　建安十二年

东汉末,乌桓趁中原大乱,招引或掠夺了 20 余万户汉民。曹操出征,在柳城(今辽宁朝阳市)斩其首领蹋顿,得降人 20 余万。乌桓在幽、并二州余众万余落被内迁,或被编入军队,或分散至中原各地。留在塞外的乌桓人大多被鲜卑所吸收,其余仍陆续内迁。

208 年　　建安十三年

曹操一度得荆州,赤壁败后北归,流入荆州难民大多北归,返回关中的即有数万人,部分被迁至邺(今河北临漳县西南)。

211 年　　建安十六年

马超、韩遂等部在关中起兵反曹操,旋败,数万户关中人由子午谷(今西安市东南越秦岭至安康县境的道路)逃入汉中,由张鲁收容。

随同起兵的氐人数万人被安置于关中盆地的扶风、美阳,未参与反抗的氐人被迁至广魏郡(治今甘肃天水市麦积区东北)。

213 年　　建安十八年

曹操与孙权相持不下后北归,欲将沿江郡县内迁,江淮间 10 余万户渡江迁入吴国。

梁习自建安十一年任并州刺史至此年,前后将数万匈奴等族人口迁至邺。

214 年　　建安十九年

刘备据有益州,随迁入蜀的人员主要来自刘备原籍和曾经活动过的地方(今河北、河南)以及曾驻扎过的南阳、荆州。

215年　建安二十年

曹操进兵汉中,张鲁降,汉中民数万户又被迁到长安、三辅。据称,自愿迁入洛阳和邺的有8万人。被安置在阳平、顿丘二郡(今河南濮阳、内黄、南乐以东及范县,山东冠、莘等县)的移民,至西晋太康初已有五六千家。

216年　建安二十一年

呼厨泉单于从平阳至邺(今河北临漳县西南)朝见曹操,被留在邺。曹操另遣右贤王去卑回平阳,同时将在河东的匈奴部众编为五部:左部都尉统1万余落居太原郡原兹氏县(治今山西汾阳市),右部都尉统6 000余落居祁县(今祁县东南),南部都尉统3 000余落居蒲子(今隰县),北部都尉统4 000余落居于新兴(郡,治今忻州市),中部都尉统6 000余落居于大陵(今文水县东北)。又在并州刺史治所晋阳(今太原市西南)驻匈奴中郎将,监护五部,故匈奴上层人士多居于晋阳。在此前后,大量匈奴人和"胡人"被迁往中原其他地方,或被卖至各地为奴隶。

219年　建安二十四年

曹操自汉中退兵时,来自北方的难民大多被迁回,并迁武都氐人5万余落于扶风、天水,其中定居于京兆、扶风、天水的有万余户,而以小槐里(今陕西武功县东)一带最为集中。自巴郡宕渠迁来的一支氐人被安置在略阳郡(治今甘肃天水市麦积区东北)。

220年　东汉献帝延康元年　魏文帝黄初元年

武都氐王杨仆率部众迁至汉阳郡(治今甘肃甘谷县东)。

221年　魏黄初二年

魏定都洛阳后,大量移民迁入,已在邺定居的数万户也迁至洛阳。此后几年间,将冀州(今河北中部)5万户迁至洛阳一带,又向睢阳(今河南商丘市南)移民。

鲜卑轲比能将在鲜卑的500余家中原人安置于代郡(治今山西阳高县)。

222 年　　魏黄初三年

轲比能将在鲜卑的千余家中原人安置于上谷(治今河北怀来县东南)。

223 年　　魏黄初四年　蜀后主建兴元年

诸葛亮拔西县(今甘肃天水市秦州区西南)千余家还汉中,其中有不少羌、氐人。

225 年　　蜀后主建兴三年

诸葛亮平南中后,将劲座、青羌万余家迁至蜀地,征入军队。

227 年　　魏明帝太和元年

司马懿攻灭新城太守(治今湖北房县)孟达,俘获万余人至宛县(今河南南阳市宛城区),又将孟达余众7 000余家迁至幽州(治今北京市)。

230 年　　吴大帝黄龙二年

孙权遣卫温、诸葛直率甲士万人,航海寻找夷洲、亶洲。

231 年　　吴黄龙三年

卫温、诸葛直从夷洲(台湾岛)掠回数千人。

234 年　　吴大帝嘉禾三年

丹阳太守诸葛恪进剿山越(在今苏、浙、皖三省交界山区),至嘉禾六年获4万余人,编入军队往各地。贺齐在闽赣交界山区迁出万余越人,张承在湘西山区获得"山寇"1.5万人,均编入军队。原山越聚居区普遍设置郡县,汉人大量迁入。

235 年　　魏明帝青龙三年
鲜卑首领柯比能被魏暗杀,鲜卑又分为数部。

240 年　　魏齐王正始元年　蜀后主延熙三年
郭淮从魏蜀边境迁 3 000 余落氐人至关中。

246 年　　魏正始七年
魏幽州刺史毌丘俭伐高句丽,克其都城丸都(今吉林集安市),"诸所诛纳八千余口"。在此前,毌丘俭曾出兵高句丽,"斩获首虏以千数"。高句丽人数百落被迁至荥阳(今河南荥阳市东北),后子孙繁衍。

247 年　　吴大帝赤乌十年
康僧会至建康(今江苏南京市)。其祖康居人,世居天竺(印度),其父因商贾迁于交趾(今越南北部)。

254 年　　魏高贵乡公正元元年　蜀延熙十七年
姜维迁魏河关(今青海贵德县西南一带)、狄道(今甘肃临洮县)和临洮(今岷县)三县民于绵竹(今四川德阳市北)和繁县(今成都市新都区新繁镇)。

255 年　　魏正元二年　吴会稽王五凤二年
魏扬州刺史毌丘俭与文钦等起兵讨司马氏,失败后,淮南有数万人渡江南迁至吴国境内。

258 年　　魏高贵乡公甘露三年
拓跋鲜卑部从五原(今内蒙古包头市西北)迁至盛乐(今和林格尔县北)。

264 年　　魏元帝咸熙元年　蜀炎兴元年
蜀亡,后主、大臣、居民共 3 万户被迁至洛阳、河东及北方其他地方。劝募蜀人内迁,给予救济 2 年、免除赋役 20 年的优惠。

266 年　　晋武帝泰始元年

泰始初,乞伏祐邻率鲜卑 5 000 余户迁至夏缘(确地无考,约在今宁夏北部或相邻的内蒙古境内),后合并其他部族,居高平川(今宁夏境内黄河支流清水河旁),至其曾孙述延迁居苑川(今甘肃榆中县东北)。

277 年　　晋咸宁三年

司马骏在关中镇压羌族树机能的反抗获胜,树机能等所领 20 部降,安定(今甘肃平凉、崇信、镇原、宁县间地和宁夏西吉、固原以南地)、北地(今陕西铜川至富平一带)、金城(今甘肃、青海二省黄河、湟水、庄浪河相会一带数县)诸胡 20 余万口来降,大量羌、氐、胡人移居关中。

280 年　　晋咸宁六年、太康元年　　吴末帝天纪四年

吴亡,吴主及其宗族、大臣和有关官员均被迁洛阳,大臣家属、子孙大多迁至原吴国以北地区。

285 年　　晋太康六年

鲜卑首领慕容廆破夫余国,驱万余口而归。此后慕容廆仍不断掠夺夫余人卖至中原,为此晋武帝曾下诏司、冀二州(约相当于今河北中部和南部、河南西北部和山西西南部)禁止买卖夫余人口。

289 年　　晋太康十年

晋鲜卑都督、鲜卑首领慕容廆迁至徒河青山(今辽宁义县东)。此前,慕容廆每年从昌黎郡(治今义县)掠夺人口,所辖汉族人口不断增加。

慕容廆庶兄吐谷浑在西晋初率部众 700 户西迁,经阴山、陇西,沿途吸收其他民族,最终在今青海形成新的民族吐谷浑。

294 年　　晋惠帝元康四年

慕容廆迁至棘城(今辽宁义县西北),实际据有昌黎郡,隔断了辽东等郡与中原的陆路联系。

295 年　　元康五年

拓跋鲜卑首领禄官(295—308 年在位)分部众为三部:一部在上谷以北、濡源西(今河北丰宁县西),一部在代郡的参合陂(今山西大同市西)之北,一部居盛乐,号称拥有"控弦骑士四十万",控制范围向南扩大至今山西境内桑干河一线。另有白部鲜卑居于并州北部(今山西北部)。

296 年　　元康六年

聚居于略阳郡清水县(今甘肃清水县西北)的氐族首领杨茂搜率部落 4 000 家迁回仇池(今西和县西南),关中人随迁者颇多。

297 年　　元康七年

雍、秦、关中大旱,饥疫,汉、氐各族迁入关中,关中人开始外迁。

298 年　　元康八年

关中连年旱,饥荒,数万家百姓迁入汉中。流人要求"寄食巴蜀",朝廷派去劝阻的官员接受流民贿赂,建议同意流民入蜀就食,巴氏首领李特率流民入蜀。由中原派驻蜀地的军人也因战乱而居留。迁至南阳(今河南南阳盆地一带)的雍州流民有近 10 万。

301 年　　永康二年、永宁元年

朝廷令秦、雍州,"凡流人入汉川者,皆下所在召还"。新任益州刺史罗尚派官吏催逼,限七月动身,李特等多次请求将行期推迟至秋收以后。流民"人人愁怨,不知所为",纷纷聚集到绵竹李特所设大营。李特击败官兵袭击。天水、略阳、扶风、始平、武都、阴平六郡流人推李特为首,起兵自立。

"八王之乱"使洛阳、长安、今河南和相邻的河北、陕西、山东、山西部分地区沦为战场,大量人口逃亡。聚集在荆州(治今湖北荆州市荆州区)的流人有 10 余万户,部分来自中原,部分系由巴蜀而来。

张轨为控制河西,出任护羌校尉、凉州刺史(治姑臧,今甘肃武威市)。位居宰辅的王衍使其弟王澄和族弟王敦分别任青州刺史(治临淄,今山东淄博市东北)和荆州刺史,以为"万全之计"。类似的避乱者多数选择迁往南方。

303 年　　晋太安二年　成(汉)建初元年

李特称益州牧。

并州饥荒,刺史司马腾将大批胡人卖往冀州(治今河北高邑县西南),不少羯人流入(太行)山东。

304 年　　晋永安元年、建武元年、永兴元年　成(汉)建兴元年　汉
　　　　　(前赵)元熙元年

李雄(李特之子)攻占成都,称成都王。李雄攻下南郑(今陕西汉中市东),尽迁汉中人于蜀。攻陷晋南夷校尉所驻宁州(今云南昆明市晋宁区东北),迁城中妇女千口于成都。

匈奴首领刘渊在离石(今山西吕梁市离石区)起兵反晋,建国号汉。并州(辖境约相当今山西省中、北部)属县纷纷陷落,加上连年饥荒,百姓外流不绝。

306 年　　晋永兴三年、光熙元年　成(汉)晏平元年

李雄称帝,国号成。至此,秦雍流人基本都在成汉境内定居,人数估计在 10 万以上。与此同时,一部分蜀人或由江阳(今四川泸州市)沿长江向东逃亡,或向南逃往益州南部和宁州各郡(约相当于今云南、贵州的大部和四川长江以南部分)。

并州刺史司马腾由晋阳(今山西太原市西南)移镇于邺(今河北临漳县西南),并州吏民万余人随之南下冀州就食,号称"乞活";余户不满 2 万。自行分散逃亡的百姓估计数量更多。

307年　　晋怀帝永嘉元年

宗室琅邪王司马睿在王导策划下,谋得安东将军、都督扬州诸军事之职,出镇建邺(后避愍帝讳改建康,今江苏南京市),逐渐成为南方的政治中心和北方士大夫投奔的目标。

永嘉初,辽东郡(治今辽宁辽阳市)境内连年战乱,大批百姓迁至慕容廆控制区。

308年　　晋永嘉二年　汉(前赵)元熙五年、永凤元年

汉刘渊军攻下了平阳(今山西临汾市西南)一带,迁都平阳。

309年　　晋永嘉三年　汉(前赵)河瑞元年

春,汉军进抵黎阳(今河南浚县东北),晋军在延津(今汲县东北)大败,死3万人。

空前大旱,长江、汉水、黄河、洛水都一度断流,可涉水过河。

秋,汉刘聪攻下壶关(壶口,今山西长治市上党区东南)后越太行山南下,围浚仪(今河南开封市),晋军战败,退保洛阳,汉军两次攻洛阳不克。

310年　　晋永嘉四年　汉(前赵)河瑞二年、光兴元年

晋下令在南阳的流民迁回故乡,激起流民起兵反抗,一度声势浩大,但几年后或死或降,留下流民数量有限。

蜀人李骧在乐乡(今湖北松滋市东北)起兵,被荆州刺史王澄诱骗镇压。以成都流人杜弢为首,四五万流人群起暴动,波及今湖北、湖南,延续多年。

石勒军进入黄河以南,一度占领南阳郡治宛县(今河南南阳市宛城区),并攻下襄阳(今湖北襄阳市)。

在大旱后,北方幽、并、司、冀、秦、雍等六州爆发严重蝗灾,"食草木、牛马毛,皆尽"。洛阳已孤立无援,饥荒严重。

原居住在今山西北部的铁弗匈奴被刘琨与拓跋鲜卑猗卢部击败,余众迁至朔方肆卢川(今山西原平市、忻州市一带),不久又迁至今内蒙古河套一带。猗卢被封为代公,并强行将辖地向南扩展到今山西代县、朔州市和繁峙县一带,刘琨将马邑、阴馆、楼烦、繁、崞5县民迁于陉南,另建城邑安置。

十一月,晋东海王越以讨石勒为名率4万甲士离洛阳至许昌(今河南许昌市东),并将朝廷日常机构全部带走。

自永嘉二年至此,晋朝在北方的统治已无法维持,文武官员、士人、百姓除已被汉政权和石勒等军控制者外,或依附各地实力将领武装自保,或逃往周边和险僻地方,而大部分迁往南方。

311年　　晋永嘉五年　汉(前赵)嘉平元年

三月,晋东海王越病死于项县(今河南沈丘县),大臣王公贵族与军民数十万人东奔,在苦县宁平城(今鹿邑县西南)被石勒军追及,死者10余万。东海王余众逃离洛阳,城中百姓纷纷相随,至洧仓(今鄢陵县西北)被石勒击败,东海王世子毗及宗室48王均被俘。两次大逃亡的幸存者纷纷南迁。

六月,汉将刘曜等攻占洛阳,士民3万余被杀,怀帝被俘。

八月,汉军又攻下长安,"遗人四千余家奔汉中"。

司马睿被晋朝在北方的残余势力推为盟主,更加强了对北方流民的号召力,洛阳陷落后,"中州士女避乱江左者十六七"。

中原难民大量迁入河西,张轨分武威郡置武兴郡,以安置移民。

北方流民大量迁入慕容鲜卑境内,慕容廆为冀州人置冀阳郡,豫州(或为司州)人置成周郡,青州人置营丘郡,并州人置唐国郡。

312年　　晋永嘉六年　汉(前赵)嘉平二年

张轨子张寔在西平(治今青海西宁市西)一带平息鞠儒等的反抗,将其部众600余家迁走。

晋鞠特等围长安,刘曜战败,驱掠士女8万余口退平阳;又攻陷晋傅祗所据三渚(今河南孟州市南),迁其2万余户于平阳县,掠晋阳(今山西太原市西南)百姓归平阳。

辽西的司、冀、并、兖州流民有数万户,石勒派人驻易京(今河北雄县西南)招引,每年常可招得数千人。

314 年　　晋愍帝建兴二年　汉(前赵)嘉平四年

石勒袭杀王浚后,迁乌丸审广、渐裳、郝袭、靳市等于襄国(今河北邢台市)。破茌平(今山东茌平县西南)、东燕(今河南延津县东北)、酸枣(今延津县西南),迁降人 2 万余户于襄国。又徙平原(今山东平原县西南)乌丸展广、刘哆等部落 3 万余户和东武阳(今莘县西南)宁黑之众万余于襄国。

315 年　　晋建兴三年

晋封猗卢为代王,猗卢以平城(今山西大同市东北)为南都。

316 年　　晋建兴四年　汉(前赵)建元二年、麟嘉元年

平阳一带大蝗,饥荒,20 万户投奔石勒所辖冀州。另有 3 万余骑投奔晋将赵固、郭默,其中万余人被追杀,其余被带归晋境。

代王猗卢被杀,内乱,将军卫雄等率晋人及乌桓 3 万家归刘琨,刘琨率数百人至平城抚纳。

317 年　　东晋元帝建武元年

七月,大旱,司、冀、并、青、雍州大蝗。

318 年　　晋建武二年、大兴元年　汉(前赵)麟嘉三年、汉昌元年、光初元年

冀、青、徐州蝗灾。连年灾害更驱使百姓继续南迁。

汉主刘粲被杀,平阳士女 1.5 万投奔在关中的刘曜。石勒攻平阳,迁杂户 6 000、巴帅及诸羌羯降者 10 余万落于司州诸县(今河北中部、河南东北部)。

汉主刘曜改国号为赵,定都长安。

319 年　　东晋大兴二年

石勒(羯人)称赵王(后赵),都襄国(今河北邢台市),羯人逐渐聚居于襄国。石勒迁陈川部众 5 000 余户于广宗(今威县东)。

320年　　东晋大兴三年　前赵光初三年

七月,东晋以从琅邪国(都开阳,今山东临沂市北,辖境约相当周围数县)迁来的近千户在其侨居地建康置怀德县。为侨州郡县设置之始。

一度据有秦州的南阳王世子司马保病死,部众万余人散奔河西凉州。

汉(前赵)迁氐羌部落20余万口于长安。

321年　　东晋大兴四年

晋诏免中州良人遭难为扬州诸郡僮客(奴婢)者,以供征役。

后赵石虎破晋幽州刺史、鲜卑首领段匹磾,迁其民数万家于今河北中部。

322年　　东晋永昌元年　前赵光初五年

晋大臣刘隗携家属亲信200余人北投石勒。

前赵迁陇西氐羌万余户于长安。

323年　　东晋明帝太宁元年　前赵光初六年

前赵迁秦州(治今甘肃天水市秦州区)大姓杨、姜等族2 000余户于长安。

325年　　东晋太宁三年　前赵光初八年

后赵石虎在洛阳西击败前赵军,俘获氐羌3 000余人,送往襄国。

后赵军接连向晋在北方的残余势力发动进攻,晋淮北诸将或降或逃,司、豫、徐、兖四州完全沦陷,晋朝的北界退至淮河一线。淮北的居民渡淮南迁,原迁至淮北避乱的北方难民又继续南迁,为安置这些流民,在钟离县(今安徽凤阳县东北临淮关)侨立徐州。

慕容廆攻下宇文鲜卑部(在今老哈河流域和滦河上游),将当地数万户迁回。

326 年　　东晋成帝咸和元年

石勒继续南侵，先后攻汝南（治今河南息县）、寿春（今安徽寿县）、逡遒（今肥东县东）、阜陵（今和县西）、邾（今湖北黄冈市黄州区西北）、下邳（今江苏睢宁县西北）、兰陵石城（今山东苍山县境）等地，引起建康大震。

前凉张骏使将军宋辑、魏纂领兵将陇西和南安（约相当今甘肃定西、陇西、武山、岷县等以西地）居民2000余家迁至姑臧。

327 年　　咸和二年

苏峻、祖约反，晋谯国内史桓宣将数千家迁至武昌（今湖北鄂州市）。

328 年　　东晋咸和三年　前赵光初十一年　后赵太和元年

苏峻由历阳（今安徽和县）渡江，攻入建康。后赵军渡淮攻寿春（今寿县），祖约溃逃历阳，寿春2万余户百姓被掳掠北迁。在此前后渡江南迁的百姓很多。

前赵袭击仇池，掠回3000余户。

代国翳槐（烈帝）向石勒求和，遣什翼犍至襄国为质，随同者5000余家。

329 年　　东晋咸和四年　前赵光初十二年　后赵太和二年

苏峻之乱平息，祖约从历阳出逃，降于后赵。

晋将在淮南的流民迁至晋陵郡（治丹徒，今江苏镇江市京口区）诸县。

后赵灭前赵，将其台省文武、关东流人、秦雍大族9000余人迁至襄国，徙氐羌15万落于司州、冀州（今河北中部）。

330 年　　东晋咸和五年　后赵太和三年、建平元年

后赵迁秦州（治今甘肃天水市秦州区）夷豪5000余户于雍州（治今陕西西安市西北）。

332 年　　咸和七年

桓宣收复襄阳（今湖北襄阳市），朝廷以其所率淮南部曲立义成郡。

333 年　　东晋咸和八年　　后赵建平四年

后赵石虎迁雍、秦州华戎 10 余万户于关东。南安赤亭（今甘肃陇西县东南）羌人首领姚弋仲率众数万迁至清河（今山东临清市东南）。略阳临渭（今甘肃天水市秦州区东北）氐族首领蒲（苻）洪率众东迁后驻于枋头（今河南浚县西南），而本人入籍邺城。

334 年　　东晋咸和九年　　后赵延熙元年

石虎迁秦州 3 万余户于青（治今山东青州市）、并（治今山西太原市西南）二州诸郡。

慕容皝克襄平（今辽宁辽阳市），迁辽东大姓于棘城，并设和阳、武次、西乐三县加以安置。

335 年　　东晋咸康元年　　后赵建武元年

后赵迁都于邺（今河北临漳县西南）。

336 年　　东晋咸康二年　　后赵建武二年

索头郁鞠率众 3 万降于后赵，部众被散迁于冀、青等六州。

338 年　　东晋咸康四年　　后赵建武四年

后赵与前燕联合进攻辽西段部鲜卑，后赵迁其户 2 万余于雍、司（治今河北邢台市）、兖（治今山东鄄城县北）、豫（治今河南许昌市东南）4 州之地，慕容皝将以令支（今河北迁安市西）为中心的段部鲜卑的部众全部迁回。

339 年　　东晋咸康五年　　后赵建武五年

后赵攻晋荆、扬北部，掠回人口号称 7 万余户，实际估计有 10 余万,迁至幽州、冀州(今河北大部)。

340 年　　东晋咸康六年　后赵建武六年

后赵迁辽西(治今河北卢龙县东南)、北平(治今河北遵化市东)、渔阳(治今北京市密云区西南)万户于兖、豫、雍、洛(治今河南洛阳市东北)四州之地。慕容皝袭击后赵的冀州北部,进入蓟城(今北京市西南)和高阳(今河北高阳县东)一带,将幽、冀二州的 3 万余户迁回。

341 年　　咸康七年

前燕慕容皝迁都于龙城(今辽宁朝阳市)。

342 年　　东晋咸康八年　后赵建武八年

前燕攻高句丽,入丸都城(今吉林集安市),掠回男女 5 万余口,其中有不少是历年被掠的汉族流人。

前燕击败宇文鲜卑部,迁其 5 万余落于昌黎。

后赵主石虎在邺、长安、洛阳大修宫室,征发 40 余万人。

343 年　　东晋咸康九年　成(汉)汉兴六年

成汉主李寿(338—343 年在位)时曾将旁郡三丁以上的户迁入成都。

344 年　　东晋康帝建元二年　成(汉)李势太和元年

李势(344—347 年在位)时,獠人 10 余万落出现于巴西、渠川、广汉、阳安、资中等县,北至犍为、梓潼。

345 年　　东晋穆帝永和元年　后赵建武十一年

后赵征发诸州 26 万人修洛阳宫。

347 年　　东晋永和三年　成(汉)嘉宁二年　后赵建武十三年　前凉建兴三十五年

桓温进军成都,李势降,成汉亡。蜀人多东迁,獠人分布更广。

前凉将宋泰率2万户降于后赵。后赵攻占前凉武街(今甘肃临洮县东),徙7 000余户于雍州。

前燕袭夫余,掳还其王及部众5万余口。罢成周、冀阳、营丘等郡。以勃海人为兴集县,河间人为宁集县,广平、魏郡人为兴平县,东莱、北海人为育黎县,吴人为吴县,悉隶燕国。

349年　　东晋永和五年　后赵太宁元年

后赵主石虎死,国内大乱,大臣和"诸分侯、卿、校、龙腾等万余人"自邺奔襄国。

晋军进据寿春、下邳、彭城(今江苏徐州市),"北方士民降附者日以千计"。但北伐晋军在代陂(今山东滕州市东)大败,退回广陵(今扬州市西北)。

河北大乱,20余万百姓渡过黄河准备投奔晋朝,晋军突然败退,毫无接应,难民"死亡略尽",能南迁者不多。

350年　　永和六年

被后赵强制迁移的青、雍、幽、荆各州和氐、羌、胡、蛮各族移民数百万各还本土,互相杀掠,加上饥荒疾疫而死,能回乡的"十有一二"。秦雍流民自行西还,至枋头(今河南浚县西南),推蒲洪为主。一些北方人迁入江淮、江南。秦雍和关中流民大量南迁汉中,或继续南下入蜀,或沿汉水而下,迁至襄阳(今湖北襄阳市)一带。

晋庐江太守袁真袭取合肥(今市),迁其百姓而还。

前燕军南下攻克蓟(今北京市城区西南),前燕迁都于蓟。

353年　　永和九年

羌人姚襄袭击晋殷浩的北伐军后,占据淮南,屯盱眙(今江苏盱眙县东北),招掠流人,众至7万,分置守宰,劝课农桑。

354年　　永和十年

五月,晋江西流民郭敞等执驻于堂邑(今江苏南京市六合区北)的陈留内史刘仕,投姚襄。

晋桓温自关中撤军,迁关中3 000余户而归。

356年　　东晋永和十二年　前燕元玺五年

八月,姚襄被桓温击败,只剩下数千骑奔洛阳北山,5 000余百姓连夜投奔,至阳乡时又有4 000户投奔。

桓温与姚襄战于伊水,迁其众3 000余家于江汉间。

前燕慕容恪围攻段龛于广固(今山东青州市西北),迁胡羯3 000余户于蓟。

自永和六年以来,晋朝边将经常将北方灾民、饥民作为俘虏掠回江南,不少人被作为奴隶买卖。

357年　　东晋升平元年　前燕光寿元年　前秦永兴元年

前燕自蓟迁都于邺(今河北临漳县西南)。

前秦张平叛于并州(治今山西太原市西南),苻坚讨平之,迁其所部3 000余户于长安。

363年　　东晋哀帝兴宁元年　代建国二十六年

代攻高车,万余高车人被从蒙古高原北部迁至阴山南北。

364年　　东晋兴宁二年　前燕建熙五年

前燕攻占许昌、悬瓠、陈郡,从汝南等郡(今河南东南和安徽西北淮河以北一带)迁万余户于幽州、冀州。

365年　　东晋哀帝兴宁三年　前秦建元元年

匈奴右贤王曹毂等叛,苻坚于同官川(今陕西铜川市一带)杀其4 000人,迁其酋豪6 000余户于长安。

366年　　东晋废帝太和元年　前秦建元二年

前秦将王猛等攻南乡(治今湖北丹江口市东南)等郡,掠回万余户。

370 年　　东晋太和五年　前秦建元六年

前秦灭前燕,燕主慕容暐及其王公以下并鲜卑 4 万余户被迁至长安。

371 年　　东晋太和六年、简文帝咸安元年　前秦建元七年

前秦迁关东豪杰和杂夷 15 万户至关中,命乌桓居冯翊(治今陕西大荔县)、北地(治今铜川市耀州区),丁零翟斌居新安(今河南渑池县东),迁陈留(治今开封市祥符区东南)、东阿(今山东阳谷县东北)万户于青州(治今青州市),但允许其中因乱流移及避仇远徙者返回故乡。攻占仇池,迁其居民于关中。

苻坚曾迁晋人李详等数千户于敷陆(今陕西洛川县东南),确年不详。

376 年　　东晋孝武帝太元元年　前秦建元十二年　前凉升平二十年　代建国三十九年

前秦灭前凉,凉主张天锡等被迁至长安,凉州豪右 7 000 余家被迁至关中。

前秦灭代,苻坚将拓跋鲜卑的大部留在"汉部边故地",仅有少数代国宗室等被迁至长安,个别人被迁至蜀。

379 年　　东晋太元四年　前秦建元十五年

前秦攻占襄阳,掠回万余户,后与"中州之人有田畴不辟者" 7 000 余户一起被迁至敦煌。

380 年　　东晋太元五年　前秦建元十六年

苻坚分三原、九嵕、武都、汧、雍 15 万户于诸方要镇:苻丕镇邺(今河北临漳县西南),配四帅子弟 3 000 户;石越为平州刺史,镇龙城(今辽宁朝阳市);韩胤为护赤沙中郎将,驻平城(今山西大同市);梁谠为幽州刺史,镇蓟城(今北京市);毛兴为河州刺史,镇枹罕(今甘肃临夏县东北),配支户3 000;王腾为并州刺史,镇晋阳(今山西太原市西南),配支户3 000;苻晖为豫州牧,镇洛阳(今河南洛阳市东北);苻叡为雍州刺史,镇蒲坂(今山西永济市西蒲州)。迁移总数在60万以上,主要来自泾、渭之间的关中平原,部分来自今甘肃南部成县一带。

382 年   东晋太元七年   前秦建元十八年

前秦将吕光率7万余人讨西域。

383 年   东晋太元八年   前秦建元十九年

前秦军在淝水战败,大批秦军被俘,或赏赐将士,或配入"作部"(官方工场)服役。一些前秦宗室、官员投晋,一些北人南迁。仅有10余万人随苻坚退回长安。

384 年   太元九年

晋军分道北上西进,先后攻克襄阳、彭城、洛阳、黎阳(今河南浚县东),当地一些流民南迁。

385 年   东晋太元十年   前秦建元二十一年、太安元年   后燕燕元二年   西秦建义元年   西燕更始元年

晋军攻克成都,收复益、梁二州,引起北方流民迁入。

吕光自西域还至姑臧,据凉州,所率军队及带回的西域人(其中包括大批龟兹乐工)大多居留河西。

西燕慕容冲在长安纵兵大略,慕容永等率30余万人离长安东迁。

苻坚子宏率母妻宗室数千骑南奔,转辗入晋。不少流民迁至河西及氐人杨氏的基地仇池(今甘肃成县西)。苻丕率邺城(今河北临漳县西南)男女6万余口退至晋阳(今山西太原市西南)。

后燕慕容垂都于中山(今河北定州市)。

西秦乞伏国仁筑勇士城(今甘肃榆中县东北)为都,鲜卑匹兰率众5 000降。

386年　　东晋太元十一年　西燕中兴元年　北魏道武帝登国元
　　　　　年　后秦建初元年　前秦太初二年　西秦建义二年

西燕慕容永迁至闻喜(今山西闻喜县),再迁于长子(今山西长子县西南)。

拓跋珪收集旧部复国,迁都盛乐,称魏国。

后秦姚苌定都长安,从安定(治今甘肃泾川县北)迁入5 000余户。

前秦苻丕兵败被杀,余众数万人逃归关中。

西秦讨鲜卑于平襄(今通渭县西),获部落5 000余人归。

387年　　东晋太元十二年　后燕建兴二年

后燕击败据有今山西、河北北部的刘显,迁其部属8 000余落于中山(今河北定州市)。

388年　　东晋太元十三年　后燕建兴三年　北魏登国三年

后燕击破北魏许谦,废代郡(治今河北蔚县东北),迁其民于龙城。

自本年起,北魏接连征库莫奚(在今内蒙古西拉木伦河和老哈河上游一带)、高车诸部,至登国五年,已有数万降俘者被迁至今山西大同所在的武周川一带。

389年　　东晋太元十四年　后凉麟嘉元年　前秦太初四年　后秦
　　　　　建初四年

后凉主吕光遣其子吕覆镇守高昌(今新疆吐鲁番市东南),命大臣子弟随迁。

姚苌攻陷前秦苻登大界营,驱略男女5万余口而去,又迁安定千余家于阴密(今甘肃灵台县西南)。

391年　　东晋太元十六年　北魏登国六年

魏征蠕蠕(柔然),虏其大半,以所获分配诸部。

冬,魏攻刘卫辰所居悦跋城(今内蒙古伊金霍洛旗西北),其部众或散或俘。迁山胡3 000余家于马邑（今山西朔州市）。

392年　　东晋太元十七年　后燕建兴七年　西秦太初五年

后燕击败丁零翟辽，迁徐州流人7 000余户于黎阳（今河南浚县东北）。

秃发如苟率户2万降于西秦。

393年　　东晋太元十八年　北魏登国八年

魏征薛干部帅太悉佛于三城（今陕西延安市），迁其民而还。

394年　　东晋太元十九年　后燕建兴九年　西燕中兴九年　前秦太初九年　后秦皇初元年

苻登兵败，后秦迁阴密3万户于长安。

后燕灭西燕，部分官员和乐工、匠人等被迁至中山（今河北定州市）。

后燕军略地青、兖，晋高平、泰山、琅邪诸郡（今山东巨野、泰安、临沂一带）弃城奔溃，居民南迁。

395年　　东晋太元二十年　北魏登国十年　后燕建兴十年

冬十一月，魏军在参合陂（今内蒙古凉城县东北岱海）大败后燕军，俘四五万人。其中文武将吏数千，但除留用少数有才干者外，其余均被杀。

396年　　东晋太元二十一年　北魏登国十一年、皇始元年　后燕建兴十一年

后燕主慕容垂率军一度进至桑干川，在平城西北筑燕昌城驻守。

六月，魏军杀后燕广宁太守（治今河北涿鹿县）刘亢泥，迁其部落于平城。

七月，魏帝攻占后燕并州，大批士人投魏。

397年 　　东晋安帝隆安元年　北魏皇始二年　后燕永康二年　后秦皇初四年　南凉太初元年　后凉龙飞二年

魏军在柏肆坞(今河北石家庄市藁城区北)击败后燕军后,大批官员归降。魏军攻占后燕都城中山(今定州市),官吏士卒降者2万余人,后燕余众东迁龙城。降魏官吏和投奔的士人大多被迁至平城。

后秦攻晋洛阳,迁流民2万余户而还;又迎流人曹会、牛寿等万余户于汉中。

秃发乌孤称西平王(史称南凉),都广武(今甘肃永登县西南)。后凉将杨轨等率数千人来奔。

398年 　　东晋隆安二年　北魏皇始三年、天兴元年　后凉龙飞三年　西秦太初十一年

魏发卒万人治直道,自望都(今河北唐县东北)铁关凿恒岭(今阜平、涞源间太行山脉),至代(今蔚县东北)五百里。迁山东六州民吏、徒河(慕容鲜卑)、高丽杂夷、三十六署百工伎巧10余万口于平城一带。七月,迁都平城。十二月,迁6州22郡守宰、豪杰、吏民2 000家于平城周围。对平城的移民持续多年,总数达10余万户。

后凉乱,武威、张掖及其东数千户逃亡至敦煌和晋昌郡(治今甘肃瓜州县东南),敦煌一带移民多达10万余人。李暠自敦煌东迁酒泉,以其中5 000户江汉人置为会稽郡,5 000户中原人置为广夏郡(均在今瓜州县一带),其余1.3万余户分置于新设的武威、武兴、张掖三郡(均在今敦煌市南一带)。

西秦攻支阳等三城(在今永靖县一带)俘获万余人而还。鲜卑叠掘河内率户5 000自北魏来降。

慕容德率4万户,自邺(今河北临漳县西南)迁至滑台(今河南滑县东),建南燕。

399年 　　东晋隆安三年　北魏天兴二年　后秦弘始元年　南凉太初三年

孙恩在海上起兵,攻下上虞(今浙江上虞市)和会稽(今绍兴市),

败后率男女 20 余万口逃入海。

京兆韦华、谯郡夏侯轨、始平庞眺等率襄阳流人 1 万叛晋，投奔后秦。

南燕慕容德据有青、兖，迁都广固（今山东青州市西北）。

南凉迁都乐都（今青海海东市乐都区），秃发利鹿孤继位后又迁居西平（今西宁市）。

魏军分道进攻高车，俘获 10 万人，迁至平城东北，置鹿苑安置。

400 年　东晋隆安四年　后凉咸宁二年　南凉建和元年　后燕长乐二年

后燕迁高句丽 5 000 余户于辽西。

南凉袭后凉姑臧（今甘肃武威市），虏 8 000 余户而归。

401 年　东晋隆安五年　后凉神鼎元年　南凉建和二年　北凉永安元年

晋桓玄迁沮漳蛮 2 000 户于江南，立武宁郡（治今湖北荆门市西北）。

南凉攻后凉，迁显美（今甘肃永昌县东南）、丽轩（今永昌县西南）2 000 余户而归，又迁凉泽、段冢（今武威市南一带）500 余家而归。

北凉卢水胡首领沮渠蒙逊称张掖公，据张掖（今张掖市西北）。

402 年　东晋元兴元年　南燕建平三年　后秦弘始四年　南凉弘昌元年

桓玄执政，杀害政敌，冀州刺史刘轨等投奔南燕，辅国将军袁虔之等投奔后秦。

南凉迁都乐都。

后秦迁河西豪右万余户于长安。

403 年　　东晋元兴二年　后秦弘始五年　后凉神鼎三年

后凉亡,吕隆及文武大臣、万户百姓东迁长安。

404 年　　东晋元兴三年　后秦弘始六年　北魏天兴七年、天赐元年

刘裕等讨桓玄,在长江沿线交战,晋民纷纷避乱于淮北,为北魏所收容。

桓玄败死,桓氏家族残余及其党北奔后秦。

405 年　　东晋义熙元年　后秦弘始七年

后秦将汉水以北的南乡、顺阳、新野、舞阴等 12 郡归还于晋,引起一些北人南迁,如后秦南郡太守鲁宗之(驻襄阳)在袭击其雍州刺史后至江陵投晋。

后秦迁汉中人郭陶等 3 000 余家于关中。

406 年　　东晋义熙二年　后秦弘始八年　西凉建初二年

南凉秃发傉檀接受后秦凉州刺史名义,驻姑臧(今甘肃武威市)。为防止北凉与夏的联合进攻,迁 300 里内百姓于姑臧城。

西凉公李暠迁至酒泉。

407 年　　东晋义熙三年　南燕太上三年　夏龙升元年

南燕从宿豫(今江苏宿迁市宿豫区东北)大掠人口,从中选出男女 2 500 人训为太乐乐工。

夏赫连勃勃攻南凉,驱掠 2.7 万口而还。

南凉袭迁西平、湟河(今青海河湟地区)诸羌 3 万余户于武兴、番禾、武威、昌松四郡(今甘肃武威市、永昌县一带)。

408 年　　东晋义熙四年　南凉嘉平元年　夏龙升二年　后秦弘始十年

南凉掠临松(今甘肃张掖市南)千余户而还。

夏败后秦将于青石原(今泾川县西北),前后俘获 2.3 万余人。

409 年 　　东晋义熙五年　西秦更始元年　夏龙升三年　后秦弘始
　　　　　　十一年

西秦攻略阳(今甘肃静宁至天水一带)、南安、陇西诸郡,迁 2.5 万户于苑川(今榆中县东北)、枹罕(今榆中、临夏一带)。攻后秦柏阳堡、永乐城,迁 4 000 余户于苑川,3 000 余户于谭郊(今临夏县西北)。又至枹罕(今临夏县东北)收羌户 1.3 万。

夏掠平凉(今华亭县一带)杂胡 7 000 余户配后军。攻后秦黄石固(今宁夏固原市原州区东南)、我罗城(今甘肃平凉市崆峒区西),迁 7 000 余家于大城(今内蒙古杭锦旗东南)。

410 年 　　东晋义熙六年　南燕太上六年　夏龙升四年　后秦弘始
　　　　　　十二年　北燕太平二年　南凉嘉平三年　北凉永安十年

刘裕攻克南燕都城广固(今山东青州市),南燕亡。刘裕"没入家口万余人",加上降俘人员,估计被南迁的有数万人,其中有不少鲜卑兵。

夏攻后秦清水城(今甘肃清水县),迁其人 1.6 万家于大城。

太平初,北燕主冯跋招其从兄买、从弟睹从长乐(治今河北冀州市)率 5 000 户来奔。

北凉沮渠蒙逊围姑臧,迁 8 000 余户而归。南凉迁往乐都,姑臧降北凉。

411 年 　　东晋义熙七年　夏龙升五年　后秦弘始十三年　南凉嘉
　　　　　　平四年　北凉永安十一年

夏攻后秦安定,迁 3 000 余户于贰城(在今陕北,确地无考)。

南凉袭番禾,迁其 3 000 户于西平(今青海西宁市)。沮渠蒙逊围乐都,迁湟河 5 000 余户于姑臧。

412 年 　　东晋义熙八年　北凉永安十二年、玄始元年

北凉迁都姑臧。

413年　　东晋义熙九年　北魏明元帝永兴五年　夏凤翔元年　西秦永康二年

魏征召各地有才干士人至平城,并以此为名义将地方豪强集中,引起豪强抵制。中山太守仇儒与赵准聚众反抗,被镇压。

魏破越勤倍泥部落于跋那山(在今内蒙古乌拉特前旗东南)西,迁2万家于大宁川(今河北怀安至张家口南洋河谷地),计口授田。

夏征发岭北夷夏10万人建统万城(今陕西靖边县北白城子)为国都,居民全部由外地迁入。

西秦讨吐谷浑树洛干于浇河(今青海贵德县南),虏3 000余户而还。破休官部于白石川(今甘肃清水县一带),虏男子万余口,据白石城(今清水县西北),降者万余人。

414年　　东晋义熙十年　后秦弘始十六年　西秦永康三年　南凉嘉平七年

后秦自阴密迁弥姐亭地部2 000余户于郑城(今陕西华县)。迁贰原氏仇常部500余户于许昌(今河南许昌市东)。

西秦攻破乐都,南凉亡,南凉主秃发武台、文武大臣及百姓万余户被迁至枹罕(今甘肃临夏县东北)。一部分投奔北凉,以后入北魏,迁至平城,被魏主引为同源,赐姓源氏。

415年　　东晋义熙十一年　北魏神瑞二年　后秦弘始十七年　西秦永康四年

刘裕攻晋宗室、荆州刺史司马休之,雍州刺史鲁宗之等起兵助休之,兵败后投奔后秦。刘裕执政与代晋期间,大量政敌与晋宗室逃亡北方。

西秦攻后秦,破黄石、大羌二戍,迁5 000余户于枹罕。

因秋粮歉收,平城部分贫民去山东三州就食。

416年　　东晋义熙十二年　后秦永和元年

后秦姚兴曾迁李闰(今陕西蒲城县东南)羌3 000户于安定,不久又迁至新支(今地不详),至此叛还。迁其豪右数百户于长安,其余迁回李闰。并州、定阳、贰城(今山西西南、陕西延安东南一带)数万户胡人反叛,进入平阳,被镇压后有1.5万余落被迁往雍州(治今甘肃泾川县北,辖境约有陕西渭河以北及相邻甘肃东部地)。

417年　　东晋义熙十三年　后秦永和二年　北魏泰常二年

刘裕灭后秦。姚兴重视儒学和佛教,长安儒生曾多达万数千人,沙门有5 000余人。至此,长安人口大量外逃。羌人10余万口西奔陇上,晋军追至槐里(今陕西兴平市东南),俘虏万计,但多数羌人西迁。

刘裕东归时一些北人随同迁入晋境,后秦主姚氏宗族及降俘人员被迁至江南。原投奔后秦的晋宗室、大臣、刘裕政敌与家属转投北魏。氐人部落3万迁入河内(今河南黄河以北地),秦、雍流人迁入河南(今河南洛阳市一带)、荥阳(今荥阳市一带)和河内的数以万计,魏置南雍州,治洛阳。

418年　　东晋义熙十四年　夏凤翔六年、真武元年　北魏泰常三年

夏四月,魏迁冀、定、幽三州徙何于京师。五月,魏军袭北燕都龙城(今辽宁朝阳市),迁其民万余家而还。从是年起,魏不断袭击北燕,大量掠夺其人口,迁回本国。

晋军撤离关中,大败而归,一些关中人随同迁回。在此后数年关中和北方的战乱中,大量人口南迁至汉中、巴蜀、汉水流域、江南等地。

夏占有长安和关中,仍以统万为国都,部分后秦官员和投奔后秦的晋人降夏,一些关中人和晋军将士被夏俘获,迁至统万城(今陕西靖边县北)。

421年　　南朝宋武帝永初二年　北凉玄始十年　西凉永建二年

北凉灭西凉,据有敦煌一带。西凉晋昌郡冥安(今甘肃瓜州县东南)人唐和兄弟等避难于伊吾(今新疆哈密市西北),招集民众2 000余家,臣服于蠕蠕(柔然)。20年后迁至高昌。

422 年　　宋永初三年

此前数年间,不少秦雍流民迁入晋、宋梁州(治汉中,今陕西汉中市)。永初年间,西域康居人后裔康穆率乡族 3 000 余家从蓝田(今陕西蓝田县西)南迁襄阳(今湖北襄阳市),宋为之设置华山郡。

425 年　　宋文帝元嘉二年　　北魏太武帝始光二年

大批关中流民迁入汉中。

426 年　　宋元嘉三年　　北魏始光三年

冬,魏围夏都统万城,迁万余家而还。因严寒,途中死亡甚多。

427 年　　宋元嘉四年　　北魏始光四年　　夏承光三年

魏攻占长安和统万,获夏主赫连昌家属、宫人上万和秦雍人士数千,均被迁至平城或魏其他地区。赫连定率余众数万退守平凉(今甘肃华亭县西)、上邽(今天水市秦州区)。

429 年　　宋元嘉六年　　北魏神䴥二年

关中流民大量迁入汉中,宋为其中 3 236 户置陇西郡,又置宋康郡等。

魏帝伐蠕蠕,蠕蠕逃亡,迁高车(敕勒)数十万于漠南今河北沽源滦河源至内蒙古包头市西北阴山之间。不久又分迁 3 万户于河西,以后有万余户因逃亡被杀,其余定居河西。

430 年　　宋元嘉七年　　北魏神䴥三年　　西秦永弘三年

西秦乞伏暮末为北凉所逼,率 1.5 万户东投北魏,被夏赫连定阻于南安(今甘肃陇西县东南)。

魏军夺取关中和陇东,迁长安和平凉民于京师。

431 年　　宋元嘉八年　　北魏神䴥四年　　夏胜光四年　　西秦永弘四年

魏征召各地数百名著名士人入京,其中不少来自世家大族,后成为朝廷重臣。

魏军攻陷宋滑台（今河南滑县东），俘虏万余人回平城，以其中大部编为"吴兵"。

夏赫连定攻下南安，灭西秦，率10余万口在治城（今甘肃临夏县西北）渡黄河，遭吐谷浑袭击，赫连定被俘，与部分臣民被送往北魏，其余大多留在吐谷浑境内。

自永初三年来，宋北方疆土不断丧失，至此司州辖境全失，一些居民南迁。

432年　　宋元嘉九年　北魏延和元年

魏迁北燕营丘、辽东、乐浪、带方、玄菟六郡（约相当今辽西一带）民3万家于比方（约相当今北京市及河北东北部）。其中朝鲜县（治今辽宁义县北）及其居民被迁至肥如（今河北迁安市东北）。

434年　　宋元嘉十一年　北魏延和三年

氐王杨难当将在汉中的雍州流民7 000家迁至长安。

435年　　宋元嘉十二年　北魏太延元年　北燕太兴五年

正月，魏下诏：长安及平凉迁入京师中孤老不能自存者，听还乡里。

七月，魏军伐北燕至和龙（今辽宁朝阳市），迁男女6 000口而还。

宋梁州晋寿郡（治今四川广元市南）民南流，于剑南置晋寿郡（治今彭州市西北）。新巴郡（治今青川县西南）民也迁至剑南。

436年　　宋元嘉十三年　北魏太延二年　北燕太兴六年

北燕亡，北燕主冯弘率千余人奔高丽，宗室冯业率300人航海归宋，定居于新会（今广东新会市北）。至梁大同年间，其曾孙冯宝与当地俚族首领冼氏通婚。

439年　　宋元嘉十六年　北魏太延五年　北凉永和七年

魏军兵临姑臧(今甘肃武威市),北凉亡,当地3万余户被迁京师,后分迁至各地。聚集在河西的大批著名学者东迁。稍后,魏主允许年70以上者留本乡,留一子抚养。

442年　　宋元嘉十九年　北魏太平真君三年

宋何承天建议将滞留宋魏边界的青、兖、冀三州2万户流民迁至今山东东部和江苏北部。

宋雍州刺史(治襄阳,今湖北襄阳市)刘道产善于治理,百姓安居,蛮人纷纷出山,沿汉水形成村落。是年道产卒,不久爆发蛮人反抗,遣沈庆之征讨。

魏北部民5 000余落北走,追击于漠南,余众迁居冀(治今河北冀州市)、相(治今临漳县西南)、定(治今定州市)三州为营户。

北凉主沮渠牧犍弟无讳占有鄯善(今新疆若羌县一带),不久又袭取高昌,一批卢水胡与汉人迁入。

445年　　宋元嘉二十二年　北魏太平真君六年

宋沈庆之迁1.4万余口蛮人至建康为营户。沈庆之前后俘获蛮人有10多万,部分安置在襄阳附近,其余数万先后迁送建康。

魏以吐京(今山西石楼县)叛胡出配州郡。迁"诸种杂人"5 000余家于北边,令民北迁畜牧,以引诱蠕蠕。魏军南略淮泗以北,迁青徐之民于河北。

吐谷浑慕利延率众逃至于阗国(今新疆和田市一带),占有其地,并曾南征罽宾(今克什米尔斯利那加一带)。

446年　　宋元嘉二十三年　北魏太平真君七年

魏迁长安城工巧2 000家于京师。略金乡、方与(今山东金乡、鱼台一带),迁其民5万家于河北。迁济南东平陵(今章丘市境)6 000家于河北。

447 年　　宋元嘉二十四年　北魏太平真君八年

魏迁定州丁零 3 000 家于京师,迁高阳易县(今河北雄县西北)不从官命之民于北地。

448 年　　宋元嘉二十五年　北魏太平真君九年

魏迁西河离石(今山西吕梁市离石区)民 5 000 余家于京师。

450 年　　宋元嘉二十七年　北魏太平真君十一年

宋臧质伐汝南西境山蛮,获万余口。

魏主击败北伐宋军后大举南下,进到瓜步(今江苏南京市六合区东南)。迁宋淮北降民 7 000 余户于兖豫之南(今河南东南部、安徽西北部、山东西南部)。

451 年　　宋元嘉二十八年　北魏太平真君十二年、正平元年

北魏退兵时大肆杀掠,将江淮间大批宋民北迁。除沿途大量死亡外,迁至平城者 5 万余家,分别安置在今山西大同市、朔州市、山阴、应县、怀仁、左云、右玉、大同等县,内蒙古凉城、丰镇二县的南部;一部分作为"生口"赏赐留守官员。

北魏宁南将军鲁爽兄弟率家属部曲 6 883 人投宋。

冬,宋迁彭城(今江苏徐州市)流民于瓜步,淮西流民于姑孰(今安徽当涂县),合计约万户。

453 年　　宋元嘉三十年　北魏文成帝兴安二年

魏迁陇西屠各"恶党"3 000 余家于赵魏(今河北西南及毗邻的河南东北部)。

454 年　　宋孝武帝孝建元年　北魏兴光元年

十二月,魏诛鄚(今河北任丘市东北)为"贼盗"者,男子 15 岁以下没为"生口",分赐从臣。

455 年　　宋孝武帝孝建二年

　　为安置秦雍流民,置北扶风郡。还为氐族流民置广长、白水、天水等侨郡。

465 年　　宋前废帝永光元年、景和元年　北魏和平六年

　　宋义阳王、徐州刺史刘昶被诬谋反,自彭城(今江苏徐州)奔魏,后备受魏重用,曾与蒋少游主持改革朝仪。

　　和平年间,魏曾迁大批"良家子"至武川(驻今内蒙古武川县西土城)等边镇。

466 年　　宋明帝泰始二年　北魏献文帝天安元年

　　宋徐州刺史薛安都、司州刺史常珍奇、泰山太守张谠等降魏,魏兵入彭城。薛安都部分下属率家属奔朐山(今江苏连云港市海州区西南)。

　　淮西七郡民不愿属魏,连营南奔。后经魏建安王陆馛抚慰,当地百姓才稍安定。

468 年　　宋泰始四年　北魏皇兴二年

　　经魏军长期围攻,宋徐州刺史崔道固在历城(今山东济南市)降,兖州刺史刘休宾在梁邹(今邹平市东北)降。

469 年　　宋泰始五年　北魏皇兴三年

　　魏军攻陷东阳城(今山东青州市),宋青、冀、兖、徐和豫州的淮西全部为北魏攻占。五月,大批青州人被迁往京师,部分被作为奴隶分赐百官。在平城西北新城置平齐郡安置移民,不久又迁至旧阴馆城西(今山西朔州市东南),以来自梁邹县者置怀宁县,来自历城者置归安县。

　　在此前后大量人口南迁,部分青齐豪族迁至淮南。

470 年　　宋泰始六年　北魏皇兴四年

　　因一些家族分迁南北,宋明帝"诏父母隔在异域者,悉使婚宦"。

九月,魏帝北伐,迁蠕蠕万余户于高平(驻今宁夏固原市)、薄骨律(驻今灵武市西南)二镇。

471 年　　宋泰始七年　北魏孝文帝延兴元年

沃野(今内蒙古五原县北)、统万(今陕西靖边县北)二镇敕勒外逃被追回者,迁至冀、定、相三州为营户。统万镇余下敕勒也被配青、徐、齐、兖四州为营户。

474 年　　宋后废帝元徽二年　北魏延兴四年

十二月,魏将西征吐谷浑兵在句律城叛者分配至柔远(驻今内蒙古兴和县台基庙东北)、武川(驻武川县西土城)二镇。

476 年　　宋元徽四年

因巴峡流民"多在湘土",从湘州刺史王僧虔请,割益阳、罗、湘西三县缘江民立湘阴县(今湖南湘阴县西北)。

477 年　　宋顺帝升明元年　北魏太和元年

魏安置宋汉中内属民于并州(治今山西太原市西南)。

480 年　　南朝齐高帝建元二年　北魏太和四年

淮北四州百姓不愿属魏,齐遣间谍招诱。徐州民桓标之、兖州民徐猛子等起兵反魏,有众数万人。

481 年　　齐建元三年　北魏太和五年

桓标之等被魏军所灭,数千人南归入齐。另有一些移民被安置在淮南边境。

魏军屡攻淮南失败,退兵时将 3 万余口掠回平城,以其中万余口赐群臣。

483 年　　齐武帝永明元年　北魏太和七年

三月,魏以冀定二州民饥,诏弛关津之禁,任其去来。十二月,开林虑山(今河南林州市一带太行山)禁,允许百姓开垦。

485 年　　齐永明三年　北魏太和九年

八月,魏诏自太和六年以来买定、冀、幽、相四州饥民良口者,一律退还其亲人。已娶为妻妾而遇之非理和本人不愿者也允许离开。

487 年　　齐永明五年　北魏太和十一年

七月,魏下诏,因年谷不登,听民出关就食,遣使者造籍,按去留分别登记。京师百姓"行者十五六"。

493 年　　齐永明十一年　北魏太和十七年

八月,魏孝文帝率百万大军离平城"南伐"。高车人不愿参加南伐,推袁纥树者为首领,相率北迁,投奔蠕蠕。

九月,孝文帝至洛阳,公布迁都决定。

494 年　　齐明帝建武元年　北魏太和十八年

二月,魏孝文帝回平城,正式部署迁都,十月至洛阳。

495 年　　齐建武二年　北魏太和十九年

六月,魏孝文帝诏令迁洛之民死葬河南,不得还北,代人南迁者皆为河南洛阳人。九月,六宫及文武尽迁洛阳,迁都基本结束。由平城及其周围地区迁至洛阳的人口超过 100 万。

499 年　　齐东昏侯永元元年　北魏太和二十三年

高平蠕蠕叛走略尽,仅存千余家,迁至济州(今山东茌平县西南)黄河南岸。

500 年　　齐永元二年　北魏宣武帝景明元年

齐镇守寿阳(今安徽寿县)的豫州刺史裴叔业降魏,魏军进占寿阳。此次随降人员甚多,都受北魏重用,家族在北方繁衍。

502 年　　齐和帝中兴二年　梁武帝天监元年　北魏景明三年

魏讨平鲁阳蛮(今河南鲁山县一带)鲁北燕等,徙万余家于河北诸州及六镇。不久南逃,但大部被杀,幸存者很少。彭城王勰镇寿春(今安徽寿县),俘获山蛮数以万计。

503 年　　梁天监二年　北魏景明四年

魏征冀、定、瀛、相、并、济六州(今河北中、南部,山东西北隅,河南东北部,山西西南部)2 万人,增配寿春(今安徽寿县)。

505 年　　梁天监四年　北魏宣武帝正始二年

梁汉中太守夏侯道迁降魏,随降者颇多,均定居北方。

507 年　　梁天监六年　北魏正始四年

梁曹景宗、韦叡击败围攻钟离(今安徽凤阳县东北临淮关)的魏军,生擒 5 万余人,曹景宗将其中万余人送建康献捷,其余可能在江淮间安置,或送至各地为奴婢。

508 年　　梁天监七年　北魏永平元年

十二月,魏军攻占悬瓠(今河南汝南县),俘梁军 3 000 余人,迁回洛阳后分赐王公以下群臣。

523 年　　梁普通四年　北魏正光四年

魏怀荒、沃野镇兵民发难,六镇起义爆发,边镇兵民大批内迁。

525 年　　梁普通六年　北魏正光六年、孝昌元年

魏破六韩拔陵部众 20 余万为广阳王元深收编,分散至冀(治今河

北冀州市)、定(治今定州市)、瀛(治今河间市)三州就食。不久,内迁的柔远镇民杜洛周在上谷(今河北怀来县东北)起兵,五原降民鲜于脩礼等率北镇流民反于定州,部分降民滞留恒州。

魏徐州刺史元法僧称帝失败后,率万余口降于梁。梁任元法僧为郢州(治夏口,今湖北武汉市)刺史,其子景隆、景仲任广州(治今广东广州市)刺史。在此前后的北魏内乱中,一些宗室、大臣、地方镇将南奔投梁。

528 年 　　梁大通二年　北魏武泰元年、建义元年、永安元年

魏汝南王悦、北海王颢、临淮王彧等南奔入梁,郢州刺史元愿达等降于梁。

魏尔朱荣破葛荣军,大批降俘人员被迁至其基地晋阳(今山西太原市西南)。

534 年 　　梁中大通六年　北魏孝武帝永熙三年　东魏孝静帝天平元年

魏孝武帝奔关中,此后一些宗室和文武大臣陆续投奔西魏。高欢逼孝静帝迁都于邺(今河北临漳县西南),令下三天,洛阳40万户居民就狼狈上道。为安置移民,邺城以西百里之内原有居民迁出。

537 年 　　梁大同三年　西魏文帝大统三年　东魏天平四年

西魏军在沙苑(今陕西大荔县)俘东魏甲士2万,献俘于长安。

544 年 　　梁大同十年　西魏大统十年　东魏武定二年

东魏俘山胡3万余户,分置于各州。

546 年 　　梁中大同元年　西魏大统十二年　东魏武定四年

西魏迁凉州民2 000余家于长安。

548 年 　　梁太清二年　西魏大统十四年　东魏武定六年

侯景之乱爆发,在此后数年间,大批江南百姓外逃,其中一部分迁

至晋安郡(治今福建福州市)、建安郡(治今建瓯市)、义安郡(治今广东潮州市东北)等处,一部分迁至岭南,少数人投奔湘东王萧绎镇守的江陵。

549 年　　梁太清三年　西魏大统十五年　东魏武定七年
部分梁宗室成员或因战败,或因争权失利,投奔西魏、东魏。

550 年　　梁简文帝大宝元年　西魏大统十六年　北齐天保元年
北齐迁在代郡(治今山西大同市东北)俘获的库莫奚于山东。

552 年　　梁元帝承圣元年　西魏废帝元年　北齐天保三年
北齐占有梁江北地,广陵(今江苏扬州市西北)侨民朱盛等聚众反抗,梁将陈霸先渡江救援,后梁、齐议和而退,江北居民随军南迁者万余人。

553 年　　梁承圣二年　西魏废帝二年　北齐天保四年
梁庐陵王参军荀朗率部曲万余家迁至宣城郡(治今安徽宣城市宣州区)境,其部曲大多数来自建康(今江苏南京市)一带。
北齐以所俘辽东契丹 10 余万口和青山契丹别部分置于各州。

554 年　　梁承圣三年　西魏恭帝元年　北齐天保五年
西魏军攻陷梁都江陵(今湖北荆州市荆州区),梁王公、百官及士民 10 余万被没为奴婢,男女数万口被驱入长安。王褒、王克、刘璠、宗懔、殷不害等北迁,庾信在此前因出使而被留在西魏。北周初,王克、殷不害等被放归南朝。
江陵陷后,部分人迁至岭南。

555 年　　梁贞阳侯天成元年　西魏恭帝二年　北齐天保六年
本年与上年北齐共俘获茹茹(柔然)人 5 万。

556 年　　梁敬帝太平元年　西魏恭帝三年　北齐天保七年

西魏陆腾破陵州(治今四川仁寿县东)木笼獠,俘获 5 000 人。当时南、北政权均大批俘掠獠人,卖往首都及各地为奴隶。

557 年　　陈武帝永定元年　北周明帝元年　北齐天保八年

北周李迁哲镇压邻州(治今四川大竹县东南)蛮,俘获 2 000 余口。

558 年　　陈永定二年　北周明帝二年　北齐天保九年

北周下诏迁关中之人改称京兆人。

563 年　　陈文帝天嘉四年　北周武帝保定三年　北齐武成帝河清二年

突厥出动 10 万骑助北周攻北齐。

564 年　　陈天嘉五年　北周保定四年　北齐河清三年

突厥在晋阳城(今山西太原市西南)被北齐军击败,纵兵大略,自晋阳至平城 700 里内人畜一空,大量人口被掠往突厥。此后突厥不断掠夺中原人口。

565 年　　陈天嘉六年　北周保定五年　北齐后主天统元年

陈诏令侯景之乱以来迁至建安、晋安、义安郡者许还本土,被略为奴婢者释为良民。

北周诏:"江陵人年六十五以上为官奴婢者,已令放免。其公私奴婢有年至七十以外者,所在官司,赎为庶人。"

567 年　　陈临海王光大元年　北周天和二年　北齐天统三年

陈淳于量与吴明彻在郢州(今湖北武汉市武昌)击败拓跋定所率周军和华皎的叛军,俘获万余人送京师。

北周伊娄穆镇压唐州山蛮(在今河南、湖北交界山区),俘获

6 500 人。

570 年 陈宣帝太建二年　北周武帝天和五年　北齐后主武平元年

陈因南迁移民颇多,下诏对新来移民一律蠲免赋役。

572 年 陈太建四年　北周建德元年　北齐武平三年

北周诏江陵所获俘虏充官口者,悉免为民。

576 年 陈太建八年　北周建德五年　北齐武平七年、隆化元年

北周军攻晋阳,俘甲士 8 000 人,送往关中。

577 年 陈太建九年　北周建德六年　北齐幼主承光元年

北周灭北齐。十二月,迁并州军民 4 万户于关中,并征召北方名流入关。相州(治邺城)"衣冠士人"迁往关中甚多。

北齐定州刺史、范阳王高绍义投奔突厥,突厥可汗将已在突厥的齐人拨归其管辖。

578 年 陈太建十年　北周建德七年

二月,陈将吴明彻在淮北大败,与将士 3 万人被周军俘获。

579 年 陈太建十一年　北周宣帝大成元年、静帝大象元年

周宣帝下令修复旧都洛阳,规定原来迁邺之户听还洛阳。

三月,陈下诏对南迁的淮北流民"赋给田宅,唤订一无所预"。

十二月,周夺取陈淮南地,撤回江南的军政人员及流民被安置在建康一带的近州。

580 年 陈太建十二年　北周大象二年

周将驻相州(治邺,今河北临漳县西南)六府迁至洛阳,称为东京六府。杨坚迁相州至安阳,焚毁邺城。

581 年　　隋文帝开皇元年　陈太建十三年

隋开皇初,迁太行山以东地区高层士人于都城。

582 年　　隋开皇二年　陈太建十四年

陈后主下诏,将宣帝时扣押的北方人质放回。

583 年　　隋开皇三年　陈后主至德元年

隋新都大兴城(今陕西西安市)建成,旧长安城居民悉数迁入。

开皇年间,因突厥入侵,约 2 000 名高昌人迁入中原。

585 年　　隋开皇五年　陈后主至德三年

东突厥沙钵略可汗因困于西突厥,率部南迁至漠南白道川(在今内蒙古呼和浩特市西北)。

587 年　　隋开皇七年　陈祯明元年　后梁广运二年

后梁主萧琮率臣下 200 余人入隋,被留长安,后安置于隋境。

隋军逼近后梁都城江陵,萧岩等率所属文武及居民"二万余口"(一作"十万余口")渡江投陈,陈割扬州吴郡和钱塘县置吴州加以安置。

589 年　　隋开皇九年　陈祯明三年

隋灭陈,陈后主及王公百司全部迁于长安。陈后主子孙众多,被分置关中、陇右和河西诸州。

599 年　　开皇十九年

二月,东突厥突利部 1 万余人南下附隋,安置在夏、胜二州间(今内蒙古河套以南地区)游牧。不久漠北部落归附益众,突利被封为启民可汗。

十二月,漠北乱,突厥 1 万余家降隋,安置在恒安镇(今山西大同市北)。

开皇某年,居住东北的靺鞨粟末部被高丽战败,厥居部落渠长突地稽率1 000余家内附,迁入营州汝罗故城(在今辽宁义县南),唐初以之立燕州。

600年　开皇二十年

契丹别部4 000余家叛突厥来降,因隋不纳复北迁。是时,原分散在中原沿边、高丽和突厥的契丹人纷纷返回潢水(今内蒙古东南部的西拉木伦河)流域。

601年　仁寿元年

突厥男女9万口南下降隋。

603年　仁寿三年

因在漠北无法立足,步迦可汗降于启民,部众或西奔吐谷浑,或南下归附启民,启民统一东突厥。

605年　隋炀帝大业元年

隋出兵林邑(在今越南中南部),得扶南国(在今柬埔寨一带)乐工及乐器。

营建新都东京(今洛阳市),徙豫州郭下居民以实之。不久,又将天下富商大贾数万家迁此。

606年　大业二年

东京建成,隋宗室成员、各地衣冠士族及下层人民多有迁入。

炀帝欲在即将来朝的东突厥启民可汗前夸耀富乐,将来自旧周、齐、梁、陈各国的乐户3 000余家迁入东京。一些著名儒士也奉命迁入,担任学官和国子博士。

炀帝纳陈后主第六女为贵人,因召陈氏子弟尽还京师叙用,"由是并为守宰,遍于天下"。

607 年　　大业三年

时隋招引西域商人到中原经商,进入中原的胡商、僧侣和艺人极多,部分人就此定居。

大业年间,隋将韦云起率内附的突厥人袭击契丹,获男女 4 万口,男子皆杀之,女子一半随同入朝,一半予突厥。

608 年　　大业四年

隋将薛世雄攻破伊吾城(今新疆哈密市),留甲卒 1 000 余人戍之。

610 年　　大业六年

隋将朱宽率兵乘船至流求(今台湾岛),"虏其民万口"而还。

隋将天下罪人配为戍卒,发往河源(治今青海兴海县境)、西海(治今青海湖西)、鄯善(治今新疆若羌县)、且末(治今县南)、伊吾(治今哈密市)诸郡屯田。

611 年　　大业七年

西突厥处罗可汗为酋长射匮击败,率残部东迁。不久,处罗率 500 骑随炀帝出巡,其余分别居住会宁郡(治今甘肃靖远县)和楼烦郡(治今山西静乐县)。

隋末农民战争爆发,大批北方人民为避乱迁往江南、荆襄、蜀中等南方地区,少数人还迁往边疆,持续至唐贞观年间。

612 年　　大业八年

炀帝率军征高丽失败,许多隋军沦为俘虏,流落未归。

615 年　　大业十一年

因东突厥向漠南扩张,隋军撤出河套,并迁当地汉人到宁(治今甘肃宁县)、庆(治今庆城县)二州。

618 年　　隋大业十四年　唐高祖武德元年
炀帝在江都为将士所杀,隋亡,许多随同南巡的军人逃亡江南。

620 年　　唐武德三年
三月,李靖率唐军袭击信州(治今重庆奉节县)的"蛮人",俘掠5 000余人。

十一月,云州(治今内蒙古和林格尔县西北)总管郭子和率边民南迁延州(治今陕西延安市)。

东突厥处罗可汗弟步利设率军攻并州(治今山西太原市南),多掠城中妇女。东突厥在沿边其他地方也多有掠民之举。

东突厥立杨正道为隋王,居定襄城(在今内蒙古和林格尔县西北),辖有逃入漠南的汉人1万余人。

622 年　　武德五年
唐从高丽索回隋军战俘1万余人,还有很多战俘未返中原。

突厥颉利部抄掠汾(治今山西太原市南)、潞(治今山西长治市)二州,掠男女5 000人。

623 年　　武德六年
燕州侨治幽州城(在今北京市区南)内,居住此州的粟末靺鞨部随同迁移。

由于隋唐之际往南方避乱的北方人多未返回,高祖下诏各地予以存恤。

625 年　　武德八年
扬州治所从丹杨(今南京市)移到江北(今扬州市),居民随同迁移。

626 年　　武德九年
太宗与东突厥可汗颉利盟于长安便桥,要求颉利将所掠中原汉人全部归还。

627 年　　唐太宗贞观元年

玄奘开始西行取经,经怛罗斯城(在今哈萨克斯坦江布尔)以南的小孤城,看到城中有 300 余户被突厥俘掠至此的汉人。

628 年　　贞观二年

契丹酋长摩会率部落来降。在此前后,约 1 万余名契丹和奚人内迁营州(治今辽宁朝阳市)附近。

629 年　　贞观三年

唐军分路进攻东突厥。九月,依附东突厥的拔野古、仆骨、同罗等铁勒部落来降。

十二月,突厥突利可汗及郁射设、荫奈特勤等率部来降。

630 年　　贞观四年

二月,平定东突厥,唐军李靖、李勣两部在阴山以北分别俘突厥男女 10 余万和 5 万余人。一部分依附于东突厥的汉人逃往高昌。

三月,牙帐设在灵州(治今宁夏灵武市南)的突厥首领苏尼失率 5 万家来降。依附于突厥的铁勒思结部落 4 万人降唐,迁入河东。

四月,突厥的其余部众或北附薛延陀,或西奔西域。

五月,唐用金币赎还没于突厥的汉人男女 8 万口。

六月,史善应、康苏密分别率粟特部落内迁河南地(今内蒙古河套以南地区),唐设北抚州和北安州安置之。安胐汗率所在粟特部落在此前后迁入维州。

本年,唐将东突厥降众安置在东自幽州、西至灵州的沿边地区,设顺、祐、化、长四都督府以统之。部落首领多在朝廷任官,因而人居长安的近万家。胡服胡帽开始在长安流行。

本年,内迁的非汉族移民及自塞外返回的汉人达 120 余万口。

632 年　　贞观六年

原生活在热海（今吉尔吉斯斯坦伊塞克湖）畔的契苾部 6 000 家，在酋长契苾何力率领下迁到甘州（治今甘肃张掖市）和凉州（治今武威市）。

635 年　　贞观九年

景教高僧阿罗本进入长安，获准在此传教，并由政府资助建景教寺。

636 年　　贞观十年

已退居西突厥的东突厥拓设阿史那社尔率众 1 万余人内属，部众安置在灵州。

638 年　　贞观十二年

自贞观年间开始，吐蕃开始自今西藏地区向北扩张，本年进攻青海境内的吐谷浑，迫使其遁于青海湖之北，接着又进破党项、白兰诸羌，部众屯于松州（治今四川松潘县境）西境。

唐军破位于今四川东部和陕西南部的巴、洋、集、壁"四州獠"，俘虏 1 万余人。

639 年　　贞观十三年

唐军又击巴、壁、集、洋"四州獠"，俘虏男女 6 000 余口。

因内部矛盾，西突厥可汗阿史那弥射率所统处月、处密部落入朝，其族兄阿史那步真不久亦携家属入朝。二人以后长住长安，所统部落多居凉州一带。

贞观以来自新罗、高昌、百济、吐蕃、高丽前来求学的贵族子弟为数甚多，一些人因而留居中原。

是年，全国约有 1 235 万人，内迁的周边民族移民约 100 余万人，主要分布在北方。

640 年　　贞观十四年

唐灭高昌国,国王、大臣及国中富人皆徙入中原,高昌乐、葡萄种植和葡萄酒酿造方法开始传入中原。唐以此设西州,每年征调 1 000 余名军人戍守,并把中原死罪囚徒配此为户,流人亦流放此地。

唐军进攻今广西境内的罗、窦诸州獠,俘虏男女 7 000 余人。

641 年　　贞观十五年

原居住河南地的突厥 10 余万人、胜兵 4 万人,因受朝廷猜疑,在可汗李思摩的率领下渡过黄河,设牙帐于定襄城。两年后李思摩入朝,突厥部众复迁回河南地。

薛延陀南下攻击漠南的突厥部落,被唐军击败,5 万余人被俘。

文成公主远嫁吐蕃松赞干布,朝廷并派造酒、制碾硙、造纸、制墨工匠和识文之人入蕃。唐代共有 22 位公主远嫁奚、契丹、吐谷浑、吐蕃、突厥、回鹘、突骑施、宁远等民族或地区。

642 年　　贞观十六年

正月,太宗下诏要求各地检核脱籍流浪的人口,于明年底完成附籍。

645 年　　贞观十九年

唐军攻高丽,拔盖牟城、辽东城和白岩城(均在今辽宁东部),班师时将来降的高丽酋长 3 500 余人和三地人民 7 万人迁入中原,分布于今北京和河北一带。

646 年　　贞观二十年

薛延陀为唐军和漠北诸部击败,数千骑奔突厥阿史德时健部。不久,唐军灭薛延陀,老孺 3 万人被俘南迁。

647 年　　贞观二十一年

唐派人以财物赎还流落漠北的汉人。

在西域置安西四镇,后又设立安西、北庭二都护府,屯驻重兵和屯田,内地农民和流人也有迁入。

649 年　　贞观二十三年
开始招募内地汉人迁入今河套垦种。

650 年　　唐高宗永徽元年
唐军在漠北平定崛起不久的东突厥车鼻可汗,在北部沿边设立一批羁縻府州,一定数量的突厥移民自漠北南迁。

660 年　　唐显庆五年
唐军渡海灭百济,国王、太子和酋长等 58 人及部分百姓迁入中国。

661 年　　唐龙朔元年
波斯为大食所灭,王子卑路斯率数千人前来长安避难。

663 年　　龙朔三年
云中都护府(原名瀚海都护府)自漠北迁入云中古城(今内蒙古和林格尔县境),一批突厥人随其南迁。
吐蕃进入河源地区,灭吐谷浑,吐谷浑诺曷钵可汗率数千帐迁入凉州。
龙朔以后,流人在西域的流放地扩大到庭州(治今新疆奇台县西)。

664 年　　唐麟德元年
在昆明之弄栋川(今云南姚安县北)置姚州都督府,每年募兵 500 人前往镇守,先后达 80 余年,许多人留居于此。

667 年　　唐乾封二年
吐蕃击破今青海境内 12 个以党项羌建的羁縻州,一些党项羌被迫向中原迁移。

668 年　　唐总章元年

唐灭高丽,国王高藏和大臣泉男生、泉男建等人均迁入中国。

靺鞨人原依附于高丽,此时四散:白山部部众多迁入中原;粟末部一部分人退保挹娄之东牟山(在今吉林敦化市),一部分人迁到营州(治今辽宁朝阳市)。

669 年　　总章二年

2.82 万户高丽民被迁入江淮及山南道、并州、凉州的空旷之地。

漳州(今属福建)境内"蛮夷"起事,光州固始人陈政奉命率将士 113 员、府兵 3 600 人前往平乱,其兄弟后又率 58 姓军校前来支援,陈氏子弟及部下以后定居漳州一带。

670 年　　唐咸亨元年

唐军出兵河源,并送暂居凉州的吐谷浑部归还青海故地。

671 年　　咸亨二年

唐将内迁的党项羌移到庆州,置静边等州以处之。

672 年　　咸亨三年

因吐蕃进逼,吐谷浑部落数千帐迁到灵州,唐设安乐州(在今宁夏同心县东北)以处之。

咸亨年间一批突厥人来降,安置在河南地及其周围的丰、胜、灵、夏、朔、代六州,称为六州降户。

676 年　　唐上元三年、仪凤元年

唐开始在河陇、西川和西域驻重兵,以对付吐蕃扩张。还在河源地区屯田,形成一些汉族移民村。

677 年　仪凤二年

高丽和百济民自中原迁回辽东。不久，因高丽国王高藏图谋反唐，大部分人重新迁到河南道和陇右道，仍留在辽东的高丽人后多投突厥和靺鞨。

679 年　唐调露元年

单于都护府（以云中都护府改）的突厥人叛唐，数年后阿史那骨咄禄建立后东突厥政权，并率领漠南的一些突厥人迁回漠北。唐在灵州和夏州的南部设六州，以安置仍留在当地的胡人，后称六胡州。

681 年　唐开耀元年

七月，为躲避灾害和后东突厥的侵掠，薛延陀所属的达浑等羁縻州 4 万余帐南迁降唐。

682 年　唐永淳元年

回纥部一些都督及其亲属，以及助唐作战有功的人自漠北移居甘州。

685 年　唐武则天垂拱元年

漠北同罗、仆骨等部叛唐，被击败，唐于同城（今内蒙古额济纳旗东南）置安北都护府以招纳之。在此前后，因后东突厥扩张，回纥、契苾、浑三部亦迁入甘、凉二州。

688 年　垂拱四年

越王贞起兵失败，因受牵连而连坐者六七百人，籍没者 5 000 口，全部流放丰州。

690 年　武周天授元年

因不堪后东突厥的侵掠，西突厥可汗阿史那斛瑟罗率余众六七万人迁居内地。

691 年　　武周天授二年

移关中雍、同、秦等七州数十万户实洛阳,并要求各地脱籍外流人户自动迁到洛阳及附近的怀、郑、汴、许、汝诸州附贯,官员和百姓亦可迁入上述诸州。

692 年　　武周天授三年、如意元年、长寿元年

因吐蕃进逼,仍留今青海高原的党项羌继续向内地迁移。是年,以散居灵州、夏州的党项羌 20 万人置朝、吴、浮、归等 10 州。

唐军进攻吐蕃,将仍在河源的吐谷浑耽尔乙句贵部迁到灵州境内。

694 年　　武周延载元年

波斯人指多诞携摩尼经《二宗经》进入中原,摩尼教开始在中原公开传教。

695 年　　武周证圣元年

李峤上表分析各地出现逃户的原因:或自军中逃离,或逃避徭役。

696 年　　武周万岁通天元年

朝廷将原居河套及其周围六个州的数千家突厥降户归还后东突厥。

因契丹叛唐,营州都督府所属各羁縻州纷纷内迁,或迁幽州,或先迁中原的河南道,再迁幽州。

营州的粟末靺鞨人在舍利乞乞仲象和其子大祚荣的率领下,东迁今牡丹江流域,建立震国(后称渤海)。

698 年　　武周圣历元年

姚州境内有 2 000 余户因避赋役和犯罪而逃入的汉人,为此蜀州刺史张柬之要求朝廷于泸北置关,百姓非奉使不得入云南。

699 年　武周圣历二年

一月，吐蕃内乱，重臣论钦陵之子论弓仁率所统吐谷浑 7 000 帐降唐，其叔赞婆亦率 1 000 余人内附。

七月，在论弓仁的招降下，又有吐谷浑 1 400 帐内迁降唐。

700 年　武周圣历三年、久视元年

蓬、渠、果、合、遂等州（均在今四川盆地中部）有 3 万户来自各地的逃户。

灵州吐谷浑部落叛乱，逃入河源故地。不久，因不堪吐蕃奴役，重新内迁至今河西走廊的凉、甘、肃、瓜、沙等州。

701 年　武周大足元年

因许多突厥移民沦为奴婢，武则天下诏："西北缘边州县，不得畜突厥奴婢。"

704 年　武周长安四年

因境内逃户众多，合州增置铜梁县（今属重庆市铜梁区）。

706 年　唐中宗神龙二年

并州清源县尉吕元泰上疏指出：都邑坊市竞行胡乐胡舞，竞穿胡服，胡化之风盛行。

707 年　神龙三年

唐金城公主远嫁吐蕃赞普弃隶蹜赞，一些工匠和艺人随其入蕃。

710 年　唐景云元年

吐蕃获九曲之地（今青海东南黄河曲流处）。吐蕃移民随其军事扩张迁入今青藏高原的大部分地区。

713 年　　唐玄宗开元元年

铁勒部落不断南逃，唐在灵州境设东皋兰、燕然、鸡田、鸡鹿、烛龙等州，以安置浑、多览葛、阿跌、奚结、俱罗勃等部移民。

714 年　　开元二年

因各国入唐质子多久留不归，玄宗要求有司量放回国。

后东突厥内部不稳，可汗妹婿火拔颉利发携妻迁入陇右，十姓胡禄屋等部赴北庭都护府（治今新疆奇台县西）请降。

715 年　　开元三年

吐谷浑大酋慕容道奴率部自河源迁入河南地。

铁勒跌跌部和突厥十姓部落共 1 万余帐南迁，被安置在河南地。九姓首领阿布思为后东突厥战败，亦率众来降。

716 年　　开元四年

后东突厥默啜可汗被部下杀死，家属和有关部落南迁逃亡，默啜之兄和女儿迁入长安。拔野古、回纥、同罗、白霫、仆固五部附唐，约四五万人迁入大武军（今山西朔州市东北）。

河南道汝、许、唐、豫四州间的山区多来自各地的逃户，设仙州（治今河南叶县西南）以治之。

717 年　　开元五年

唐军收复营州，将已外迁的当地居民迁回，并招纳西域胡商以发展经济。

722 年　　开元十年

唐军平定六胡州叛乱，将胡人迁往河南道和江淮地区，吐浑、党项移民开始迁入六胡州。

723 年　　开元十一年

一些吐谷浑部落赴沙州降唐。

724 年　　开元十二年

在全国检刮户口，共检得客户 80 余万。除两京所在的京兆、河南两府人民返回本贯，其余客户就地入籍编附。

725 年　　开元十三年

因内部冲突，契丹酋长于因携和蕃的唐朝公主来奔，因留宿卫。

727 年　　开元十五年

凉州的回纥部落不满河西节度使主君㚟陷害，退回漠北。

728 年　　开元十六年

玄宗下诏：诸州客户有自愿迁往边地居住者，可给良田，并永远免除徭役。

730 年　　开元十八年

奚族首领鲁苏反对依附突厥，率所在部落迁入幽州。

732 年　　开元二十年

奚酋长李诗琐高率部落 5 000 帐来降，安置在幽州良乡县广阳城。

733 年　　开元二十一年

福州长史唐循忠在今福建西南部搜寻到躲避赋役的外地百姓 3 000 余户，以之置汀州（治今福建长汀县）。

736 年　　开元二十四年

长安皇宫上演来自周边民族的胡部音乐，此外每年千秋节皇宫的歌舞节目均间以胡夷之技。

737年　开元二十五年

隋州山区多逃户,因以建唐城县(在今湖北枣阳市东)。

738年　开元二十六年

六州胡重新迁回河南地,置宥州(治今内蒙古鄂托克旗南)以处之。

唐军在安戎城败于吐蕃,数万人沦为俘虏。

740年　开元二十八年

福州经略使唐循忠在漳、汀、福三州交界处招谕诸州逃人1 000余户,因以建尤溪县(今属福建)。

742年　唐天宝元年

因内部矛盾尖锐,后东突厥阿布思等率部众1 000余家南迁降唐。

康国人康阿义屈达干随同突厥人共5 000余帐迁入范阳(即幽州城)等地。

自高宗以来山东旧士族多迁往京畿地区,玄宗时达到高峰,多迁入河南府、京兆府及绛州(治今山西新绛县)、郑州、相州(治今河南安阳市)、汝州(今属河南)等地。

鄂州蒲圻县梓洞中汇聚2 000余户逃户,因以建唐年县(今湖北崇阳县)。

744年　天宝三载

回纥灭后东突厥,后东突厥毗伽可汗的妻子骨咄禄婆匐可敦率余众归唐。

749年　天宝八载

朝廷对南口(来自南方落后地区的奴仆)的数量和来源作了许多

限制。

750 年　　天宝九载

高仙芝统唐军袭破石国,俘国王及其部众。

天宝间幽州将经常到塞外捉拿契丹人和奚人,本年十月幽州节度使安禄山又俘掠奚人 8 000 人。

751 年　　天宝十载

高仙芝率唐军 2 万人在怛罗斯与大食交战,唐军大败。唐军俘虏多被送到大食后方,造纸术开始西传。

唐军与南诏发生大规模战争,数年间损失 15 万军人,多数沦为战俘。姚州的汉人被南诏迁到本国腹地。

752 年　　天宝十一载

唐军在云南击败前来援救南诏的吐蕃军,俘 6 300 人。

宣州泾县境多逃户,因之设太平县(在今安徽黄山市黄山区境)。

754 年　　天宝十三载

康居国进献表演胡旋舞的舞蹈演员,胡旋舞很快风行中原。

755 年　　天宝十四载

十一月,范阳、卢龙节度使安禄山反唐,其所率 15 万军人多是同罗、奚、契丹、室韦、胡等边族移民,唐军中也有相当一部分人是边族移民及后裔,许多人因作战、镇守或避难等原因重新迁移。

叛军迅速南进,途中不时掠夺人口。为避战乱,沿途人民开始向南方及北方河东等地迁移,我国历史上的第二次北方人民南迁浪潮开始。

756 年　　天宝十五载,肃宗至德元载

五月,鲁炅部唐军在颍川(今河南许昌市)为叛军击败,携百姓数千人奔顺阳川(在今河南邓州市西)。

六月,叛军攻入长安,玄宗率宰相、内侍和官吏军士1300人向成都逃亡。叛军将搜到的百官、宦者、宫女、乐工等北迁范阳。

十二月,永王璘自江陵引军数万东下,袭击吴郡(治今苏州市)和广陵郡(治今扬州市)。不久被击溃,部众多分散在江南。

南诏进攻巂州(治今四川西昌市),俘掠甚多。

757年　　至德二载

正月,拔汗那、大食、于阗诸国军队前来助唐平叛,与安西、北庭唐军共数万人进入中原,以后均留居中原。

二月,肃宗诏各地制止因躲避战乱和赋役过重造成的人民逃亡。

十月,回纥军协同唐军收复洛阳,在洛阳多有掠民,将其带入漠北。

十二月,数万突厥、铁勒和六州胡人自河南地迁入范阳。

吐蕃乘唐军内调,向河西、陇右和安西扩张,并侵入关内道的西部,上述区域也成了吐蕃人的迁入地。河西和陇右的汉人有的东迁中原,有的被迁入今青藏高原;吐谷浑被迫东迁到关内道北部的盐(治今陕西定边县)、庆、夏(治今陕西横山县西)等州,党项人迁到灵、庆、银(治今陕西榆林市南)、夏之境。

吐蕃遮断丝绸之路,西域各国来长安朝贡的酋长及安西、北庭官吏数千人均滞留中原。

渝州的江津、万寿、巴三县交界处外地逃户甚多,因以置璧山县(今重庆市璧山区)。

759年　　唐乾元二年

叛军在相州大败唐军,洛阳士民散奔山谷,官吏南奔襄阳,洛阳成为空城。

因江南饥荒而衢州(今属浙江)一带丰收,北方和江南饥民1万余户涌入衢州。

760 年　　唐上元元年

宋州(治今河南商丘市南)刺史刘展升任淮南等三道节度使,率亲属和宋州兵 7 000 人赴广陵。不久举兵反,败后军士多散落在淮南和江南。

泾(治今甘肃泾川县)、陇(治陕西今县)二州的党项部落 10 万余人对唐作战失败,降于凤翔节度使,后又有部落归降于梁州(治今陕西汉中市)刺史。

北方移民大量涌入江淮,苏州吴县人口的三分之一是外来移民。此外,荆南(都督府驻今湖北江陵县)的人口增加二三倍,山南和剑南也有很多移民。因战争扩大到境内以及避赋役的原因,江淮地区的一些人民向长江以南迁移。

761 年　　上元二年

江南北部一度陷于动乱,一些当地人向江西等地迁移。

安史乱后薛兼训统领越州(治今浙江绍兴市),招抚北方移民。并每年付钱给未婚军人,让其到北方娶织妇南归,一年得数百人,用以提高越州的丝织技术。

平卢节度使侯希逸举部 2 万余人南迁,进入青州(治山东今市)。

762 年　　唐宝应元年

肃宗下达诏书,说人民徭役繁重,流亡现象日甚一日,著籍户口"十不半存"。

763 年　　唐代宗广德元年

吐蕃攻入长安,唐军溃兵和长安人民进入商州(今属陕西)一带避难,有的还逃入荆南和襄阳。

关中饥荒严重,人民纷纷向蜀地迁移。

安史之乱结束,估计八年间有 250 万北方移民定居在南方。

765 年　　唐永泰元年

唐军在泾州灵台大破吐蕃军,生俘 1 万人。

进入宣、歙两州的外地流民(一部分是北方人)作乱,平定后增设池州(治今安徽贵池市)和旌德、绩溪、石埭等县。

本年前后,唐为隔绝党项与吐蕃的联系,将原居盐、庆等州的静边州都督、夏州、乐容等六府党项迁往银州之北、夏州之东,将宜定州折磨部落和芳池州野利部迁入绥州(治今陕西绥德县)和延州。

766 年　　唐大历元年

因北方基本恢复和平,大历间许多安史之乱时南逃的上层人物及平民返回故乡,怀、郑、汝、陈、蔡、邓、华等州人口得到较快恢复。一些江南豪姓在京畿一带置办产业,并设法注销本贯旧籍。

768 年　　大历三年

朝廷同意在长安建立摩尼教寺庙大云光明寺。

平卢行军司马许杲率 3 000 人骚扰江淮,被击溃后部众散落江淮。

769 年　　大历四年

信州(治今江西上饶市)刺史裴倩有善政,新迁入或自外地返回的逃户达 5 000 余户。

771 年　　大历六年

荆、扬、洪(治今江西南昌市)、越等州建大云光明寺,信徒主要是居住中原或在此经商的回鹘人和粟特人。

777 年　　大历十二年

蓬、渠、壁、通、开(均位今四川盆地中部)等州赋税沉重,人民大量外流,居邑萧然。

779 年　　大历十四年

自助唐平叛后,回纥商人涌入中原,仅长安一地常达 1 000 余人,有的已定居。

因吐蕃继续东进,部分党项部落东渡黄河,迁入河东石州(治今山西吕梁市离石区)。

大历中,润(治今江苏镇江市)、常、濠(治今安徽凤阳县东北)三州刺史因招徕流民等成就,被评为政绩第一。

代宗明令禁止掠卖南口,违者按法律处治。

780 年　　唐德宗建中元年

宰相杨炎征发关中民户到振武军(治今内蒙古和林格尔县西北)和天德军(治今乌拉特前旗境)一带屯田。

杨炎制定两税法,将以往脱籍的人口以贫富为差,就地登记入籍。

781 年　　建中二年

淮宁节度使李希烈据襄阳反,蕲州(治今湖北蕲春县北)刺史李良安领州人 2 万余人迁入江西。

783 年　　建中四年

正月,李希烈叛军包围郑州,游骑至洛阳近郊,一些河南人入江南避难。

十月,泾原军拥朱泚叛唐,德宗率大臣经奉天(今陕西乾县)逃入梁州,一些北方人南迁。江东将韩滉以为朝廷将有南渡之举,于金陵(今南京市)筑城,置馆第,以做准备。

荆南节度使李皋在江陵修复水利工程,流民 2 000 余家前来垦殖。

784 年　　唐兴元元年

扬州城内侨寄衣冠和工商业者侵街造屋,导致城内街道狭窄。

785 年　　唐贞元元年

德宗下诏：天下荒田可供屯田处，可让愿耕垦的诸色人与百姓营佃。此后，各地民屯多召流民浮客耕种。

信州刺史孙成在任期间招抚流散，当地户数增加 5 000。

786 年　　贞元二年

六州胡降唐，自河南地迁到河东的云州（治今山西大同市）和朔州。

787 年　　贞元三年

德宗下诏：士兵在边地服役期满愿留当地者，以其所开田为永业；家人如愿来此，由沿途郡县提供吃住。

吐蕃在关中大掠人口，盐、夏二州民悉被驱掠，泾、陇、邠（治今陕西彬州市）等州几无人迹。被掠汉人一部分留在河陇，一部分被送到吐蕃。

788 年　　贞元四年

黑车子室韦原居今黑龙江呼伦池的东南和大兴安岭两侧，鞑靼原居漠北的东部和西部，贞元、元和之后均逐渐南迁，本年攻入振武军城。

790 年　　贞元六年

吐蕃先后攻陷北庭和安西，西域各地的汉族军人、屯田民和流人均无法东归。

原居北庭一带的西突厥沙陀部落 7 000 帐东迁甘州。

793 年　　贞元九年

唐军和南诏在铁桥（今云南丽江市西北）大破吐蕃，俘馘 3 万人。

794 年　　贞元十年

南诏攻入铁桥以北,将裳人数千户迁到云南东北诸川。

瀛州(治今河北河间市)刺史刘澭因与兄长不和,率部兵 1 500 人、男女 1 万余口迁入关中西部。

795 年　　贞元十一年

回鹘(原名回纥,贞元四年改)新可汗出于对旧王族的担心,尽取其子孙纳之唐朝廷。

796 年　　贞元十二年

昭义节度部将元谊、石定蕃率洺州(治今河北邯郸市永年区东)兵 5 000 人及家人 1 万余口,投奔魏博镇(治今大名县境)。

石州的党项部落不堪守将的无度求索,重新迁到黄河以西。

802 年　　贞元十八年

骠国(在今缅甸伊洛瓦底江流域)献本国音乐,并派乐工 35 人入唐。

唐军大破吐蕃军于维州(治今四川汶川县北),受降 3 000 余户,俘 6 000 余人。

806 年　　唐宪宗元和元年

吉州(治今江西吉安市)刺史张某因安抚流亡等政绩受到当地人称赞。

807 年　　元和二年

西川节度使高崇文离任,北返时带走成都的一些艺人和工匠,据说"蜀几为空"。

808 年　　元和三年

沙陀酋长朱邪尽忠不愿奉吐蕃命迁往河外,率部众 3 万余人顺河西走廊东迁附唐，进入盐州，各地沙陀人纷纷前来汇聚。

809 年　　元和四年

沙陀人随灵州节度使范希朝迁到河东北部。

810 年　　元和五年

昭义镇 3 000 余人投奔魏州。

811 年　　元和六年

衡州（治今湖南衡阳市）检刮出 1.67 万户未登记户籍的家庭，其中 6 000 余户为浮客（主要是北方移民）。

812 年　　元和七年

韩重华招募 2 000 名农民，在振武军—中受降城（今内蒙古包头市西南）—云州间屯田。

820 年　　元和十五年

泽州（治今山西晋城市）刺史孙某行仁政，招致怀州（治今河南沁阳市）人民大量迁入。

821 年　　唐穆宗长庆元年

藩镇在淮西交战，一些河南和关中的人民南迁。

朝廷规定流放河套的流人十年期满始可放回，如果有军职或生业可在边地长住。

因每年很多新罗人被海盗掠卖至登州（治今山东蓬莱市）、莱州（治山东今市）及其他沿海地区充奴婢，平罗节度使薛平要求朝廷严令禁止。

824 年　　长庆四年

长庆年间徐申任韶州（治今广东韶关市境）刺史，招募移民发展经济,六年间人口增加一倍半。

827 年   唐文宗大和元年

大和年间,沿海城市已出现海外商人的聚居区蕃坊。

829 年   大和三年

南诏攻入邛州(治今四川邛崃市)、戎州(治今宜宾市)、嶲州(治今四川西昌市)和成都西郛,掠走男女和工匠数万人。南诏的丝织、陶瓷、建筑等技术因而得到较大的提高。

830 年   大和四年

殷侑任沧(治今河北沧州市)、景(治今东光县境)、德(治今山东德州市陵城区)三州观察使。经其招抚,流民襁负而归。

曹(治今山东菏泽市定陶区西)、郓(治今东平县境)、濮(治今河南濮阳市境)三州节度使废除要人民以家产抵偿租税的法令,4万户流民迁入境内。

834 年   唐大和八年

文宗诏岭南、福建、扬州地方官对蕃客常加存问,不得征收重税。安史之乱后经海路前来贸易的外商日益增加,故有是令。

836 年   唐开成元年

吐谷浑3 000余帐从关内道北部北迁丰州(治今内蒙古五原县南),不久又迁到云州。

至本年,士大夫流放岭南,后代未北归者达数百家。

838 年   开成三年

日本僧人圆仁入华。据其所见,在今山东的密州、乳山、文登,江苏的楚州、泗州,都有一些因经商、学法和传教而留居的高丽侨民。

840 年　　开成五年

黠戛斯灭回鹘，回鹘各部纷纷逃离漠北。一部分人西迁，在国相馺职和其外甥庞特勒率领下投奔葛逻禄，途中一支留居河西走廊，一支入安西。一部分人南迁，其中一支拥特勤乌介为可汗，有众10万，被唐军击败后溃兵多到幽州降；一支以王子嗢没斯为首，后降于振武节度使和卢龙节度使。

开成中薛元赏任汉州（治今四川广汉市）刺史，有善政，外地移民9 000余家迁入。

844 年　　唐武宗会昌四年

唐军平定泽潞诸镇，一些河东人民避兵南迁。

845 年　　会昌五年

中唐时不少官僚士大夫以寄居的形式变相地迁到南方，称为寄庄户。本年，武宗于一份赦文中指出这种现象已相当严重。

847 年　　唐宣宗大中元年

活动在振武军一带的一批突厥人被迁到太行山以东地区。

848 年　　大中二年

大食国人李彦升进士及第，时人陈黯作《华心》以褒奖之。

沙州张议潮驱逐吐蕃守将，后又夺取凉州。唐发郓州兵2 500人到凉州戍守，均留居当地。

850 年　　大中四年

在鄯州（治今青海海东市乐都区）游牧的吐蕃尚婢婢部3 000余人迁到甘州，以后部众或散入河州（治今甘肃临夏县境），或复迁到鄯州。

851 年　　大中五年

一些党项部落迁入盐州以南的横山山区，被称为南山党项部落。

至此,北自振武军,南到邠州、宁州和盐州,均为党项族居住地。

朝廷下令边塞送来的吐蕃、回鹘奴婢均发配岭南,不再留在内地。

855 年　　大中九年

朝廷再次明令禁止掠卖人口。

857 年　　大中十一年

河、渭两州的吐蕃尚延心部落降唐,一部分人迁入秦州(治今甘肃天水市)。

860 年　　唐懿宗咸通元年

本年和咸通四年南诏两次攻入交趾(今越南北部),共杀掠 15 万人。

862 年　　咸通三年

吐蕃奴隶自相纠结为部落,称嗢末,活动在今河西走廊和甘肃东南。

863 年　　咸通四年

七月,复置安南都护府于行交州(在今越南北部),发山东兵 1 万人戍之。咸通间驻岭南兵力最多达 4 万人,一些人因而定居下来。

865 年　　咸通六年

福建观察使杜宣猷每年寒食节派人去祭宦官祖先的坟墓,本年因此获升迁。唐后期福建等地常向朝廷进"私白"(经过阉割的人),故宦官多来自福建和岭南。

870 年　　咸通十一年

南诏攻入成都近郊,多有掠民。

873 年　　咸通十四年

南诏寇西川和黔南,多有掠民。

875 年　　唐僖宗乾符二年

王仙芝、黄巢分别起义,参加者甚多,中原大乱,许多人不得不逃往南方以及河东避乱,北方人口南迁进入高潮时期。

876 年　　乾符三年

王仙芝农民军攻陷汝州,东都大震,士民挈家逃出城。

878 年　　乾符五年

王仙芝率众号称 30 万,陷江陵。旋在黄梅(今属湖北)大败,王仙芝死,余众败散。

黄巢自号冲天大将军,驱河南、山南之民 10 余万,进入淮南,继又进军江南和岭南。在征战过程中,许多人因被俘、投降、受伤、掉队等原因流落南方。

因战乱波及江南平原,一些北方移民和南方人民迁入福建等山区避难,仅某一日便有平民和僧侣 5 000 人迁入福建。

本年,沙陀居住区扩大到蔚、朔、忻、代、岚、石等河东北半部诸州。

879 年　　乾符六年

四月,黄巢军攻占广州,一些居留此地的西域商人因战乱而死。

五月,朝廷调泰宁军(治今山东兖州市)精兵 5 万屯潭州(治今湖南长沙市),以阻止黄巢军北上。泰宁军不久败于黄巢,溃兵多留居南方。

十月,黄巢军在荆门(今属湖北)败于唐军,许多人成为俘虏。

880 年　　唐广明元年

为对付黄巢,诸道行营都统高骈传檄征天下兵,得土(淮南本地)客(诸道援军)兵 7 万人,客兵后多留居淮南。

春,黄巢退保饶州(治今江西鄱阳县),别部常宏率数万人降唐。

十一月,黄巢军攻入长安,僖宗率朝臣及部分军队逃往剑南,还有部分朝臣逃往河东西南部,关中人民外流甚众。

881 年　　唐中和元年

黄巢军退出长安,其所署同、华、商三州的刺史皆率众奔邓州。鞑靼自塞外迁居云州和代州(治今山西代县)。

882 年　　中和二年

和州(治今安徽和县)刺史秦彦派其子率兵数千人,渡江据宣州(治今宣城市)。不久,镇江、扬州战乱,人民大批迁入宣州。

883 年　　中和三年

李克用以潞州(今山西长治市)为基地,每年出兵太行山以东的邢、洺、磁三州,三州之人半数为其俘获。

884 年　　中和四年

黄巢农民军失败。秦宗权据蔡州(治今河南汝南县)称帝,命各将四出攻掠,迫使河南、江淮人民继续南迁避乱。

885 年　　唐光启元年

正月,王绪、王潮率光州(治今河南潢川县)人约二三万,经江西进入福建。

三月,僖宗返回长安。十二月,因关中军阀的威逼复出逃凤翔。

886 年　　光启二年

感化军将张雄自徐州率众 300 进入苏州。

淮西将领黄皓在湖南被杀,所部散失在湖南一带。

887 年　　光启三年

四月,六合(今江苏南京市六合区)镇遏使、原黄巢部下徐约率兵进入苏州,驱逐感化军牙将张雄,张雄转而占据升州(治今南京市)。

十二月,秦宗权军队攻陷荆南和蕲州,青州人成汭奉秦宗权命率本郡兵进入荆襄。

庐州刺史杨行密占领扬州,并将海陵(今泰州市)人民数万户迁入城内。

战乱后,洛阳和华州(治今陕西渭南县华州区)人口锐减。经张全义和韩建的招抚,二地流亡复归,人口大增,洛阳占籍至五六万户。

888 年　　唐文德元年

河南秦宗权派大将秦宗衡和孙儒率兵万人南下,与杨行密争夺扬州。

荆南王建肇被归州郭禹击败,率众奔黔州(治今重庆市彭水县)。

泽州李罕之连年抄掠怀、孟(治今河南孟州市南)、晋(治今山西晋城市)、绛等州人口,将其迁入自己统治区。

889 年　　唐昭宗龙纪元年

朱温再派大将庞师古赴淮南。

891 年　　唐大顺二年

正月,孙儒所率的秦宗权军为朱温和杨行密击败,自扬州举军退入江南。不久,又烧毁扬州城,驱全城人民过江。

原居云州的吐谷浑部落为李克用军所败,部族分散到蔚州(治今山西灵丘县)境。

892 年　　唐景福元年

孙儒军在江南大败,部众多降于杨行密或钱镠。另有 7 000 余人在刘建锋和马殷率领下,南走洪州,到江西时达 10 余万人,后进入湖南实行割据。

天威军使贾德晟被宦官杀害,其麾下 1 000 余骑投奔凤翔李茂贞。

朱温派大将丁会攻入兖州(治山东今市),将数千户人民迁到许州(治今河南许昌市)。又采取掠民之举以削弱郓州节镇,交兵三四年,郓州民被俘者十五六。

894 年　　唐乾宁元年

泗州(治今江苏盱眙县北)刺史张谏举州渡淮降杨行密。

895 年　　乾宁二年

安州(治今湖北安陆市)防御使家晟因得罪朱温亲信,率兵 3 000,长途袭占桂州(今广西桂林市)。

凤翔李茂贞在川东屡败于王建,十二月其将李彦昭属下 2 000 人降于王建。

897 年　　乾宁四年

二月,兖州节度使朱瑾及河东将领史俨、李承嗣率残部并拥州民南迁,投淮南杨行密。

四月,两浙将顾全大破淮南军,俘 3 000 余人。

九月,朱温亲率大军攻淮南,为杨行密击败,一些军人散落在淮南。

899 年　　唐光化二年

正月,蔡州将崔思温因与朱温摩擦,率兵民南迁,约 2 000 人到达广陵。

七月,海州(治今江苏连云港市境)将牛从毅拥郡人渡淮投杨行密。

901 年　　唐天复元年

阿保机率契丹军队连破室韦、于厥和奚部,俘获甚多,俘虏多迁入契丹地区。

黑车子室韦南迁幽州、并州塞下。

黄巢败后其从子黄浩仍活动在长江南北,本年率众7 000人企图占据湖南,不久失败,所部多定居湖南。

朱温平河中,将节度使王重盈举族迁入开封。

902年　　天复二年

杨行密建吴国,都扬州。淮南蒙受战乱多年,土著人民或死或逃,损失殆尽。经杨行密招抚流散,人口和经济开始恢复。

阿保机率契丹军队攻入河东的代北地区,俘掠汉人9万余人。

滑州(治今河南滑县)因流民迁入户数增加5万。

903年　　天复三年

马殷袭击江陵,俘获大批军人、百姓、官员和工匠,将其迁入长沙。

阿保机之父曾将奚族7 000户迁到饶乐河(今内蒙古西拉木伦河)流域,本年创为迭刺部。为逃脱契丹人的俘掠,奚首领去诸在唐末五代之交率数千帐迁到妫州(治今河北怀来县境),自称西部奚。

契丹军进攻女真,俘获300户。

阿保机率契丹军队进攻蓟州(治今天津蓟州区),俘掠汉人北归。

唐封王建为蜀王,据成都。王建的将臣多是随其迁入蜀中的许昌人,建国后仍积极招徕北方移民。

904年　　天复四年

在朱温的逼迫下,昭宗及长安居民数十万人东迁洛阳。

刘隐任清海节度使,割据岭南。时岭南相对安静,刘隐又礼遇北方人士,吸引许多士大夫和百姓迁入避难。

905年　　唐哀帝天祐二年

朱温降青州王师范,将其举族迁到开封。

曾任中书舍人的文臣韩渥因不愿与朱温合作,挈族迁入福建。唐末大乱以后,官员纷纷逃往南方或河东,在南方任职者更不愿北归。朱温控制朝政期间和唐亡以后,官员南迁者激增。

因败于南下荆襄的朱温军队,荆南节度使赵匡明率众2万奔成都,忠义节度使赵匡凝逃往扬州。

阿保机进攻幽州,拔数州,尽掠其民以归。

906年　　天祐三年

朱温以高季兴为荆南留后,自河南增派5 000人前来戍守。

吴将秦裴拔洪州,掳割据者钟匡时及其司马陈象等5 000人归国。

907年　　后梁太祖开平元年　辽太祖元年

自875年黄巢起义以来约有400万北方移民定居在南方。

后梁定都开封府,称东都,后晋、后汉和后周均定都于此,开封成为北方的移民迁入中心。

卢龙节度使刘仁恭为其子守光所囚,平州(治今河北卢龙县)刺史刘守奇不满其兄囚父夺权,率数千人降辽,迁居平卢城(今辽宁朝阳市)。刘仁恭部将王思同率3 000人,李承约率2 000人,逃往河东。

钱镠建吴越国,都杭州。吴越在国界派驻画工数十人,入境的北方士人皆画其面貌,供朝廷选择任用。

马殷建楚国,都长沙,继续招纳北方移民。

岭南刘氏派兵攻容州(治今广西容县)和韶州,容州守将庞巨容率1 000余人迁入楚国长沙,韶州刺史廖匡图亦率部曲数千人奔楚。

908年　　开平二年

吴国军队在今江西境内作战。破抚州,擒守将危全讽及其将士5 000余人。吉州彭玕率众千余家奔楚国郴州、衡州,信州危仔昌奔入吴越。

909年　　开平三年

后梁大将刘知俊举族投奔凤翔李茂贞,不久又带亲信100余人投蜀。

王审知建闽国,都长乐(今福建福州市)。王氏保境安民,招徕流散,因而仍有北方移民迁入。

吴越击败包围苏州的淮南军,俘3 000余人。

911年　　后梁开平五年、乾化元年

后梁将领杜廷隐放弃一度占领的深(治今河北深州市)、冀(治今河北冀州市)二州,将丁壮悉数驱入后梁。

前蜀军大败李茂贞岐军,俘斩1万余人。

912年　　乾化二年

契丹进攻幽州,俘掠甚多。

913年　　后梁凤历元年

吴越攻占吴国广德(今属安徽),将在此防守的虔(治今江西赣州市)、信(治今江西上饶市)两州人7 000余人迁入本国。

916年　　后梁贞明二年　　契丹神册元年

十月,前蜀军出大散关进攻李茂贞岐军,俘斩约万计。不久,李茂贞大将李继岌率众2万人自陇州(治今陕西陇县)奔蜀。

契丹建国。契丹侵入今山西省北部及其附近地区,俘获突厥、吐浑、党项、小蕃和沙陀等部落酋长及其民户1.5万余;攻入蔚(治今河北蔚县)、武(治今张家口市宣化区)、儒(治今怀来县)等5州,俘掠不可胜计。被俘掠的人户均迁入今西辽河流域和东北地区。

917年　　后梁贞明三年　　契丹神册二年

楚军攻入吴国上高县(今属江西),俘获而还。

新州将领卢文进杀节度使李存矩,率部众降契丹。此后,卢文进引契丹攻掠燕云诸州,许多汉人被迫迁入塞外。

919 年　　神册四年

修辽阳(今属辽宁)城,移汉民和渤海人实之。

契丹军进攻乌古部,俘获生口 1.42 万人,可能被迁入今西辽河流域。

920 年　　神册五年

进攻天德军(治今内蒙古乌拉特中、后旗境),徙其民于阴山以南。又进攻河套以北的党项部,俘获 2 600 口,多随其迁入契丹国中心地区。

在本年前后,奚族部众多被分散迁居东北各地;女真族的强宗大姓数千户迁到辽东半岛,后被称为曷苏馆女真或南女真。

921 年　　神册六年

新州将领王郁以所部兵附契丹,迁入潢水(今内蒙古西拉木伦河)。契丹军攻入河北,强迫所经州军的人民迁入塞北。

924 年　　后唐庄宗同光二年　　契丹天赞三年

契丹将蓟州(治今天津蓟州区)人民迁到辽州(治今辽宁新民县境)。

契丹征河套地区的党项诸部和蒙古草原的阻卜族,均有俘获。

高季兴建南平(一称荆南)国,都荆州(治今湖北江陵县),继续招纳北方移民,许多后梁军人迁入。

925 年　　后唐同光三年

发兵攻灭前蜀,前蜀后主王衍及王室官吏 1 000 余人北迁。除王衍被杀,其余都定居洛阳。此外,还有一些前蜀人民被迁居山东、河南等地。

926 年　　后唐同光三年、天成元年　　契丹天显元年

契丹灭渤海国,将之改为东丹国。在契丹强迫下,渤海国王举族迁入契丹首都临潢城(在今内蒙古巴林左旗)以西,渤海人民大批迁往今西辽河流域和辽东地区。

契丹卢龙节度使卢文进在后唐的策反下,率所部10万人投后唐;平州(治今河北卢龙县)将张希崇亦以管内人口2万余人迁入后唐。

928年　　契丹天显三年

东丹国迁都南京(即辽阳),原留在故乡的渤海人除了逃入邻近的新罗国和女真地区,悉迁辽东。女真人乘机南下,占据这一地区。

930年　　后唐长兴元年　契丹天显五年

契丹皇太子、东丹王耶律倍携妻率部曲40人越海投后唐。

吴海州指挥使王传拯杀本州刺史,以部众和家口5 000人奔后唐沂州(治今山东临沂市)。

931年　　后唐长兴二年　辽天显六年

因契丹进逼,原居住在漠南的突厥人和吐浑人开始向河东北部移动。

闽国内乱,奉国节度使王延禀所部自建州(治今福建建瓯市)逃入吴越国。

933年　　后唐长兴四年

闽国建州土豪吴光率众1万人逃入吴国。

孟知祥建后蜀国,都成都,自北方前来灭后蜀的3万名军人均定居蜀地。

934年　　后唐清泰元年

阶州(治今甘肃陇南市武都区)刺史赵澄降蜀南迁。

935年　　清泰二年

一支鞑靼部族内迁灵州(治今山西灵丘县)。

936 年　　后晋天福元年　　契丹天显十一年

契丹军南下河东,扶助石敬瑭建立后晋,不久获幽云十六州地。为便于镇守和统治,契丹人及奚人、渤海人开始迁入幽云十六州。

出于对契丹的惧怕,一些河北人民迁往河南和山东。

原自契丹叛归的后唐大将卢文进担心契丹报复,率族人和亲信南投吴国。

937 年　　后晋天福二年　　契丹天显十二年

在契丹的军事压力下,妫州的西部奚部众一部分北返塞外故地,一部分逃入后晋。

南唐代吴,迁都江宁府(以升州改,今南京市)。南唐规定:"向风面内者",政府计口给食,授以耕地,并免除三年租税和徭役。

938 年　　后晋天福三年

高居诲奉使于阗(今新疆和田市)。据其所见,灵州至于阗途中往往见吐蕃族帐,党项多住在灵州至凉州间的沙丘地带,回鹘牙帐在甘州,瓜、沙二州多汉人,沙州西有仲云部落。

939 年　　后晋天福四年　　契丹会同二年

契丹将欧昆、乙习本、斡纳阿剌三石烈(氏族)迁到今大兴安岭山脉西北。

王审知少子夺取王位,闽国内乱,原闽王亲军逃往吴越国。闽后期内乱,人民逃往吴越甚多。

940 年　　天福五年

在成德节度使安重荣的招引下,吐浑、契苾、突厥、沙陀等部落自应州(治今山西应县)进入五台山一带,各部的强壮人马约有 10 万众。

941 年　　天福六年

派兵将分布在并(治今山西太原市南)、代、忻、镇(治今河北正定县)诸州的吐谷浑人驱回塞北旧地,但仍有相当部分未北返。

942 年　　契丹会同五年

太宗下令契丹人户分屯南边,迁入燕云地区。估计辽代迁居燕云的契丹人约有 10 万余人。

943 年　　后晋天福八年

禁军 1 万人并家口迁入开封府。

944 年　　后晋天福九年　契丹会同七年

契丹大举伐晋,攻到黄河北岸,将沿途俘掠的汉人迁于塞外和幽云地区。

后晋阶州义军指挥使王君怀率部降蜀南迁。

945 年　　后晋开运二年　契丹会同八年

契丹分兵攻掠黄河以北的邢(治今河北邢台市)、洺(治今邯郸市永年区东)、磁(治今磁县)等州,大举掠民北迁。

南唐灭闽,闽王族尽数被迁到金陵。

946 年　　后晋开运三年　契丹会同九年

吐谷浑部落自并、代、忻、镇四州移居岚州(治今山西岚县北)和石州(治今吕梁市离石区),后不复见于记载。

契丹南下攻晋,将后晋降军数万人并其家口迁到镇、定、云、朔诸州。

947 年　　后汉天福十二年　辽大同元年

正月,契丹灭后晋,强迫出帝及其亲属、百官和都城的工匠北迁今东北。

二月,契丹改国号为辽。不久,辽军陷相州(治今河南安阳市),悉杀城中男子,驱妇女北迁;自定州(今属河北)退兵,又尽驱人民北迁辽境。

契丹南侵引起中原人民的恐慌,本年密州(治今山东诸城市)、棣州(治今山东惠民县东南)刺史俱率州人迁入南唐,雄武节度使何重建以秦、阶、成(治甘肃今县)三州降后蜀并南迁,凤州(治今陕西凤县境)守将亦降蜀南迁。

948年　　后汉乾祐元年　辽天禄二年

幽、蓟诸州灾害严重。当年下半年,幽州流民5000余人流入沧州。

949年　　后汉乾祐二年　辽天禄三年

南唐派皇甫晖出海州和泗州招纳淮北群盗。

辽军在贝州(治今河北清河县西)一带作战,掠民北迁。

950年　　后汉乾祐三年　辽天禄四年

楚国内乱,楚将李彦温、刘彦瑶各率千人投南唐。

辽军仍在河北作战,继续掠民北迁。

951年　　后周广顺元年

六月,楚静江指挥使王逵执武平军节度使马光惠归南唐。

九月,南唐灭楚,尽迁长沙的楚宗室及将佐1000余人于金陵,在衡山的马希萼与部下1万余人不久也迁入南唐,因之迁入金陵、江西和扬州的楚人不在少数。

952年　　后周广顺二年　辽应历二年

辽瀛(治今河北河间市)、莫(治今任丘市北)、幽三州水灾,流民约40万人迁入后周,其中一半是原先被辽军强迫北迁的中原人民。

953年　　广顺三年

江淮大旱,南唐饥民渡淮而北者络绎不绝。

957 年　　后周显德四年

世宗率军攻入南唐,扬州、泰州人民举城南迁。

958 年　　显德五年

南唐求和,割长江以北地予后周,许多淮南人民迁往江南的江宁府和江西一带。

960 年　　宋太祖建隆元年

北宋取代后周。宋军进入北汉界掳掠人民,此后不断强迁北汉民入宋。

961 年　　建隆二年

南唐迁都洪州(今江西南昌市),不久重新迁回江宁,少数随迁人员定居洪州一带。

962 年　　建隆三年

一批北汉降民迁到河北南部安置。

963 年　　建隆四年、乾德元年

平南平和湖南,南平高氏、湖南周氏及其他上层人物被迁入开封。以磁州之地安置北汉降民。

964 年　　宋乾德二年

北汉军俘虏 1000 余人被安置在开封附近,此后陆续有北汉军民迁入河南和河东西南部。

965 年　　乾德三年

后蜀国灭,后主孟昶和国中贵族、官属乃至一些将士、文士和富人均举族北迁开封等地。

969 年　　宋开宝二年

太祖接受薛化光将北汉民大批外迁以削弱其实力的建议。春,徙太原诸县人民 1 万余家于太行山以东和黄河以南。

因部下多叛,蕃族首领、灵武节度使冯继业举族内迁。

971 年　　辽保宁三年　宋开宝四年

南汉国灭,后主和宗室、大臣及将士举族北迁河南。

阻卜族于越延尼里率 450 户自胪朐河畔南下附辽,被分隶宫籍,居住在西辽河流域。

972 年　　宋开宝五年

北汉民 2 000 余户至河北降宋。

975 年　　辽保宁七年　宋开宝八年

南唐国灭,后主李煜并宗室、大臣、将士、著名文人及其家属约 1 万余人北迁开封。南唐金陵、苏州等地的一些人迁入江西避乱。

黄龙府(治今吉林农安县)将燕颇率渤海人反辽失败,余党被迁到通州(治今吉林四平市)等地。

976 年　　宋开宝九年

宋军攻入北汉,俘北汉及山后人民近 5 万口,迁到黄河以南。

977 年　　宋太宗太平兴国二年

割据漳、泉二州的平海军节度使陈洪进赴开封,被迫留居。

978 年　　太平兴国三年

吴越国王钱俶率诸子到开封朝见,被太宗扣下,吴越国的宗室、官吏及其家属 1 万余人不久北迁。

979 年　　辽保宁十一年、乾亨元年　宋太平兴国四年

泉州发兵送陈洪进家属赴开封。

北汉国灭,北汉主刘继元及家属迁到开封,人民大批迁入河南和河北,大将刘继文、卢俊逃入辽国。

辽军在幽州高粱河大败宋军,俘获甚多。

982 年　　宋太平兴国七年

党项首领李继捧附宋,举族迁居开封,李氏亲族多被迁走。其弟反对附宋,奔入夏州东北的地斤泽。

983 年　　辽圣宗统和元年

征阻卜族,有所俘获。

986 年　　辽统和四年　宋雍熙三年

宋军伐辽,将代北四州的人民7.8万余人迁入黄河以南。

辽军破深州等宋州县,纵兵掠民。

辽进攻女真,俘获生口10余万。

987 年　　辽统和五年

辽军继续在河北作战,俘掠所经地区的老幼。

988 年　　统和六年

辽军在河东和河北作战,多有俘掠。

989 年　　统和七年

辽破宋易州(治今河北易县),迁军民于南京(今北京市区南)。

991 年　　宋淳化二年

西北诸路多贩卖人口入蕃,太宗下诏制止。

993 年　　淳化四年

银、夏两州管内的蕃、汉户 8 000 家内附,就近迁入府州(治今陕西府谷县)一带。

994 年　　淳化五年

西夏将绥州居民迁到平夏城(在今宁夏固原市境)。

宋毁夏州城,迁其民于银州等地。

996 年　　宋至道二年

陈靖被委任为劝农使,在陈、许、唐、蔡、邓、汝(均位于今河南西南部)等州招民垦荒。

997 年　　辽统和十五年

辽军攻入宋的河北路边境,将一些州县的人民北迁。

999 年　　辽统和十七年　宋真宗咸平二年

辽将部分兀惹人自今松花江中游迁到今吉林农安县南,置宾州以处之。

宋真宗下诏东、西京诸路招民垦荒。

1001 年　　咸平四年

镇戎军以下军 2 000 人在军城下屯种。不久,原州(治今甘肃镇原县)和渭州(治今平凉市)也招募边民垦荒。

1002 年　　咸平五年

因边将失于安抚,麟(治今陕西神木市北)、府二州的一些蕃人部落迁入西夏境内。

居住黄河以西的西夏杂户 2 万余户降宋,迁到河东的石州。

顺安军(治今河北高阳县东)、威虏军(治今保定市徐水区)和保州(治今保定市)、定州等河北沿边州军大开屯田,以军人为主要劳动力。

1003 年　　咸平六年

经过此前的数次迁移,到本年为止银、夏诸州人民中"衣食稍丰者"均被西夏迁到灵州(治今宁夏灵武市境)一带。

1004 年　　辽统和二十二年　宋景德元年

辽宋达成澶渊之盟,双方停止战争,因战争造成的相互掠民至此终结。

辽选诸族 2 万余骑赴镇州(治今蒙古国布尔根省境)长期屯戍,以防备室韦等漠北部落。

1005 年　　宋景德二年

知镇戎军曹玮建议招募近边人民到塞下屯戍边,为朝廷接受。

广西南丹州蛮内部发生冲突,首领淮勖率族人迁居宜州(今属广西)。

1006 年　　景德三年

京东、京西和淮南三路大水,流民流入河北,朝廷下令听其垦荒。

1007 年　　辽统和二十五年

中京大定府(治今内蒙古宁城县境)修成,迁汉户实之。

1010 年　　统和二十八年

辽军进攻甘州回鹘,破肃州(治今甘肃酒泉市),尽俘其民,修土隗口故城(今地不详)以实之。几年后,又以部分回鹘户置薛特部,居永州(治今内蒙古翁牛特旗东)北。

1011 年　　统和二十九年

结束对高丽的军事行动,以俘获的渤海民户建宁州(治今辽宁瓦房店市境)、归州(治今盖州市境);高丽人分置诸陵庙或赐给内戚和大臣,又以之建立高州(治今内蒙古赤峰市东北)。

1012 年　　辽开泰元年

铁骊将流入部内的兀惹人 100 余户送还辽国,安置在宾州。

1013 年　　宋大中祥符六年

广西抚水州蛮首领蒙坦内附,举族迁入桂州(治今桂林市)。

1015 年　　辽开泰四年

辽军破乌古部和迪烈底部,将两部及辖麦里部的部分人迁到胪朐河(今蒙古国克鲁伦河)畔。

征阻卜族,有俘获。

1016 年　　宋大中祥符九年

广西宋军帮助宜州"蛮"击退抚水州"蛮"进攻,宜州"蛮"700 余户自愿迁入广西汉族地区和荆湖南、北路。

1021 年　　辽开泰十年

女真完颜部原居住在仆干水(今黑龙江牡丹江)畔,约在此前后(11 世纪初)迁到安出虎水(今哈尔滨市阿城区阿什河)一带。

1025 年　　宋仁宗天圣三年

环州(治今甘肃环县)蕃部 1 万余人内附,朝廷下令给土田安置之。

1026 年　　辽太平九年　宋天圣七年

辽饥荒严重,饥民大量流入宋,被安排在唐(治今河南唐河县)、邓(治今邓州市)等州垦田。

辽东京留守下属将领率兵进入女真界,得女真人 270 户而归。

1030 年　　太平十年

大延琳领导辽东渤海人反辽失败,东京道渤海人的绝大部分被西迁至今西辽河流域和辽宁与河北交界地区。汉族战俘迁入辽东,成为当地人口的主体部分。

1041 年　　宋庆历元年

延州沿边建 11 个城堡,并招民垦荒。

1042 年　　宋庆历二年　西夏天授礼法延祚五年

宋招募 2 000 户农民屯垦岢岚军(治今山西岢岚县)北面边地。

西夏建都灵州,后又迁都兴庆府(治今银川市),灵州—兴庆府成为西夏移民的迁入中心。

1043 年　　庆历三年

大臣范仲淹上书称,近年缘边汉户被西夏俘掠甚多。

江西人黄捉鬼兄弟在湖南南部被镇压,5 000 余部众相当部分是江西移民。

1044 年　　宋庆历四年　西夏天授礼法延祚七年

宋夏议和,因战争造成的两国之间的相互掠民大致终止。

1045 年　　庆历五年

平定广西侬智高之乱。此后,在桂州、邕州(治今南宁市)、宜州和钦州常年屯驻宋军 1.3 万人,连家属约达 4 万人。

1046 年　　辽重熙十五年

蒲卢毛朵地区的一些女真人前来附辽。

1048 年　　庆历八年

黄河决口,北流至今天津一带入海,河北水灾频仍,灾民多流往河南。

1049 年　　宋皇祐元年

欧阳修迁居颍州（治今安徽阜阳市）。宋中后期很多南、北方士大夫定居开封、洛阳、许昌、颍州等地。

1050 年　　皇祐二年

因闽、蜀地少人多，仁宗下诏福建和四川四路转运司，允许人民外迁。

1051 年　　辽重熙二十年　　宋皇祐三年

辽将新俘获的党项人安置在苏州（治今辽宁大连市金州区）。

宋泾原路（治今甘肃平凉市）募人耕塞下荒田，每年得谷 100 万石。

1055 年　　宋至和二年

河东招募民户 4 000 户，屯垦代州（治今山西代县）和宁化军（治山西宁武县西南宁化故城）荒地。

1062 年　　宋嘉祐七年

广西转运使李师中以优惠条件募民垦田。

嘉祐年间赵尚宽任唐州知州，加速招民垦荒。邓州在这方面也取得成绩。

1064 年　　宋英宗治平元年

高赋继任唐州知州，继续招民垦荒。

1067 年　　宋治平四年　　西夏拱化五年

西夏横山族帐 1.5 万户、4.51 万人和精兵 1 万人，因不愿西迁兴庆府，在首领嵬名山率领下降宋，定居在绥州和延州一带。

1070 年　　熙宁三年

朝廷要求西北各路妥善安置内附的蕃汉人户，使之定居。

1071 年　　宋熙宁四年

边将王韶经略熙河地区,并组织移民屯田。

陵州井研县(今属四川)采盐为业者 100 余家,每家役使工匠(主要是外地人)二三十人至四五十人。嘉州(治今乐山市)、荣州(治今荣县)等州外地工匠都很多。

渝州南川(治今重庆綦江区南)和巴县(治今重庆市)的三个"蛮夷"大族各有汉族雇工数千家,并不断迫使新迁入的汉户为其耕佃,势力日盛。

1072 年　　熙宁五年

鄜延路招募蕃汉弓箭手近 5 000 人垦种境内荒地。

宋军对今湖南西部雪峰山区的"梅山蛮"用兵,设新化、安化等县。不久,又对今武陵山区的"沅江蛮"用兵,设沅州(治今湖南芷江县)和诚州(治今靖州县)。两地新增户口中一部分是逃入边地的汉人,此后又有一些南方移民因守边、屯垦和逃亡而迁入。

熙宁年间广东韶州永通监的铜矿开采规模甚大,从东南各路前来做工的人员达 10 余万人,很多人已迁此一二十年。

1073 年　　熙宁六年

宋军在泸州(今属四川)以南的"蛮夷"地区扩界,募汉民屯垦,两年后以此地置渽井监。

1074 年　　熙宁七年

边将王韶以河州(治今甘肃临夏市)近城地募汉、蕃弓箭手屯田。

朝廷同意广西桂州知州募民开垦境内荒地的要求。

1078 年　　宋元丰元年

宋军放弃在安南新建的顺州(治今越南广平省广渊),2 万户居民迁宋。

1082年　元丰五年

因外来人口迁入,珠江口外的香山岛本年主客户达5 838户,因以建香山县。

治平至元丰年间,成都府路在今青城山以西汉、蕃交界处设禁山,禁止汉民越界伐木和垦种,梓州路和夔州路也先后设禁山,但汉人仍源源不断越界进入。

1088年　宋哲宗元祐三年

渭州以荒地1万余顷招弓箭手5 261人耕种。

1103年　宋崇宁二年

因拓地益远,熙河路要求路内汉、蕃弓箭手每家选一丁,赴西宁州(治今青海西宁市)、湟州(治今贵德县东)等新区垦种。还有少量汉人在此买田。

1105年　宋崇宁四年　西夏贞观五年

西夏攻入宋镇戎军(治今宁夏固原市),掠走数万人。

1121年　辽保大元年　金天辅五年

金太祖攻辽,辽都统耶律余睹率部族3 000余户降,被迁到金的内地(今黑龙江哈尔滨市阿城区境)。

原居住在安出虎水和宁江州的女真猛安谋克1万余户,迁到泰州(治今吉林洮南市东北)。此后,许多女真部落离开原先居住地,分布到东北各地。

1122年　辽保大二年　金天辅六年

金攻占辽中京大定府,将中京以及阴山以南的契丹人迁到临潢府(治今内蒙古巴林左旗南),以及内地、泰州和浑河(今内蒙古霍林河)流域。不久,契丹人自临潢府逃到附近草原及今蒙古国境内,还有一些人逃入今大兴安岭根河流域。

1123 年　　辽保大三年　金天辅七年、天会元年

四月,金尽驱燕京(今北京市区南)及其周围六州的大族、富户和工技于今东北。

十一月,邻近今东北的迁、润两州(均治今河北秦皇岛市周围)人民被金迁到沈州(治今辽宁沈阳市)。

本年,辽太祖八世孙耶律大石率铁骑 200,自漠南到达漠北的可敦城(在今蒙古国土拉河上游),会合当地部众约 2 万人西征。

1125 年　　辽保大五年　宋宣和七年

辽亡。为避战乱,燕云人民大量迁入北宋,分布在开封一带和河北、河东。

1126 年　　宋钦宗靖康元年　金天会四年

正月,金军攻至黄河北岸,宋徽宗率亲信南下江淮暂避,开封居民开始南下避乱,一些南迁者留居不返,我国历史上第三次北方人口南迁开始。

八月,宋军在河东作战失利,河东人民纷纷渡黄河南奔,州县皆空。不久,河北也出现类似情况。

十一月,河北、河东两路金军进逼开封,沿途官吏、百姓向襄阳府(治今湖北襄阳市襄州区)和邓州一带奔逃。

闰十一月,金军攻占开封,军民 10 余万人出逃,部分人进入京西南路(约当今湖北北部),结成数股流民武装集团。

1127 年　　宋靖康二年、建炎元年　金天会五年

四月,金军掳北宋徽、钦二帝和后妃、皇子、宗室、将臣、乐人、画师、工匠共 10 余万人北去,迁入今东北及河北地区。

五月,赵构在南京(今河南商丘市南)即位,隆祐太后及未被金人带走的一些大臣不久也迁到南京。

八月,宋宗室成员迁移到江宁、镇江二府和扬州,隆祐太后率六宫迁江宁,黄河流域的士大夫、平民百姓纷纷携家南逃。

十月,宋高宗率朝臣、将领沿运河南迁,至扬州。

十一月,张遇率流民武装渡过长江,进入池州(治今安徽池州市贵池区),北方流民武装开始进入江南。

十二月,西京留守孙昭远引兵南迁,河东制置使王瓊率残部退入兴元府(治今陕西汉中市)。

1128 年　　宋高宗建炎二年　金天会六年

正月,滞留在黄河两岸的河北、河东流民继续南迁。金军攻入邓州和均州(治今湖北丹江口市境),荆襄人民开始向长江以南迁移。孔彦舟率大批北方流民武装进入黄州(今属湖北)一带。

二月,为保证四川的安全,宋下令在大散关置使把关,禁止北方流民武装进入。

四月,韩世忠在西京作战失利,率余兵数千人南撤。

六月,宣义郎王择仁率兵 1 万余人自关中迁入襄阳。

七月,新任开封留守杜充无意抗金,集结在城内外的数十万河北抗金义军陆续散去,流入南方。

十二月,隆祐太后在西北籍军队的护卫下进入江南。

本年,金军自河南北撤,临走时迫使黄河以南和汉水流域 10 余州的人民随其北迁,分布在以燕京(今北京市区南)为中心的黄河以北地区,以汴洛为中心的中原雅音因之大规模传入河北和燕京。

1129 年　　宋建炎三年　金天会七年

二月,因金军逼近,宋高宗渡过长江,官员和百姓数万人随其南渡。在此后的数月中,北方人继续自长江各渡口进入江南。

三月,张煜引陕州(治今河南三门峡市西)兵民迁到和州(治今安徽和县)。

四月,范琼率部自寿春(今安徽寿县)至洪州(治今江西南昌市)。

五月,随同宋军南迁的开封、徐州、蔡州等地的避难百姓人数甚多,大臣吕颐浩、张浚曾经商议,要将中原人民尽徙于东南。

六月,耿坚领所部河北义军迁入淮南,东京留守杜充引开封军队南迁。

七月,东京副留守郭仲荀率开封余兵和万余名百姓迁入江南。隆祐太后率六宫、部分大臣和平民逃往江西,很多随迁者因之定居江西。

十月,宋高宗率部分将臣、百姓逃往浙东,一些随迁者因之定居或再迁福建。

十一月,无为军(治今安徽无为县)军民撤到江南。

十二月,知徐州赵立统军人和民兵3万余人迁入楚州(治今江苏淮安市)。

本年,宋军在北方的残余部队大多率所在地的人民南迁。北方流民武装势力极盛,活动在今四川以东、淮河以南、南岭以北、福建以西的广大地区,总人数100余万。

金军在扬州、建康府等地掠民,强迫他们北迁。

女真人和奚人、渤海人、契丹人开始迁入中原和沿边地区屯守。

1130年　　宋建炎四年　　金天会八年

二月,程昌寓率蔡州(治今河南汝南县)军民数千人迁入鼎州(治今湖南常德市)。

三月,管理赵氏宗室的大宗正司迁入广州。建炎和绍兴初因江南平原动乱,进入附近山区乃至福建和岭南避乱的北方移民甚多。

五月,王冠率真州(治今江苏仪征市)军民渡江,迁入溧阳(今属江苏)。

六月,辛兴宗统秦州(治今甘肃天水市)和凤翔府(治今陕西宝鸡市凤翔区)民兵,徐文率山东反金武装5 000人,迁往江南。

八月,刘绍先、刘纲分别率光州(治今河南潢川县)和濠州(治今安徽凤阳县东)军民,迁入九江(今属江西)和溧阳。

九月,陕西宋军败退秦岭以南,四川的北方移民增多。不久,耀州(治今陕西铜川市耀州区)守军迁入四川。

十二月,金搜捕境内南人,立价发卖,部分人被卖到蒙古、西夏、室韦和高丽。

1131 年　　宋绍兴元年　金天会九年

三月,王庶在兴元府招集来自河东和陕西的溃兵,不数月有众 2 万。朝廷令常州、平江府赈济淮南、京东、京西等路渡江避难的移民。

四月,谭兖率邓州兵民退入川中。

六月,邵兴率虢州(治今河南灵宝市)兵民退入兴元府。

十二月,薛安靖率海州全城军民渡淮迁宋。

本年,耶律余睹联合各地契丹人图谋反金失败。为避金军屠杀,一些契丹部落逃入西夏和大漠南北。

1132 年　　宋绍兴二年

正月,高宗率百官迁入临安。

四月,宿州都统吴青率军民数千口,统领王资率 2 000 余人,渡淮迁宋。

闰四月,在刘光世和叶梦得的招纳下,淮北人民纷纷南下投宋。

八月,范温率莱州福岛(今山东青岛市崂山区东南)义军 2 600 余人泛海南迁。

九月,张浚称"舍伪从正"迁入四川的将士达 15 万余人。高宗诏各路存恤安置南下降宋的签军军士。

1133 年　　宋绍兴三年　金天会十一年

四月,因难以在北方立足,董先、翟琮分别率虢州和洛阳的抗金义军迁入襄阳。

至本年为止,各北方流民武装集团均已为宋军击败或收编,100 余万成员多就地安家或参加宋军。

为便于统治和镇守,金再次有组织地将女真人、契丹人、奚人及渤海人迁入中原,散居四方。

1134 年　　宋绍兴四年

建炎时迁到江西的赵氏宗室北迁绍兴府。在此前后,前往岭南和东南山区避兵的北方移民中的大部分都迁到长江以南的平原地区。

1135 年　　绍兴五年　金天会十三年

宋军击败金、齐联军的大举进攻,仍忠于宋朝的淮北人民复大批南迁,高宗诏淮南宣抚司予以抚存。

1136 年　　宋绍兴六年　金天会十四年

二月,宋将韩世忠从一度攻占的淮北退兵,淮北民 1 万余人随其南归。

鼎、澧、辰、沅四州(均位于今湖南西部)招募民户 3 500 充任弓弩手,拨官田耕种。

1137 年　　宋绍兴七年

部将郦琼叛,杀中军统制张景等,执吕祉、赵康直、赵不群,以兵四万奔淮西,叛降伪齐。

1138 年　　宋绍兴八年　金天眷元年

春,金废刘豫政权,寿、亳、陈、蔡等州惊恐南迁者甚众,仅进入庐州一地的淮北兵即达四五万人。右正言李谊建议于淮南、荆襄侨建北方州郡,安置移民,未获批准。

本年,宋枢密院编修胡铨反对议和,被流放昭州(治今广西平乐),后又改流放吉阳军(治今海南省三亚市西),绍兴二十六年始得北返。今广东、广西和海南宋代是流放犯人的主要地区,一些流放者及家属因不能北返而定居于此。

1140 年　　宋绍兴十年　金天眷三年

五月,金军重新占领放弃一年半的黄河以南地区,河南和关中人民纷纷随后撤的宋军迁入荆襄、四川和江南。

十月,驻守开封的刘豫军 5 700 人迁入镇江。

1141 年　　宋绍兴十一年　金皇统元年

六月,宋军最后放弃河南,洛阳军民几万人在李兴的率领下南迁,海州人民被举城迁到镇江。

十一月,宋金达成和约,规定疆界,禁止招纳对方人员,北方人民的大规模南迁告一阶段。在此前的 10 余年中,大约有 500 万北方移民定居在南方。

十二月,朝廷要求各府州通过制定产业簿,确定定居本地的北方移民的财产和户等,使移民就地入籍。

本年,金再次将女真人、奚人、契丹人、渤海人迁入华北。

1142 年　　宋绍兴十二年

因战争结束,迁入淮南、荆襄、陕南的北方移民开始定居,两浙、江西、江东和福建等人多地少地区的人民为寻求耕地开始向这些区域迁移。

1149 年　　金皇统九年

辽阳的渤海人再次被迁入中原,定居在都城以南。

1150 年　　宋绍兴二十年

临安府钱塘、仁和两附郭县的北方移民就地登记户籍。

朝廷接受庐州知州吴逵的建议,将两浙、江西、江东、福建的人民迁到淮南垦田。

1151 年　　宋绍兴二十一年

朝廷接受吕稽中的建议,召募百姓前往湖南毗邻的广西地区垦荒。

1153 年　　金贞元元年

金将都城自上京会宁府迁到燕京,改名中都,并以免除 10 年徭役的优惠办法吸引人民迁入。

上京路约 12 个猛安的女真人迁入中原。

由于金统治中心内迁,汉人向东北的迁移基本停止。

1156 年　　宋绍兴二十六年

宋规定科举考试时"流寓人"与土著士人一同录取,按适当比例增加名额,不再另立流寓试。

京西南、淮南东、淮南西、湖北等路人口稀少,官田多无人开垦,朝廷令四川四路劝谕人民前往垦佃。

1161 年　　宋绍兴三十一年　金正隆六年、大定元年

六月,金海陵王率军进入河南,即将侵宋。宋开始接纳北方移民,淮北民兵崔唯夫、董臻率 1 万余人迁入。

九月,均州招纳到金界人民数万口,泗州官民渡淮南迁。

十月,高宗下令招谕北方人民,淮北民继续迁入宋境。金军进至长江北岸,扬、滁、真、和等州人民南渡避难。

十一月,邓州人苏俦率家属和客户 4 000 余人迁入湖北,淮宁府举城归宋。

十二月,淮南金军全部北撤,金世宗在辽阳继位后率军队迁往中都。

1162 年　　宋绍兴三十二年　金大定二年

二月,宋将赵撙奉命自蔡州撤到德安府(今湖北安陆市),当地居民皆随之。

闰二月,湖北、京西两路的西北移民甚多,朝廷要求分给官田,贷予耕牛和种子。

三月,右迪功郎卢仲贤招纳到归正人 10 752 人,安排在濠州屯田。

四月,蒙城人倪震率 4 000 余人迁入淮南,宋军在新收复的秦洮路招到正弓兵手 1 万人。在此前后,宋军戚方部收到归正人和金兵 4 000 余人。

五月,张浚趁金国饥荒严重,以钱、米招徕北方人补充军队,数月间采应者不绝。

七月,迁入楚州的北方移民甚多,均留在当地屯田。

十一月,山东人民南迁不绝,仅海州便召募到 4 000 余人,并各有家口,多者达 10 余口。

本年,驻咸平府(治今辽宁开原市南)和济州(治今吉林农安县)的 2 万名女真军人调入中都城。

1163 年　　宋孝宗隆兴元年　金大定三年

五月,宋军渡淮,夺取灵璧、虹县两城,金将蒲察徒穆、大周仁率 1 万余人投降,继而萧琦率兵马自宿州投宋。

七月,寿春府军民 1 万余户迁宋,在此前后有数十万北方移民迁入四川。因深受女真影响的北方移民迁入,临安出现"士庶服饰乱常,声音乱雅"的现象。

十月,金军反攻,进入淮南,当地人民数十万南渡避难。

十二月,宋金讲和,因海陵南侵产生的北人南迁结束。

本年,定居开封的犹太人建立犹太教的寺庙。犹太人迁入时间不详,一说在北宋后期。

1166 年　　宋乾道二年

两浙路温州各县大潮灾,沿海人民死亡甚多,福建长溪(今霞浦县)等地人民纷纷前往垦种。

1170 年　　乾道六年

孝宗询问新从广东改任的饶州(治今江西鄱阳县)知州,能否劝诱饶州及附近各州的人民迁往广南东、西路。两宋之际,已有来自江西、福建和两浙等路的移民迁入广东。

1171 年　　乾道七年

江东、江西、湖南等路饥荒,人民流入淮南。庐州等地安排耕地和房舍,使之定居。在此前后,还有两浙、福建等地的移民迁入淮南。在乾道以后的淮南人口中,北方籍和南方籍移民所占比重大致相当。

1176 年　　宋淳熙三年

很多来自江西、江东等路的农民携家前往荆南府及安、复、鄂诸州(均在今湖北省),以及常德府和澧州(均在今湖南洞庭湖西岸)等地,请佃荒田。

1177 年　　金大定十七年

金将在西南(治今内蒙古正蓝旗境)、西北(治今呼和浩特市东)两路招讨司戍边的契丹人迁入东北,和女真人杂居。

1180 年　　宋淳熙七年

江西北部诸州大旱,饥民流入两淮。

1181 年　　宋淳熙八年　　金大定二十一年

两浙、江西、江东等路水旱相继,灾民流入江淮诸州。朝廷要求予以安置,愿耕种者拨给官田。

奚人的 6 个猛安至本年均已徙居咸平府(治今辽宁开原市北)、临潢府和泰州。

山西一带田地多为权要所占,一些无地人民向阴山迁移。

1182 年　　宋淳熙九年

广东大奚山岛(今香港大濠岛)上有许多福建移民。

1183 年　　宋淳熙十年　　金大定二十三年

全州(今属广西)有许多自外地迁入的汉人,包括避税的商人和亡命的罪犯。

本年,分布华北的猛安谋克(均由女真人、契丹人、奚人组成)有 40 余万户,400 余万口。

1184 年　　宋淳熙十一年　金大定二十四年

江东路农民自发前往黄州开垦荒田。

因汉族农民不断迁入边地,四川文、龙、威、茂、嘉、叙、恭、涪、施、黔等州汉、蕃交界处禁止汉民进入的边地(禁山)均获垦辟。

金复以会宁府为上京,徙速频路和胡里改路女真 3 猛安 24 谋克以实之。

1185 年　　金大定二十五年

金又于速频和胡里改两路女真人中组成 3 猛安,移置上京附近。

1187 年　　金大定二十七年

为避免与汉族融合,金下令女真人不得改用汉族的姓氏,穿汉族的服装,违者抵罪。

1189 年　　金大定二十九年

因河东人口过密,河南地广人稀,世宗同意由政府组织移民河南的请求。

1191 年　　金明昌二年

金在临潢至西夏沿边设 10 余个军事重镇,派猛安谋克勋臣子孙居住镇守,并招募汉人佃种边地。

1205 年　　西夏天庆十二年

成吉思汗率蒙古军征西夏,拔力吉里寨,经落思城,大掠人民而归。

1206 年　　宋宁宗开禧二年　金泰和六年

四月,宋军渡过淮河,发动北伐战争。王皋、王立、康宁各率所部降宋,淮北数十万名饥民中的部分人渡淮南迁。

十月,金军渡淮反攻,数十万江淮人民再次南渡长江避乱。朝廷要求两浙路围垦湖泊,以供两淮流民耕种。

1208年　　宋嘉定元年　金泰和八年
宋金嘉定和议成立,因开禧北伐导致的北人南迁结束。

1209年　　蒙古成吉思汗四年
蒙古军攻西夏,围中兴府,迫西夏求和而去。
畏兀儿亦都护巴尔术阿忒的斤朝见成吉思汗,不久率军1万人随同蒙古军在中原作战,许多人因而留居。

1211年　　金大安三年　蒙古成吉思汗六年
蒙古军开始进攻金国,金上京军队2万人和驻泰州军队均赴京入援。
随着军队的南进,蒙古人从漠北草原迁入漠南。
蒙古军进攻西辽,哈剌鲁(在今哈萨克斯坦的巴尔喀什湖以东)可汗投附,不久,数千名哈剌鲁军人进入中原作战。

1213年　　金贞祐元年　蒙古成吉思汗八年
冬,蒙古军攻入华北。至次年春,破河北、河东、山东90余府州,人民被俘掠者甚多,史秉直奉命率十余万家汉人北迁漠北。

1214年　　金贞祐二年　蒙古成吉思汗九年
三月,金宣宗向成吉思汗求和,献岐国公主和童男女500名及金帛等。
七月,因中都城易受蒙古军事威胁,金将都城迁到南京开封府(今属河南)。
十二月,宣宗下诏"听民南渡",河北、山西等地的人民大批迁入黄河以南,猛安谋克军户的家属也悉数南迁。
金临潢府、全州、庆州和兴州自塞外南迁,分别侨置于平州(治今河北卢龙县)和顺州密云县(今属北京市)。不久,前三府州的部分移民渡海迁入山东益都(今青州市)。

1215 年　　宋嘉定八年　金贞祐三年　蒙古成吉思汗十年

安庆府、光州等地流民渡江,迁入信州和饶州。

金军在河北、山西等地失利,猛安谋克军人悉数迁入黄河以南和关中地区。

契丹人石抹阿辛率北京(治今内蒙古宁城县境)等路契丹人1.2万户降蒙。蒙古攻金以后,契丹人纷纷投附参战,沦为俘虏的女真军人被迫参加,他们因镇守、任官等原因重新迁移。

蒙古开始经营燕京(今北京市),将部分俘掠来的工匠安置于此。

1216 年　　蒙古成吉思汗十一年

蒙古军攻入钦察(在今乌拉尔河至黑海以北),一些钦察人迁入中国。

金山、元帅六哥率契丹和女真人9万余人自东北逃入高丽,几年后为蒙古军战败,小部分人留居高丽,其余多迁到临潢。

1217 年　　宋嘉定十年　金贞祐五年　蒙古成吉思汗十二年

四月,金发动南侵扩地之役。山东反金武装投宋,仅楚州便聚集了10万人。

约在本年前后,蒙古大将镇海率各族移民1万余人在阿鲁欢屯田,建立称海城(在今蒙古国科布多东南);1000余名工匠迁到谦谦州(在今俄罗斯西伯利亚叶尼塞河上游)。

1218 年　　宋嘉定十一年　蒙古成吉思汗十三年

春,宋利州将麻仲率北方反金力量在秦州作战失利,数十万溃兵和流民涌入利州路北部各州。

因北方战乱,很多金朝人民自发迁宋。其中,荆鄂都统制孟宗政招纳的唐、邓、蔡三郡青壮年达2万余人。

蒙古军开始第一次西征,数年间征服西辽、花剌子模等国,以及吉利吉思(在今俄罗斯叶尼塞河流域)、康里(在今乌拉尔河以东至咸海东北)等部落,上述地区的人民大批迁入中原和漠北。

1219 年　　　宋嘉定十二年　金兴定三年

闰三月,因金军攻入,淮南和荆襄人民渡江避乱。

1220 年　　　蒙古成吉思汗十五年

道士丘处机在大雪山(今阿富汗和巴基斯坦边境的兴都库什山)晋见成吉思汗。西行途中,丘处机在谦谦州、称海城、别失八里城(在今新疆吉木萨尔县北)、撒麻耳干等地都看到居住当地的汉族移民。

1221 年　　　金兴定五年　蒙古成吉思汗十六年

因河北饥荒严重,南渡之民不断增加,金宣宗诏安排摆渡并予以接济。

蒙古军攻占河中(今山西永济市),掠民甚多。

西夏派 5 万军人参加蒙古攻金战争,这些人以后多留居中原。

1222 年　　　金元光元年　蒙古成吉思汗十七年

二月,因河南人口密度过大,粮食供应困难,金徙部分屯军与家属赴关中就粮。

十月,蒙古军进至河东路临晋一带,关中军民纷纷前往南山(今秦岭)避难。

成吉思汗进攻中亚伊斯兰国家,多有掠民。

1223 年　　　宋嘉定十六年　蒙古成吉思汗十八年

四川一些富户携帮工,自带农具、耕牛,往利州路垦荒,仅西和州(治今甘肃西和县)便有 1 000 余人。

速不台率蒙古军越过太和岭(今俄罗斯外高加索山),击败钦察部和康里部,又略阿速部而还,各部人民被掠入中原。当年,以所俘的灭里吉、乃蛮、怯烈、杭斤、钦察诸部千户设为一军。

1224 年　　宋嘉定十七年　金正大元年　蒙古成吉思汗十九年

　　金向宋求和，因宣宗南侵引起的北人南迁结束，新迁入的北方移民在陕南、荆襄、淮南的人口中占了较大比重。

　　蒙古军攻入西夏，俘人民和牲畜数十万。

　　蒙古军攻入高丽，此后数次在高丽作战，许多高丽人被迁入中国。

1227 年　　蒙古成吉思汗二十二年　西夏宝义二年

　　蒙古灭西夏，西夏人多沦为俘虏，东迁大同、应州（治今山西应县）等地。还有一些人逃入金国唐、邓等州，或向今青藏高原东部迁移。

1230 年　　金正大七年

　　金放弃关中，关中人民向河南迁移。

1231 年　　宋理宗绍定四年　金正大八年

　　一些金国人民为避战乱南迁，仅暂寓襄阳九华寺的人便达数百名。

1232 年　　宋绍定五年　金天兴元年　蒙古窝阔台汗四年

　　因蒙古军即将兵临城下，又有约 50 万名军人及家属迁入开封城内，城中人口一度达 200 余万。

　　中原饥荒严重，许多人迁到今河南和陕西交界山区。

　　蒙古军开始将河南人民俘掠至黄河以北乃至漠北草原。

　　南宋与蒙古联合灭金，北方人民大批迁入荆襄、四川和淮南。

1233 年　　宋绍定六年　金天兴二年　蒙古窝阔台汗五年

　　孟珙率宋军在河南作战，先后俘金军 1.55 万人，获民户约 16 万余，并将其迁入荆襄。

　　蒙古军攻占开封，强迫工匠、儒、释、道、医、卜迁到黄河以北。

1234 年　　金天兴三年　蒙古窝阔台汗六年

　　金亡，是年河南饥荒严重，人民纷纷迁往黄河以北就食。

高丽叛将洪福源率所部一二万人退入辽东,蒙古将其安置在辽阳、沈阳一带。

1235年　　宋端平二年　蒙古窝阔台汗七年

蒙古取均、邓、唐三州,将10余万人民迁到洛阳以西的长水、福昌和永宁诸县。

蒙古军分兵三路,攻打四川、荆襄和淮南。南宋下令江淮清野,百姓纷纷进入长江以南迁难。

蒙古大将曲出在荆襄掠人民牛马数万而还。

部分金朝遗民迁入泗州五河河口耕种,数年后南宋以此设淮安军(治今安徽五河县)。

蒙古军第二次西征,兵锋直指东欧,东欧人民开始迁入中原。

汉人和西域工匠在漠北建和林城(今蒙古国鄂尔浑河上游东岸哈尔和林)。

1236年　　宋端平三年　蒙古窝阔台汗八年

蒙古军在四川加紧进攻,当地人或被掳至北方当奴隶,或逃入大宁监(治今重庆巫溪县)等深山区,或向长江中下游迁移。

北方移民继续南下,黄州造屋3万间供其居住。

蒙古军攻占襄阳,将人民迁到洛阳。

蒙古派学者杨惟中、姚枢随军南下,收集儒、释、道、医、卜等人。姚枢在德安得理学家赵复,送往燕京讲学,程朱理学开始行于北方。

蒙古在中原搜刮民匠,共得72万户,其中3 000户被赐给五位大将。

1237年　　宋嘉熙元年　蒙古窝阔台汗九年

春,蒙古灭钦察部,数万人被迫从军或被掠为奴,迁入中原。

蒙古军加紧在四川和襄阳的军事行动,两地民众多迁到江陵府和鄂州(治今湖北武汉市武昌)之间的长江两岸,以及洞庭湖西北地区避难。淮南人数十万迁入江南,临安府、江阴军、建康府、太平州、池州、兴国军、江州、鄂州、宁国府等地都有不少移民。

1238 年　　宋嘉熙二年　蒙古窝阔台汗十年

赵玄习、李元佑率 2 000 名高丽人降蒙,迁入辽阳。

南宋金州、洋州人民降蒙,迁到成州(治今甘肃成县)。

1239 年　　宋嘉熙三年　蒙古窝阔台汗十一年

秋,十余万北方流民南渡长江,迁入江西。

蒙古军征服阿速部,国主杭忽思降,国主之子所率的 1 000 余名军人和守卫阿儿思兰城的军队后随蒙古军迁入中原。

1241 年　　蒙古窝阔台汗十三年

蒙古军进攻斡罗思(即今俄罗斯),夺取秃里思哥城,尽取所部而还,斡罗思人开始迁入中原。

高丽国王子王绰来华充当质子,后留居中国。

1243 年　　宋淳祐三年

蒙古军加紧在四川的军事行动,当地人民再次大举东迁。

1244 年　　宋淳祐四年

宋将孟珙招纳河南八郡人民迁入荆襄,以青壮年组成武胜军。

1245 年　　宋淳祐五年

七月,朝廷令江南各沿江府州安置新近流入的北方移民。

1252 年　　蒙古蒙哥汗二年

唐、邓、申(治今河南南阳市)、裕(治今方城县)、嵩(治今嵩县)、汝、蔡、陈(治今淮阳县)、亳、颍(治今安徽阜阳市)等州大兴屯田。

1253 年　　蒙古蒙哥汗三年

蒙古军在四川筑利、阆二州城,且耕且守;又将迁居洛阳以西十八九年的唐、邓、均、襄阳等四府州人民迁回襄邓屯田。

蒙古军第三次西征,占领西南亚的一些国家,当地一些人民迁入中原。此后,广大西域处于蒙古诸汗国统治下,东西方交通空前畅通,因经商、任官、传教等原因迁入中原的西域人为数甚多。

1254 年　　蒙古蒙哥汗四年

蒙古军在高丽作战,掳男女 20 万余人,很多被迁入中国。

1256 年　　蒙古蒙哥汗六年

蒙古军在西域作战,蒙哥汗将居住阿木河(今土库曼斯坦和乌兹别克斯坦的阿姆河)流域的回回降民分赐诸王百官。

1258 年　　宋宝祐六年

理宗诏江阴军发米赈济在此上岸的淮南移民。

1259 年　　宋开庆元年　蒙古蒙哥汗九年

九月,蒙古攻占合州(治今重庆市合川区),俘男女 8 万余人。

闰十一月,蒙古军在鄂州掠民 2 万北上。

扬州于平山堂外筑大城,驻扎新从开封以南迁入的移民 2 万人。

常德奉命西行,在龙骨河(今新疆北部乌伦古河)西北、阿里麻里城(在今新疆霍城县西)等地,看见很多随成吉思汗西征定居下来的汉族移民。

1260 年　　蒙古忽必烈中统元年

三月,忽必烈在开平(今内蒙古正蓝旗东)即帝位,开平府成为元朝都城,开始组织移民此地。

五月,征诸路兵 3 万驻燕京(今北京市)近地。

尼波罗（今尼泊尔）人阿尼哥率国人80人前往吐蕃修黄金塔。阿尼哥后留居中原，任元朝匠人总管。

1261年　蒙古中统二年

原留居蔡州的南宋降民和自鄂州迁来的人民均被迁居怀孟路（治今河南沁阳市）。

华北和漠北的金玉、玛瑙工匠3000余户迁入燕京。

曳捏即（今地不详）地区的蒙古贫民迁到河南、平阳、太原等地就食。

本年蒙古国全国约有250余万户，其中周边民族移民及后裔50余万。

1262年　宋景定三年　蒙古中统三年

二月，蒙古大将李璮降宋，其辖下涟水（今属江苏）三城之人被迁入通州（今江苏南通市）和泰州。宋军乘胜出击，迁邳州（今属江苏）民于楚州等地。

三月，蒙古将息州（治今河南息县）民迁到蔡州（治今河南汝南县）。括木速蛮（伊斯兰教教徒）、畏吾儿、也里可温（基督教教徒和教士）、答失蛮（伊斯兰教教士）等户丁为兵。弘州（治今河北阳原县）的锦工绣女被迁到京师。

本年，蒙古军夺取泸州，将其民迁到成都和潼川（今四川三台县）。

南宋在广西路的静江府、邕、钦、宜、融（治今广西融水县）、柳、象、浔（治今桂平市）等州募民屯田。

1263年　蒙古中统四年

以高丽质子王綧为高丽军民总管，分领2000余户，理沈州。

1264年　蒙古至元元年

西北诸王阿里不哥来降，部众被安置在北京宣慰司（治今内蒙古宁城县境）、西京宣慰司（治今山西大同市）及隆兴路总管府（治今河北张北县)。

蒙古一些部落迁入中兴路(治今宁夏银川市)。

1265 年　　蒙古至元二年

五月,为吸引移民,世祖下令上都商税、酒醋诸课毋征,自愿迁居的移民可免除徭役。

朝廷将孟州(治今河南孟州市)以东黄河两岸地区的荒田分给蒙古军。

1266 年　　蒙古至元三年

二月,立沈州(治今辽宁沈阳市),以安置高丽降民。

五月,朝廷令中兴路黄河灌区内寺院的田地听任蒙古人垦种。

八月,蒙古大将阿术略地荆襄,俘万余人。

东平乐工 400 余人应征入燕京,92 人以后留居此地。

本年,大都城有回回 2 953 户,多是富商巨贾、势要兼并之家。

1267 年　　蒙古至元四年

迁都大都城(今北京市),大都开始成为北方周边民族和汉族移民的主要迁入地。

蒙古大将阿术在襄阳作战,俘生口 5 万。

1269 年　　宋度宗咸淳五年　蒙古至元六年

阿术率蒙古军继续在荆襄作战,掠 1 万余人而去。

蒙古再次出兵高丽,大批高丽人被掳入中国。

1270 年　　蒙古至元七年

八月,蒙古诸王拜答寒部饥荒,朝廷令无车马的贫民在甘、肃、沙三州就食,有车马者迁居黄忽儿玉良之地(今地不详)。

十二月,原迁入怀孟路的南方人 1 800 余户迁入河西。

1271 年　　元至元八年

征西夏旧地的回回人当兵。

随州和鄂州之民1 107户迁入中兴府。

应元朝的征发，木发里（今伊拉克摩苏尔）人阿老瓦丁和伊利汗国（在今西亚地区）人亦思马迁入中原，二人都是善于造炮、用炮的名匠。

1273 年　　至元十年

安西（治今陕西西安市）相李德辉迁贫民2 000家到泾河两岸屯田。

1274 年　　宋咸淳十年　　元至元十一年

五月，元签延安、沙井和静州（二地均在今内蒙古四子王旗北）等处汪古部民户充军。

十二月，南宋令建康府、太平州和池州赈济新迁入的淮南移民。

1275 年　　宋恭帝德祐元年　　元至元十二年

正月，元军渡过长江，一些江南人向南迁移避乱。

三月，4 800余户南方人迁入中兴府，因之增设怀远、灵武两县。

七月，元派使者到江南搜罗儒、医、僧、道、阴阳人等。

本年，高昌亦都护火赤哈儿的斤在与西北叛王的作战中战死，其子纽林的斤率部数万人迁入永昌（今属甘肃）及河西一带。

1276 年　　宋德祐二年　　元至元十三年

正月，元军入临安，宋奉表降。不久，掳宋恭帝、全太后、大臣以及三学诸生赴大都城。

不愿降元的大臣陈宜中、张世杰、文天祥拥立赵昰为宋主，分别到达温州，旋入福建。十一月，南宋残部约50万人自福建分海陆两路进入广东。

元籍江南30万户工匠，近20万户后被编为匠户，有的被迁到政府指定的工场所在地。

元军在台州(治今浙江临海市)、静江府(治今广西桂林市)等地掠民为奴并迫其北迁。

1277 年　　宋端宗景炎二年

梅州(今属广东)因战乱人口大减,福建宁化和江西赣州的客家人纷纷向此迁移。

1278 年　　元至元十五年

弘州和荨麻林(在今河北张北县境)二地设局生产纳失失(一种源于西域的织金绸缎),3 000 余户工匠均来自花刺子模国的撒麻耳干。

刘国杰统侍卫军 1 万人北征漠北,并在称海、和林屯田。

1279 年　　宋祥兴二年　元至元十六年

二月,南宋残部在广东进行的最后抵抗失败,幸存的 10 余万人除少数大臣流落海外,或北归江南,或隐匿在广东各地。

三月,元征两淮善造回回炮的新附军匠 600 人,及蒙古、回回、汉人、新附人能造炮者,集中到大都城。

四月,扬州新附军 2 万人携家征调到大都。

五月,一些蒙古军人在宋亡之前逃入南方,至是重新编入蒙古军。

八月,江南新附军各 5 000 人分别被征调到太原、大名和卫州(治今河南卫辉市),探马赤军 1 万人和部分新附军被派到斡端(今新疆和田市)戍守。

九月,元将忽必来率蒙古军 2 000 人、河西军 1 000 人前往斡端驻守。

在此前后,元朝命令各宗王率兵驻镇和林、云南、新疆、河西、辽东、扬州等地,宗王及其所率军队大多在各地定居下来。其他在各地驻戍、任官的蒙古、色目、女真、契丹人,大多率家属世居一地。

1280 年　　至元十七年

淮西募民垦荒。

1281 年　　至元十八年

七月,汉族军人 1 000 人到别失八里屯田。搜罗回回炮手散居他郡者赴南京路(相当今河南、山东)屯田。

十月,募民垦淮西荒田。

本年,甘、肃、沙三州开始屯田,其中甘州的 5 000 名屯田军人是新附军。

1282 年　　至元十九年

三月,新附军 1 382 户迁入宁夏府路(原中兴路)等地屯田。

1283 年　　至元二十年

八月,原驻屯在腹里的新附军迁于东京(今辽宁辽阳市)。

大臣崔彧上疏言事,称"内地百姓流移江南避赋役者已十五万户"。

1284 年　　至元二十一年

募人开垦江淮地区自襄阳至东海间的荒田。

1 万名军人在成都附近屯田,共设 14 屯。新附军 1 281 户在辽东半岛的金州和复州屯田。

征缅结束,哈剌鲁人合带、不都蛮以兵 5 000 留守建都(指今四川西昌一带)和金齿(指今云南德宏州一带)之地。

1285 年　　至元二十二年

正月,江南乐工 800 家被迁到大都城。

九月,世祖诏听民自实两淮荒地。

十月,雪雪的斤领畏兀儿民户 1 000 户戍合剌章(即云南),后长驻于此。

1286 年　　至元二十三年

四月,因北方人民大量流往南方,且北方人在南方任官期满后多不愿归，朝廷派使者南下迫使其返回，并在黄河、长江和淮河各渡口派人把关，商人以外的人员如无政府公文不得通行。

八月，蒙古军3 000人到清州、沧州和靖海屯田。

九月，再次下令听民自实两淮荒地，免税三年。

十月，来自南方的新附军1 000人进入别失八里屯田。

1287年　　至元二十四年

元以在首都值宿的哈剌鲁军人立万户府，不久移襄阳屯田。

设肇州（治今黑龙江肇东市境），吉利吉思、兀速和憨哈纳思三部人居之，此三部后被合称为乌良哈。

1288年　　至元二十五年

西北诸王海都叛乱，属民大量流入内地，散居云州（治今山西大同市）、朔州（治今市）一带。

斡端和可失合儿（今新疆喀什市）的工匠1 500户在甘肃、陕西一带屯田。

1289年　　至元二十六年

二月，江南各地重新登记户口，灭宋后自北方迁来的各类移民均就地入籍。

四月，辽东叛王乃颜部众及家属共六七万人被流放江南。

十二月，南宋宗室成员悉被迁到大都。

1290年　　至元二十七年

正月，回回3 000户被派到滕竭儿（今新疆阜康市）屯田。

四月，世祖遣使者到马八儿国（在今印度东南部）寻求方技。

1291年　　至元二十八年

瓜、沙二州民东迁甘州和肃州，屯田军人成为当地人口的主要部分。

元下令禁止贩卖蒙古人至回回等地。

意大利人约翰·孟德高维奴奉罗马天主教教皇之命,前往中国宣教,后在大都城任汗八里总主教,死在中国。

1293 年　　至元三十年

原居东北、隶属于乃颜部的 400 户女真人迁扬州屯田。

诏禁止江南州郡贩卖良家子到北方和漠北。时北方人酷爱江南有技艺之人,江南处处有人口市场。此外,还有一些北方人被贩卖到漠北。

1295 年　　元成宗元贞元年

蒙古乃颜部、女真人、水达达人共 600 户迁到肇州屯田。

1298 年　　元大德二年

朝廷以两淮闲田供蒙古军屯种。

1299 年　　大德三年

蒙古侍卫军在称海屯田。

1301 年　　大德五年

原居永昌、河西、巩昌的畏吾儿人向东迁徙,被安置在南阳府和襄阳路。

1306 年　　大德十年

元攻灭窝阔台汗国,汗王所领部众有的被元军俘虏,迁入漠北者亦甚众。

伊利汗国内乱,部民溃散,可能有部分人逃入元朝。

汉军万人在和林屯田。

1307 年　　大德十一年

北方饥荒,流民多流移江南。

1308 年　　元武宗至大元年

二月,漠北贫民大量南迁,多在大同、隆兴(治今河北张北县)等路屯田。

设康里卫,驻大都城,探马赤军中的康里人皆集中于此。

1311 年　　至大四年

天主教教皇再派拖玛斯、哲罗姆和彼得三人前往中国宣教,后相继成为泉州的主教,皆死于中国。

1316 年　　元仁宗延祐三年

畏兀儿及新附军 5 000 人进入乌蒙(今云南昭通市)屯田,后长驻于此。

高丽、女真、汉军共 1 500 人在滨州(今属山东)、辽河、庆云(在今辽宁康平县境)和赵州(治今河北赵县)屯田。

1317 年　　延祐四年

腹里地区饥荒严重,一些人流入江西、江浙行省。

1320 年　　延祐七年

许多蒙古人流入中原沿边,朝廷送 3 万匹马使部分人返回,并将部分人安置在上都、辽阳、大同、甘肃等地放牧或屯田。

1329 年　　元文宗天历二年

文宗诏僧、道、也里可温、术忽、答失蛮为商者依旧制纳税。一些学者认为术忽即犹太人,主要在元代迁入。

1330 年　　元至顺元年

以 1 万名斡罗思人设斡罗思亲军都指挥使司,当驻在大都附近。

1331 年　　元至顺二年

高丽国王称：近年许多高丽人因躲避差役、摆脱奴婢身份，逃往中国的辽阳、沈阳及女真地区。

1338 年　　元惠宗至元四年

四川资、普、昌、隆四州境内的外地移民达 20 余万户，为此本年增设绍熙等处军民宣抚司以统之，但不久即废。

1342 年　　至正二年

定州建礼拜寺（即清真寺）。其建寺碑文极言伊斯兰教传播状况："今近而京城，远而诸路，其寺万余，俱西向以行拜天之礼。"

1343 年　　至正三年

回回刺里 500 余人自陕西渡河到河东一带活动，一说回回刺里是吉卜赛人。

1352 年　　至正十二年

南宋末帝及其亲属被迁到沙州。

1354 年　　至正十四年

高丽将柳濯率 2 000 余军人征调入元，后率此军及在都城的高丽人 23 000 人赴高邮（今属江苏）同农民军作战。

1357 年　　至正十七年

泉州（今属福建）的回回移民及后裔以武力割据，并一度攻占邻近的兴化路。

徐寿辉农民军将领明玉珍率兵 1 万余入四川。此后，又将约 20 万名军人调入四川。与家属合计，明氏移民的数量大约为 40 万。移民主要迁自湖广黄州府（治今湖北黄冈市）和德安府（治今湖北安陆市）。

1358 年　　韩宋龙凤四年　元至正十八年

十二月，朱元璋迁宁越七县(今浙江地)富民子弟往应天府(治今江苏南京市)。

1365 年　　韩宋龙凤十一年　元至正二十五年

五月，朱元璋允许原籍濠泗(今安徽凤阳一带)、安丰(治今安徽寿县)、汴梁(今河南开封市)、两淮等地的老兵，退伍后于应天府附近居住。

十月，朱元璋迁泰州张士诚部降民 5 129 人于湖广潭州(治今湖南长沙市)和辰州(治今湖南沅陵县)卫所。

1366 年　　韩宋龙凤十二年　元至正二十六年

三月，朱元璋迁高邮张士诚部降民 2 212 人于湖广沔阳州(治今湖北仙桃市)和辰州卫所。

1367 年　　朱元璋吴元年　元至正二十七年

十月，朱元璋迁苏州富民于濠州耕种。

十二月，朱元璋迁浙江方国珍部属官于濠州卫所。

1368 年　　明太祖洪武元年

一月，朱元璋定国号为明，以应天府城为京师。来自各地的官吏及其家属约 2 万人迁入京师。

八月，明军攻占大都，元顺帝率部分臣子逃往上都，大都城中的人口外逃。迁北平(今北京)元故官于京师卫所。

九月，迁北平城元降兵降民于河南汴梁卫所。

1369 年　　洪武二年

四月，迁河北口外(今河北、北京长城以北)地区的元降民于南方卫所。迁湖北均州(今湖北丹江口市均县镇)、北平房山(今北京市房山区)元降民 70 人于浙江温州和明州(今宁波市)卫所。迁甘肃固原元降民 7 000 人于河南汴梁卫所。至洪武后期,开封府地驻扎的卫所军人及家属大约有 8.5 万人。除故元军队的降卒外,其他多来自山西。

九月,迁湖广黄州民于和州(今安徽和县)。

十二月,迁河北口外元降民于山东东昌(今山东聊城市)、临清(今属山东)。

设绥德卫(治今陕西绥德县),兵员多达 2.2 万,与家属合计约为 6.6 万人口,其中外来军人及家属约为 3.3 万。

1371 年　洪武三年

三月,迁永平(治今河北卢龙县)一带元屯田兵 1 660 人于北平燕山卫(治今北京市)。

四月,迁边塞蒙古降军于四川卫所。除了调入的蒙古降军外,四川军卫的战士多由元末迁入的明氏降军充任,外地迁入的军人及其家属大约为 10 万人。

六月,迁苏(州)、松(江)、嘉(兴)、湖(州)、杭(州)五府民之无田产者 4 000 户于临濠耕种。

十二月,迁松江钱鹤皋余党 154 人于兰州。迁塞外元降将家属 3 000 余人于京师卫所。

1371 年　洪武四年

三月,迁山后顺宁州(治今河北张家口市宣化区)、宜兴州(今河北滦平县)等地元降民 17 274 户 93 878 口于北平州县。

闰三月,迁北平、山东二省元汉军 46 705 人于北平诸卫。至洪武后期,北平府共接纳各地迁入的军人及家属约 22 万。

五月,明军从山东登州(治今山东蓬莱市)渡海进入辽东。至洪武后期,辽东军卫士卒合计近 13 万,与家属合计约为 40 万人,其中汉族军人及家属约为 20 万。汉族军人中的大多数为内地迁入的军籍人口以及谪罪充军者。

六月,迁北平山后蒙古降民 35 800 户 197 027 口于北平地区诸卫、府。又迁山后"沙漠遗民"32 864户于北平府各县：其中大兴县5 745户,宛平县6 166户,良乡县2 881户,固安县4 851户,通州916户,三河县2 831户,潞州(治今北京市通州区东南郭县镇)1 155户,武清县2 031户,蓟州(今天津市蓟州区)1 093户,昌平县3 811户,顺义县1 370户,编254屯垦种。

驻扎于京师城内及城郊的军卫共达42卫,合计有军士20.78万人。至洪武后期卫所定编后,军卫士卒合计应有23.5万。他们基本都由外地迁入并长期定居。

设河州卫(治今甘肃临夏市)。是时,陕西都司所辖洮州(治今甘肃临潭县东新城)、岷州(治今甘肃岷县)、河州三卫中外来军人约占半数,有军人及其家属约2.5万。外来军人多来自凤阳一带。

1373年　　洪武五年

一月,迁各地犯罪当谪两广者于临濠,编入军卫系统管辖。

六月,迁广东何真旧部3 560人于山东青州(治今山东青州市)卫所。至洪武后期,青州卫所共有士卒及家属约3.7万人。他们多由外地迁入。

七月,迁塞北蒙古降官、将士1 840余人于京师卫所。迁山后妫川、宜兴、兴、云四州州民于北平附近州县耕种。至洪武后期,迁入北平府的民籍移民约为30万。

十月,迁湖北武昌新军5 400人于京师卫所。

十一月,迁福建福州元遗兵5 000人于京师卫所。

1373年　　洪武六年

三月,迁河南元遗兵将2 940人于京师卫所。

五月,迁四川明升降将士4 756人于京师卫所。

六月,迁湖广郴州(治今湖南郴州市)故元将校537人于京师卫所。

八月,迁山西朔州(今山西朔县)边民于内地。

九月,迁山西弘州(今山西阳高、天镇地)、蔚州(今河北蔚县)、定安(今蔚县地)、武朔(今山西神池、朔州地)、天城(今天镇县)、白登(今阳高县)、东胜(今内蒙古托克托县)、云内(今内蒙古呼和浩特市)等州边民 8 238 户 39 349 口于中立府(今凤阳县)淮河以北地方。

十一月,迁陕西绥德、庆阳边民于内地。迁山西大同边民(寡妇及遗弃人口)61 户于京师。

迁辽东瑞州(今绥中县北)大约 3 万边民于河北滦州等地。

1374 年　　洪武七年

一月,迁浙江杭州、金华、衢州、绍兴四地精兵 7 500 人于凤阳卫所。至洪武后期,凤阳府境军卫将士及其家属共有人口约 18.8 万人,其中大多数是从外地迁入的。迁山东青州、莱州(治今山东莱州市)军人 11 394 人于辽东定辽都司。迁大宁(今内蒙古宁城县)、锦川县故元官民 3 030 余人于京师卫所。迁会宁、朔州故元官民 200 人于京师卫所。

四月,迁河曲府(治今山西河曲县)故元军民 2 092 户 5 988 人于塞内。迁塞北故元官属 1 323 人于京师卫所。迁塞外"夷民"于内地。

本年,迁江南民人 14 万于凤阳耕种。

1375 年　　洪武八年

一月,迁太行山蒙古之民 10 400 人于京师卫所。

二月,迁山西太原故元官属 24 人于海南卫所。

1376 年　　洪武九年

二月,迁扬州军士 1 000 人于山东登州卫所。

十一月,迁山西及河北真定(治今河北正定县)民无产业者约 5 000 人于凤阳府淮河以北地方耕种。

据推测,同时还迁 8.5 万山东兖州府(治今山东兖州市)东南部农民于凤阳府西部颍州地区。江西饶州府(治今江西鄱阳县)、九江府(治今江西九江市)等府人民约 0.5 万人迁往凤阳府西南部地区。

迁陕西宁夏府边民于长安(今陕西西安市)。立宁夏等5卫。此5卫共有军籍人口约8万,其中部分来自陕西,部分来自外地。

1377年　　洪武十年

一月,迁福建军士3 000人于广东雷州(治今广东雷州市)诸卫。

十月,迁山后降民530户2 100人于北平、永平两府。永平府地方驻扎2个军卫,合计有外来军人及家属约3.4万。

1378年　　洪武十一年

二月,迁西北边区故元降官降民1 985人于陕西平凉(治今陕西平凉市)卫所。

四月,迁浙西民户无田粮屯田凤阳者于黄州卫。

1379年　　洪武十二年

四月,迁杭州诸府民1 347人于京师充力士。

八月,迁凤阳屯田夫于蕲州(治今湖北蕲春县西南)卫。

1381年　　洪武十四年

七月,迁塞北"沙漠遗民"177户于北平。

1382年　　洪武十五年

九月,迁天下各地逃军于云南卫所。

迁广东番禺、东莞、增城故元降民24 400余人于泗州卫。

1383年　　洪武十六年

五月,迁温州、台州、宁波、绍兴四地方国珍水夫27 018人于京师卫所。

七月,迁广州何真旧部20 777人及家属于京师卫所。

八月,迁广东清远县"瑶贼"1 307人于泗州卫。

1384 年　　洪武十七年

五月，迁陕西岷州卫"番寇"241 人于昌国卫（今浙江象山县地）。

闰十月，迁广东何真旧部 2 423 人于京师卫所。迁云南土官犯罪者于北平卫所。

十一月，迁陕西私茶犯 140 人于昌国卫。

1385 年　　洪武十八年

五月，迁湖广大庸（治今湖南张家界市）"洞蛮"103 人于辽东卫所。迁天下各地"民丁充力士者"14 200 人及其家属于京师。

六月，迁各地罪人于凉州卫所。

九月，迁辽东故元将校 2 000 人于北平卫所。

迁山西太原等处人民于山东兖州府西部诸县。至洪武末年，大约有 31 万来自山西的移民，3.8 万来自今河北、江苏、河南及山东东部的移民迁入此区。另有大约 2.6 万来自山西和 0.4 万来自江苏北部的移民迁入兖州府东部诸县。

1386 年　　洪武十九年

八月，迁应天诸府富民子弟 1 460 人于京师充当吏员。迁河南、山东校卒 10 328 人于沈阳中、左两卫（治今辽宁沈阳市）。

1387 年　　洪武二十年

三月，迁各地迁谪之人于四川成都卫所。

六月，迁山东沂州（治今山东临沂市）"土贼"70 余人于云南金齿卫（治今云南保山市）。

八月，迁各地军卫将士有罪者于大宁卫。迁四川卫所将士 25 000 人于云南品甸（今云南祥云县）卫所。

九月，迁辽东元纳哈出部将校 1 400 余人往云南、广东、广西和福建卫所。

十月，令湖广常德（治今湖南常德市）、辰州两府人民每户三丁以上者出一丁，编入军卫，屯云南。

十一月,迁福州女轿户200余户于京师。

令绍兴等府人民每户四丁以上者出一丁,共58 750人,编入军卫,调往宁海临山滨海之地,寻与福建卫所士卒互调。

1388年　　洪武二十一年

一月,迁塞北"鞑军"于济南、济宁卫所。至洪武后期,济南军卫士卒及家属共约5万人口,济宁卫所士卒及家属共约1.2万人。他们大多由外地迁入。

三月,迁广东潮州海阳县(今潮州市)"乱民"于大宁卫所。

五月,迁辽东纳哈出部将校934人于京师卫所。

八月,迁山西泽州(治今山西晋城市)、潞州(治今山西长治市)等地人民于河南彰德(治今河南安阳市)、归德(治今河南商丘市)、太康(今河南太康县)、河北真定、山东临清屯种。

十月,迁陕西西安卫所官军15 220人于四川泸州、赤水(今四川叙永县南)等地。至洪武后期,迁入四川的民籍移民约为80万人。移民多来自湖北黄州府(治今湖北黄冈市)。

在黄州府人民外迁四川的同时,大量江西移民也在向黄州府迁入。约至此时,迁入湖北黄州府的江西移民氏族约占当时当地氏族总数的70%,迁入的民籍人口约为30万人。迁入武昌府(治今湖北武汉市武昌区)的江西民籍移民约为12.2万人。迁入德安府(治今湖北安陆市)的民籍移民约为9.1万人。迁入汉阳、沔阳等地的江西民籍移民约为10.7万人。迁入荆州府(治今湖北江陵县)的江西民籍移民约为16万人。迁入襄阳府(治今湖北襄阳市)的民籍移民约为1万人。

1389年　　洪武二十二年

四月,迁杭、湖、温、台、苏、松诸府民无田者于淮河以南滁州(今安徽滁州市)、和州等处。估计洪武年间迁入和州、滁州地区的民籍移民约1.7万。

至此时,迁入安庆府(治今安徽安庆市)的江西饶州、九江等府籍移民约为27万,徽州府(治今安徽歙县)籍移民约2万,从全国其他地区迁入的移民约2万。另外,迁往池州府(治今安徽池州市贵池区)的江西饶州、九江等府籍移民约6.5万,徽州府籍移民约0.3万。迁往庐州府(治今安徽合肥市)的江西饶州等府籍移民约6.4万,徽州府籍的移民数量大致相同,宁国府(治今安徽宣城市)和应天府籍的移民各约4万,另有5万左右的移民从北方迁入。

又迁山东流民于京师。

九月,迁山西贫民于北平大名(治今河北大名县东北)、广平(治今河北永年县东南)两府及山东东昌府。

十一月,迁山西沁州(治今山西沁县)居民116户于河南彰德、卫辉(治今河南卫辉市)、归德和山东临清、东昌。

迁鞑靼军士于荆州左护卫并黄州、常德、岳州、沅州、蕲州、武昌诸卫。每卫各造营房30间以安置鞑靼军士。

1391年　　洪武二十四年

一月,迁福建汀州(治今福建长汀县)卫余丁于京师。

四月,迁各地卫所军官调京卫者之家属于京师。

七月,迁由京师调云南大理等地之军人妻、子前往云南,随军居住。

迁天下各地富民5 300户于京师。

十一月,迁云南鞑军在各地之妻、子于云南,随军居住。是时,云南卫所的士卒及其家属合计有36万人。除一部分由戍守云南的蒙元降卒转入外,军籍人口的大多数从外省迁入。

1392年　　洪武二十五年

二月,迁崇明县民无田者2 700户于长江北岸之通州(治今江苏南通市)地区。

至此,今江苏南部及附近区域农民约23万、江西饶州府、徽州府农民及商人约23万迁于扬州府各县。今苏南及附近区域农民约10万及江西饶州府、徽州府农民及商人约10万迁于淮安府(治今江苏淮安市)各县。山西农民约3.6万人迁于徐州府(治今江苏徐州市)。

扬州、淮安、徐州三地卫所的军人及家属约10万人多由外地迁入。

迁山东登州、莱州两府贫民无恒产者5 635户于山东东昌府。

十二月,已迁山西人民约65 780户共598屯于河南彰德府、卫辉府、开封府、怀庆府(治今河南沁阳市)、北平广平府、大名府,山东东昌府。

至此,河间府(治今河北河间市)接纳的移民约18万,保定府(治今河北保定市)接纳移民约7万。

1393年　　洪武二十六年

山西行都司(治今山西大同市)设立宣府左卫、定边卫等,军卫设置基本完成。军卫战士除部分由当地土著充当外,大约有半数为外来移民。估计外来的军人及其家属合计为27万左右。

1394年　　洪武二十七年

二月,迁崇明县民无业者500余户于昆山县。

九月,置四川行都指挥使司(治今四川西昌市),领5卫8所。所领卫所大多于洪武二十一年至洪武二十六年间建立,其士卒半数为土著,其余外来军人及其家属约为9.3万。

1395年　　洪武二十八年

二月,迁山东青州、兖州、济南、登州、莱州五府每户五丁以上田不及一顷、十丁以上田不及二顷、十五丁以上田不及三顷及小民无田者1 051户4 666口于东昌府。同时,大约有9万山西移民、6万海州(治今江苏连云港市西南)移民、2万河北枣强移民以及来自其他地区的3万移民迁入山东青州府南部地区。大约有18.5万枣强移民、2万山西移民以及0.6万来自其他地区的移民迁入青州府北部地区。大约有30.6万山西移民、15.3万河北移民及5.1万来自其他地区的移民迁入济南府。大约有6万山西移民、1.8万河北移民以及1万来自其他地区的移民迁入莱州府。大约有 15.8 万山西移民及 2.8 万来自其他地区的移民迁入登州府。

十一月,迁苏州等 17 府及浙江等 6 布政司人民共 2 万户于京师充仓脚夫。至此,已迁全国各地约 5 000 户工匠于京师。

至此时,东昌府接纳由山西及山东东三府等地迁入的民籍移民约为 14.5 万人。广平府、大名府接纳的山西移民合计数与此相同。彰德府接纳的山西移民约为 2.5 万。卫辉府接纳的山西移民约 4.2 万。怀庆府接纳的山西移民大约有 9 万。开封府辖境最大,接纳的移民最多,达 54.9 万。河南府大约接纳 7 万山西移民。南阳府(治今河南南阳市)接纳大约 14 万山西移民。汝宁府(治今河南汝南县)接纳的山西移民约 1.8 万。

迁入河南地区的军人及其家属大约有 25.5 万人。

1396 年　　洪武二十九年

二月,迁安东、沈阳两卫恩军 3 600 余人于甘肃。是时,陕西行都司(治今甘肃张掖市)大约有军人及家属共约 10.4 万人。他们多来自甘肃以外的其他省区。

1397 年　　洪武三十年

三月,迁江西丁多人民及无产者于湖南常德、武陵等十县(含长沙府属县)。至此时,估计迁入长沙府的民籍移民大约 21.9 万,迁入常德府的民籍移民大约 2.6 万。

至此,从江西迁入岳州府的氏族大约占当时该区氏族总数的 35%,移民人口约占当时总人口的 10%,约为 1.1 万人。迁入郴州及永州(治今湖南永州市)、衡州(治今湖南衡阳市)两府的江西籍移民人口占 18.3%,估计民籍移民总数约为 15.2 万人。迁入宝庆府(治今湖南邵阳市)的移民氏族占当地汉族氏族总数的近 60%,估计迁入的民籍移民人口约为 9.4 万人。迁入靖州(治湖南今县)和辰州两地的江西籍移民氏族人口占当地人口总数的 25%,估计民籍移民总数约为 15.4 万。

设立锦屏卫,至此贵州都司24卫2所全部设置完毕。贵州都司军人及家属合计约为42万人,大都来自东部各省。

1398年　洪武三十一年

在山东莱州、登州二府地设灵山、大嵩、威海、靖海、成山五卫及一个千户所。至此,登、莱地区卫所已基本设置完毕,达9卫3所。新设卫所军人的家属多于洪武以后迁入。估计该地军籍移民约为10万人口,其中相当一部分军人是从云南、四川等地调入的。永乐年间迁入的军人家属大约有6万人口。

1402年　明惠帝建文四年

九月,迁各地罪囚及家属于北平。迁山西太原、平阳(治今山西临汾市)、泽州(治今山西晋城市)、潞州(治今山西长治市)、辽州(治今山西左权县)、沁州(治今山西沁县)、汾州(治今山西汾阳市)等地丁多田少或无田之家于北平各地。迁山西8卫军人及家属于北平各地。

十月,迁兴州"靖难之役"中弃职州县官员219人于北平各地。

1403年　明成祖永乐元年

三月,洪武时期迁入的山西移民落籍裕州(今河南方城县)。

五月,迁各地有罪官吏家属于边地。

八月,迁各地罪囚及其家属于顺天府、永平府。迁京师、苏州等地殷实大户3 800户于北京。

迁南方民户于永平府丰、润等地。将北方边外大宁都司的部分军卫内撤。其中大宁中卫、大宁前卫、会州卫、富裕卫、安吉卫和宽河卫迁入北京城中。营州左、右、中、前、后五个屯卫和兴州左、中、前、后四个屯卫共九卫撤入顺天府(即洪武时期的北平府)境。大宁都司治所迁于保定,并新设四卫,估计由原大宁都司卫所重组而成。

另有山西行都司的镇朔卫、定边卫、东胜右卫和河南都司的宁国、宁山和潼关共六卫迁入顺天府境。

1404 年　　永乐二年

七月,迁各地废黜吏 462 人于北平。

九月,迁山西太原、平阳、泽州、潞州、辽州、沁州、汾州民户 1 万户于北京州县。迁山西洪洞民约 500 余户于顺德府(治今河北邢台市)巨鹿县、广宗县,是年迁入顺德府诸县的山西移民大约为 6 万人。迁山西长子、屯留、襄垣、黎城等县民约 550 户于真定府柏乡县。迁山西高平、长子诸县民户 400 余户于真定府南宫县。迁山西洪洞民户车、武二大姓,陈、张、翟、郭、穆等蒙元后裔及宋、白、苏、安、梅、杨等姓入真定府新河县。迁山西洪洞等县民户于真定府晋县。迁山西洪洞、襄垣、黎城民户于大名府诸县。大名、广平两府的山西移民大多是洪武移民在"靖难之役"中逃回原籍后的再迁入。

十月,迁蒙古哈喇秃男妇 500 余人于甘州、赤州蒙古千户所。

迁江淮地区及山东民户 2 860 户于滦州,990 户于乐亭。迁入永平府的移民大约有 4 万人,调入的军卫战士及家属约 7 万—8 万人。迁山西、山东及南方等地移民 20 万左右入河间府各县。调 8.5 万军人及家属于河间府地军卫。迁山西夏县民 330 户于保定府博野县。是年迁入保定府属县的山西移民大约为 9 万人。从北部边外迁入的大宁都司的军人及家属约 6.7 万人。迁枣强等地民户于济南府齐河县。迁大宁、营州中屯卫民户于顺天府定兴、雄县、平谷和香河等县。迁山西洪洞民户于山东莱州府潍县(今山东潍坊市)。

1405 年　　永乐三年

七月,迁塔滩鞑靼蒙古人 5 000 人于甘肃。

九月,迁山西民 1 万户于北京州县。

十一月,迁江西各地有丁无田及丁多田少之家 3 700 余户于九江、南康(治今江西庐山市)两地,一年后逃亡。江西给事中朱肇昌因浮夸移民人数而受到惩处。事后,政府组织移民迁入,估计不足 1 万人。

1406 年　　　永乐四年

一月,迁湖广、山西、山东等地州县吏 214 人于北京。

二月,迁各地有罪当戍边者于保定府地开平卫。

1407 年　　　永乐五年

五月,迁山西平阳、潞州、山东登州、莱州等府州民户约 5 000 户于北京上林苑(南至武清,北至居庸关,东至白河,西至西山)。

九月,迁交趾(今越南地)工匠 7 700 人于京师。

十月,迁交趾各种人才 9 000 人于京师。迁发戍南边之免死囚犯于北京属县。

1408 年　　　永乐六年

四月,迁辽东边外来降女真人于辽东开原(今辽宁开原市北老城镇)。迁兀者右卫等地女真人于辽东三万卫(治开原)。迁考郎兀等卫女真人于开原。

1409 年　　　永乐七年

四月,迁札肥河等卫女真人于辽东三万卫、快活城。

闰四月,迁各地有罪僧徒 5 600 人于清苑茂山。

六月,迁山东青州安丘等县民之无业者 800 户于真定府枣强县。

九月,迁甘肃鞑靼蒙古人于北京。

十一月,迁蒙古鞑靼人 14 名于京师。

1410 年　　　永乐八年

七月,迁甫儿河卫、兀者卫女真人于辽东自在州(今辽宁辽阳市)。

九月,迁古路庆之地女真人于辽东东宁卫。

十月,迁东北野人女真于辽东安乐州(今辽宁开原市北)。

十一月,迁蒙古鞑靼人 170 人(户)于京师。

十二月,迁各地罪因于福建邵武,补充当地疫死之 1.2 万户。

1411 年　　永乐九年

五月,迁建州女真于辽东开原自在州。

六月,迁卜鲁兀等卫女真于辽东安乐州。迁青州、登州、莱州等府逃民于东昌、兖州等府。

九月,迁建州卫女真于辽东快活城。迁蒙古鞑靼人于京师。

十一月,迁蒙古鞑靼 8 人于京师。

1412 年　　永乐十年

一月,迁山东青州、登州、莱州等府民户丁多者于兖州、东昌等府,估计迁入东昌府的移民大约为 2.5 万人,迁入兖州府西部地区的移民大约为 6.5 万人。又迁各地罪囚及其妻、子于北京良乡、涿州、昌平、武清、卢龙、山海关、永平府、小兴州。

四月,迁蒙古鞑靼人于北京。迁建州卫女真于辽东自在州、安乐州。

十一月,迁肥河卫、阿剌山卫女真人于辽东自在州、安乐州。迁考郎兀卫女真人于北京。

1413 年　　永乐十一年

二月,迁建州卫女真于安乐州。

1414 年　　永乐十二年

三月,迁各地罪囚当迁谪者不超过 1 647 户 8 148 口于隆庆州(治今北京市延庆区)。

1415 年　　永乐十三年

一月,迁各地罪囚当迁谪者 770 户于保安州(治今河北怀来县西北)。

1416 年　　永乐十四年

十一月,迁山东、山西、湖广民约 2 300 余户于保安州和隆庆州。

十二月,迁长沙护卫官军往辽东 3 000 户,往宣府 2 000 户,往保安 2 000 户,往山东人数不详。

1417 年　　永乐十五年

五月,迁山西平阳、大同、蔚州、广灵等府州县贫民于北京广平、清河、真定、冀州、南宫等地。

至此,迁入真定府的山西民籍移民大约 14 万人,迁入的军卫将士及家属约 1.7 万人。

八月,来自菲律宾苏禄国的东王、西王及其家属 300 余人访问中国,返国时东王死于山东德州(今山东德州市)。同来的两个王子、王妃及仆从定居德州为东王守墓。

1418 年　　永乐十六年

八月,调沈阳右卫及河南三护卫军人于保安、宣府、永宁(治今北京市延庆区东北)、美峪。

1419 年　　永乐十七年

四月,调凉州卫军 74 人及家属于北京。

1420 年　　永乐十八年

一月,迁蒙古鞑靼人于京师。

1421 年　　永乐十九年

一月,迁都北京。原京师改称南京。至少有 2 万名官员及家属从南京迁入北京,有 2.7 万户南京民和工匠迁入北京。

此前或后,原驻南京的 35 卫 1 所迁入北京,合计人口约 59 万。

五月,迁开封护卫军于北京。

六月,迁辽东安乐、自在两州官军、鞑靼、女真、高丽 5 000 人于北京。

1422 年　　　永乐二十年

顺天府通州编移民 9 屯，共 990 户。

1423 年　　　永乐二十一年

迁安东中卫屯官军 1 000 人于怀仁县。

1424 年　　　永乐二十二年

三月，迁建州女真于辽东。

1426—1435 年　　　明宣宗宣德元年—十年

原居今新疆且末一带的阿端卫部众（撒里畏兀儿人）辗转东迁至甘肃肃州。

1428 年　　　宣德三年

河南南阳一带聚集的流民不下 10 余万口。这所谓的"流民"实际上是洪武年间自发迁入而未在当地入籍的山西移民。

交趾镇夷卫土官武孝先等 95 人归附在北京居住。交趾宣化府土官陶季容等归附在云南居住。

1433 年　　　宣德八年

建州女真在长达数十年的迁徙之后，定居于今辽宁省新宾县的烟突山。

1434 年　　　宣德九年

交趾土官阮世宁、阮公庭各率家属及部下 300 余人避难迁入广西，后迁入湖广随州（今湖北随州市）。

1435 年　　　宣德十年

至此，北京城中归附的少数民族人口大约有 1.5 万人。

1436—1449 年　　　明英宗正统元年至十四年

原居住于河南、山东、河北三省交界处黄河故道上的 20 余万流民,因河溢横流,多转徙于荆襄地区。

河南、山西、山东、四川等省的流民约 10 余万人流入陕南汉中地区。

交趾人阮粤等挈家归顺,安置于随州。

1436 年　　　正统元年

河南南阳府及湖广均州、光化等县存在大量"流民",系洪武及永乐年间迁入而未在当地入籍者。户部准予"验丁入籍"。

四川布政司奏重庆府武隆县民多逃徙死亡,乞补编户。朝廷同意以四川、湖广罪因应徙流迁者,连家室迁往为民。

徙甘州(治今甘肃张掖市)、凉州寄居回回共 436 户 1 749 人于江南各卫。

朝廷优恤交趾归附官民,命广西布政司拨田给交趾谅山府土官知州闭玄成等投附者 500 余人。

1438 年　　　正统三年

蒙古降民及女真人投附者定居于北京。至此,至少有 45 批来自北方的蒙古人及女真人在此前 13 年间定居于北京。

1440 年　　　正统五年

建州左卫女真结束长期的迁徙,定居于苏子河流域,与建州卫同住。两年后分建州左卫设建州右卫。

1442 年　　　正统七年

七月,北方蒙古降民来投附者,送南方沿海卫所安插。

1444 年　　　正统九年

原居于嘉裕关外安西地方的沙州卫众(蒙古族)迁入甘州。

1445 年　　正统十年

陕西西安、凤翔（治陕西宝鸡市凤翔区）、扶风、咸阳、临潼等府州县旱灾，灾民流向湖广、河南交界处的郧阳山区。

1446 年　　正统十一年

河间府静海县招集逃民附籍者 700 户于本县居住。

1449 年　　正统十四年

蒙古兀良哈三卫自是年后开始从大宁以北地方迁入大宁游牧。

1465—1487 年　　明宪宗成化元年至二十三年

原居于今新疆罗布泊一带的曲先卫部众（撒里畏兀儿人）辗转迁入甘肃肃州南山今甘肃肃南裕固族自治县地。原居于嘉峪关以西 200 多里的赤斤卫众（藏族、蒙古族）亦内迁肃州南山。

1465 年　　成化元年

荆襄地区的流民数万人起义，朝廷派白圭率军镇压。

1466 年　　成化二年

朝廷对荆襄流民实施安抚。愿附籍者听便，愿回乡者发遣。

1471 年　　成化七年

流民复乱。朝廷派项忠率兵镇压。流民被遣回原籍者 94 万，自行奔走出山者 51 万。

1476 年　　成化十二年

流民重新聚集。原杰奉命对流民进行招抚和安置，将近年来迁入的流民 1.6 万余户 4.6 万丁口全部驱逐，而将其他"本分营生"流民共 9.7 万户 39.3 万人口分别安置于湖广襄阳府、陕西汉中府（治今陕西汉中市）和河南南部一带。并由湖广襄阳府析置郧阳府。

1482 年　　成化十八年
　　河南、陕西、山西、北直隶流民大批流入湖广郧阳、襄阳、荆州三府。朝廷命令流民原籍的地方官,差人召回本籍流民。

1488—1505 年　　明孝宗弘治元年至十八年
　　洪钟、金泽等奉命安辑福建武平、上杭、清流、永定,江西安远、龙南,广东程乡(今广东梅州市)等地流民。
　　福建汀州、广东程乡及江西吉安、泰和一带的流民向赣南地区迁移。

1489 年　　弘治二年七月
　　召回荆襄流民未成,朝廷允许流民在新地入籍。入籍者 6 万余户,回原籍者 1.5 万余户。

1499 年　　弘治十二年
　　至是年,估计在云南的江西流民总数约 25 万,其中有抚州籍移民约 15 万。

1506—1520 年　　明武宗正德元年至十六年
　　闽、粤、赣三省毗邻地区流民起义。王守仁率军镇压。事后于赣南南安府设崇义县安置流民。

1506 年　　正德元年
　　三月,清查出荆州、襄阳、南阳、汉中等地流民 23.6 万户 73.9 万人。愿附籍者,收入版籍。
　　十月,续清出荆州、襄阳、郧阳、南阳、汉中、西安、商洛等府州县流民 11.9 万户,其中 9.2 万户编入当地户籍。

1509 年　　正德四年
　　原居于河套地区的鞑靼蒙古部落迁入青海湖一带。鞑靼蒙古的土默特部迁入河套。

1512 年　　正德七年

原居于今新疆若羌一带的原安定卫部众（撒里畏兀儿人）辗转迁入甘肃肃州八字墩草原。

1513 年　　正德八年

哈密卫众（回回、畏兀儿和蒙古族）迁入肃州。

1516 年　　正德十一年

成化十五年从罕东卫中分立罕东左卫。正德十一年迁入肃州塞内。

1517 年　　正德十二年

葡萄牙人在广州"招诱亡命，诱买子女"。两年后葡萄牙人又在广东屯门"掠买良民，筑室立寨"。同年，葡萄牙人在海上公开掳掠华工到荷属东印度的果阿充当苦力。

1522—1566 年　　明世宗嘉靖元年至四十五年

原居于内蒙古中部，包括今锡林郭勒盟的大部分和克什克腾旗的鞑靼蒙古察哈尔部落东迁，居住于今辽河河套地方。

1528 年　　嘉靖七年

原居于嘉峪关外今酒泉、安西、玉门一带的罕东卫众（蒙古人）迁于甘肃甘州。

1547 年　　嘉靖二十六年

交趾人莫文明等率家属百余人奔钦州避难，安置于广东韶州、肇庆等地。

1573—1620 年　　明穆宗万历元年至四十八年
　　福建流民迁入浙江常山、开化等县开垦种植。

1601 年　　万历二十九年
　　传教士利玛窦和庞迪我至北京传教。此后,在中国传教的耶稣会士经常维持在 20 人左右,不少人终老于中国。

1620 年　　明光宗泰昌元年
　　颜思齐和郑芝龙率部众到达台湾,在北港一带结寨自保,屯田垦殖。时漳、泉一带人口多来投奔,前后达数千人,皆安排垦殖。
　　荷兰殖民者掳掠华工去巴达维亚垦殖。

1621—1627 年　　明熹宗天启元年至七年
　　明廷分处入关辽人 1.3 万户于顺天、永平、河间、保定四府。

1621 年　　后金努尔哈赤天命六年
　　六月,后金政权将辽东半岛东海岸的汉人内迁 60 里,自旅顺至金州的居民尽收入城堡,接着又将金州(治今辽宁大连市金州区)、复州(治今辽宁瓦房店市西北)居民迁至海州(治今辽宁海城市)。
　　九月,大约 1 万女真军丁被迁入辽东,安置在东起鞍山(今辽宁鞍山市南)、西至海州、牛庄(今辽宁海城市西北)一线的各城堡中。次年,驻防点分布于辽河东岸各地,也包括辽南地方。
　　十一月至十二月,后金政权强迁鸭绿江下游西岸凤凰城(今辽宁凤城市)、镇江(今辽宁丹东市北)等十几个城堡的汉人至萨尔浒(今辽宁抚顺市东)、清河(今抚顺市南)以北,三岔儿(今抚顺市北)以南和威远堡(今抚顺市北)、奉集堡(今沈阳市东南)等女真人居住的地区。

1622 年　　天命七年
　　努尔哈赤将辽河以西兵力尽撤河东。并将河西广宁五卫、义州二卫、锦州二卫的几万汉人强迁至河东的金、复、盖(治今辽宁盖州市)各州和沈阳、威宁营(今辽宁开原东北)、奉集堡以及岫岩(今辽宁岫岩县)、析木城(今辽宁海城市东南)、甜水站(今辽阳市东南)等地安置。

1623 年　　天命八年
后金将辽南各地剩余的汉人迁往耀州(今辽宁营口市北)、海州、牛庄、鞍山、穆家堡以西,授田安置。原先住在此地的女真人则北迁至辽河东岸沿边驻防或农耕。

1628—1644 年　　明毅宗崇祯元年至十七年
大批来自福建汀州的种靛客民在浙江遂昌县山区活动。

1631 年　　崇祯四年
迁入江西上犹县的福建、广东移民"叛乱"。崇祯十七年复乱。

1632 年　　后金皇太极天聪六年　明崇祯五年
四月,皇太极率兵攻察哈尔,兼掠山西边境州县,俘获大量人口北归。

迁入江西龙泉县(今遂川县、井冈山市)的广东移民"叛乱"。崇祯十七年复叛。

1635 年　　天聪九年
四月,多尔衮率兵进入山西州县,俘获人口北归。

1636 年　　后金(清)崇德元年
清军直入长城,进入河北境内,沿途攻克定兴、房山等十几县,俘获大量人口北归。

1638 年　　后金崇德三年　明崇祯十一年
清军攻明,于北京南部各县往来扫荡,又南下山东,攻下济南,大肆屠杀后,经天津卫东归。这次战役共俘获人口 462 303 人。

万历年间开始迁入的福建汀州移民在浙江汤溪县(今金华市地)起义。

1642 年　　崇德七年

清兵攻明,攻克山东兖州、直隶顺德和河间三府,大获全胜,奏称俘获人民 36.9 万人。

1643 年　　崇祯十七年

至此时,约有几十万来自福建汀州一带的流民聚集于江西宜春、分宜、萍乡北部及万载县的丘陵山区租山种麻。

吴三桂率部 50 万众南迁入山海关。

广宁失守后,辽人大批转徙入关,其数量多达 100 余万。迁入朝鲜的估计多达几十万人。

1644—1661 年　　清世祖顺治元年至十八年

从顺治至康熙年间,沿明代辽东边墙修筑柳条边,起自今凤城县南,经新宾、开原至山海关,长 900 余华里,名曰"盛京边墙",俗称"老边"。边内人民不能自由进入边外,顺治十八年谕兵部"盛京边外居住庄村,俱著移居边内"。

江西玉山县将召垦闽人另立一图。

1644 年　　顺治元年

清兵入关,建立清朝。入关的八旗将士及其家属大约 40 万人。各省驻防旗兵户口落于北京,老病、致仕、退伍者俱令回京。

1645 年　　顺治二年

6 000 名八旗兵丁驻防于南京。7 700 名八旗兵丁驻防于西安。

留在北京的八旗壮丁约有 6.3 万人,合家属约有 25 万人。八旗将士及其家属居住于北京内城,不许在京城外居住。直至康熙年间,才有部分旗人居于京城四郊。

八旗兵在长城山海关、喜峰口、独石口、古北口等地驻防,各驻防点约有兵丁 50 人。

八旗兵驻防直隶顺德府,山东济南府、临清州、德州,江北徐州,山西潞安府、平阳府、蒲州八处,每处驻兵 600 名。

江西石城县的闽籍佃农"倡永佃、起田兵",纠集宁都、瑞金、宁化等处客户一岁围城六次,争夺永佃权。

1647 年　　顺治四年

入迁于江西雩都县(今于都县)的广东移民"叛乱",十年后复"叛"。

1648 年　　顺治五年

311 名八旗兵于沧州驻防。

朱益吾率领迁入江西袁州府(治今江西宜春市)的闽籍移民响应金声恒之乱,反清闹事。十一年后,郑成功军兴,赣西闽人复揭竿以应。

1649 年　　顺治六年

八旗兵于京畿三河县、东安县和保定府驻防,各点约 50 人。764 名八旗兵丁驻防山西太原。

1650 年　　顺治七年

八旗兵于顺义、昌平、固安等州县驻防,各点驻防兵员 50 名。

1651 年　　顺治八年

50 名八旗兵于良乡县驻防。

清政府发布了招垦令,"民人愿出关垦地者,令山海关造册报部,分地居住"。

1653 年　　顺治十年

清廷颁布《辽宁招民开垦条例》,按招民多寡,授以大小官职,并发给移民耕牛、种子、口粮等,鼓励人民出关开垦。

辽阳设府,下设辽阳、海城两县,县民大多自外地招来。

1654 年　　顺治十一年

清廷规定凡出入山海关须持印票,签票验行,不准夹带人参入关。

1655 年　　顺治十二年

清廷令各地口内旷土,听兵垦种,不得往口外开垦牧地。

1658 年　　顺治十五年

7 200 名八旗兵丁驻防于浙江杭州。

浙江江山县南部山区闽人种靛者揭竿而起,活动于本县张村、石门、清湖等处。

1659 年　　顺治十六年

1 000 名八旗兵丁驻防于京口。

政府招募江西上犹县的福建、广东流民定居垦殖。"甲寅之乱"中,移民与土著相互仇杀。康熙十七年以后仍令移民定居上犹。

1661 年　　顺治十八年

郑成功在大陆抗清失利后,率部数万进军台湾。同年 12 月,荷兰军队投降,台湾恢复。郑氏登台后发布命令,命令各官兵家属于驻地随人口多少圈地,或作农田,或作庄屋,永为世业。部队亦进行屯垦。郑氏政权还鼓励各种民间的私垦活动,并大量招徕流民进行垦殖。

1662—1665 年　　清圣祖康熙元年至四年

设锦州府,领锦县、广宁县和宁远州,又将辽阳改为州,增设承德(今沈阳)、盖平、开原、铁岭四县,皆隶属于奉天府。锦州属县及铁岭等县,县中人口皆为移民,几无土著。

流放罪因至柳条边外地方。如在齐齐哈尔就有 3 000 余名,其他各城亦千名以外。

1663 年　　康熙二年

上谕辽东盖州、熊岳地方，安插新民，并令海城县督率劝垦。

清廷为了断绝大陆民众对郑氏的接济和支援，下令迁界。北自辽东，南至广东，各省沿海居民皆内迁 30 里或 50 里，坚壁清野。闽粤沿海居民，内徙者多死亡，亦有渡海以求生计者。

1668 年　　康熙七年

四川巡抚张德地请求朝廷扩大招垦范围，鼓励湖广等外省农民进川垦荒。

1667 年　　康熙八年

迁原居住在柳条边内的蒙古人于边外封地。

广东新安县（今深圳和香港）展界复县，由于人少地荒，招民垦荒。来自嘉应州等地的客家移民开始迁入，他们占当地人口的四分之一以上。

1670 年　　康熙九年

修建南自开原之威望堡，北至吉林市北法特（法特哈）东亮子山上的一条单边，长 690 华里，名曰"柳边"，俗称"新边"。"老边"的西段与"新边"作为与蒙古游牧区的分界线。

陕西移民已迁入四川成都。

招集移民入四川，宽其徭赋；募民入蜀者，得升官。

清廷安插投降的郑成功旧部蔡璋等于江西兴国县。蔡部兵丁千余人携家眷迁入。军人不自耕，招大批福建、广东流民垦田。

郑成功旧部的另一部分被安置在河南省西南部。

1671 年　　康熙十年

川湖总督蔡毓荣提出放宽招民授官的标准和延长垦荒起科的年限，将原定的招民 700 名升官改为 300 名即升，又将起科年限由三年延长到五年,并宣布各省贫民携妻、子入蜀开垦者,准其入籍。大规模的移民入川由此而展开。

1673 年　　康熙十二年

八旗兵于宝坻、霸州、玉田、雄县驻防,各驻防点驻兵 50 人。

1674 年　　康熙十三年

安置于江西龙泉县的郑成功旧部陈升率部叛乱,与土著仇杀。战后仍被安置于龙泉垦荒。

吴三桂军占据长沙,江西袁州府的闽籍流民再次群起响应。南昌府宁州(今修水、铜鼓县)的闽籍流民亦揭竿响应。

数万棚民武装在湖南浏阳一带活动。

浙江开化县闽籍流民叶隆率同乡起义。

1676 年　　康熙十五年

2 000 名八旗兵丁驻防宁夏。

1677 年　　康熙十六年

长白山周围的广大地区划为封禁区。盛京以东、伊通州以南、图们江以北,悉行封禁。移民之居有禁,田地之垦辟有禁,森林、矿产之采伐有禁,人参、东珠之掘捕有禁。

1678 年　　康熙十七年

在地方士绅的要求下,清军驱逐江西袁州府棚民回福建原籍。当地土著为此事特立《驱逐棚寇功德碑》以志纪念。流民大部被迁,但仍有少数留居。

湖南浏阳、醴陵一带的棚民受招垦荒。

来自福建汀州的客家移民迁入浙江云和县、松阳县、青田县、龙游县。

来自江西南丰一带的种麻农民迁入浙江江山、常山、开化等县。

1679 年　　康熙十八年

改土归流,设云南广南府。大批来自本省的兵丁携家眷迁入。湖南、四川、贵州、广东移民纷纷迁入。

1680 年　　康熙十九年

2 258 名八旗兵丁驻防于福州。

1681 年　　康熙二十年

重申四川和云南、贵州三省"招民议叙"之例,加快移民入川的进程。

2 900 名八旗兵丁驻防于广州。

1 020 名八旗兵丁驻防张家口。

1682 年　　康熙二十一年

四川遵义县班衣绣招徕难民 50 余人,照例加一级。

1683 年　　康熙二十二年

规定凡内地民人出口,于蒙古地方贸易耕种,不得娶蒙古妇女为妻。

4 400 名八旗兵丁驻防于荆州。

《瑞金县志》记载:"近多异县侨居之民,颇不便于地方。"侨居者来自福建汀州一带。

郑克塽降,设台湾府,并颁布有关审验渡航、限制汉人渡台的条例。

1684 年　　康熙二十三年

严禁西安满洲八旗驻防官兵在驻地置立产业坟茔。再次重申各直省驻防之八旗官兵,凡老病、致仕、退伍及已故官兵家口,俱令回京。所缺之兵由该处八旗壮丁顶缺披甲,无合式者则自京补送。

1685 年　　康熙二十四年

江西上犹县新入籍之广东移民胡子田参加县考,为县官拒绝。

汉族移民进入台湾嘉义地区北部。至康熙末年该区平原及山前丘陵地区基本开垦完毕。

广东析番禺、南海二县设花县。设县之初,人口稀少,于是招民垦荒。招入的垦荒者大部分来自江西及广东嘉应州及惠州府属各县,移民人口约占全县总人口的四分之一。同期,来自英德、长宁(今广东新丰县)、永安(今广东紫金县)、龙川和嘉应州(今梅州市)的客家移民迁入增城县,其人口约占全县人口的十分之一。来自嘉应州和惠州的客家人还迁入番禺,其人口约占全县人口的十分之一强。

1690 年　　康熙二十九年

凡四川流寓愿垦荒居住者,将地亩给为永业。还准许移民入籍子弟,可一体参加科举。

江西袁州万载一带的官府开始招徕移民,实施垦荒。移民主要来自广东梅县、赣南及福建。

广东、福建一带的客家移民开始迁入江西南昌府之宁州、奉新等县。湖北武昌府南部通城、通山诸县人民迁入宁州、武宁北部山区。

台湾诸罗知县张玿招徕垦辟,流民归者如市。大陆偷渡台湾者不绝如缕。

1692 年　　康熙三十一年

清廷在山西长城的杀虎口外和归化城附近进行屯田,招边内山西汉人耕种。

1693 年　　康熙三十二年

1 060 名八旗兵丁驻防于山西右卫。

1695 年　　康熙三十五年

八旗兵 100 名于永平府驻防。

1697 年　　康熙三十六年

760 名八旗兵丁驻防于开封。

1701 年　　康熙四十年

湖广提督俞益谟密奏:"湖南衡、永、宝三府百姓,数年来携男挈女,日不下数百名口,纷纷尽赴四川垦荒。"

浙江青田县令郑新命招民开垦。大批来自福建汀州的客家移民及其他地方的移民迁入青田。

1703 年　　康熙四十二年

湖南平江县令伍士琪招广东、福建民于平江东南山区开垦,立名广福兴,编第二十里,雍正七年入籍。

1707 年　　康熙四十六年

在边外蒙古地方行商、耕田的山东移民达数十万之多。

1708 年　　康熙四十七年

热河行宫建立。热河成为清廷重要的政治活动中心,移民的聚集越来越多。

潮州、惠州一带和客家移民迁入广东鹤山地方,建立 17 个村庄。

1710 年　　康熙四十九年

汉族移民开始迁入台中地区(即清末设省时的台中府)进行垦殖。

1712 年　　康熙五十一年

陕南西乡知县公告:"如有无田耕种者前来踏看上等肥田,本县给以牛种,准其安插,承顶钱粮,永远管业。"两年之内,楚粤等处扶老携幼而来者不下数千。

湖南郴州桂阳县宁如先等人移往陕南西乡县;不久回湖南接取眷属,又在家乡联络了 55 户,男女约 600 人,迁往陕南;行至郴州府城,被截获押解回县。

1713 年　　康熙五十二年

湖广宝庆、武冈、沅阳等处人民携家入蜀者,不下数十万。

1714 年　　康熙五十三年

湖南零陵县陈咸亨等人,已在西乡获得土地,承顶钱粮,本年回乡接取家口,同时招徕本地流民,并取得零陵县路引(内中开有流民580余口);一行人走到湖北恩施,被强行阻止。

1715 年　　康熙五十四年

清军征西路军中办理粮饷事务的吏部尚书富宁安在关西的西吉木、达里图一带招民垦种。移民来自甘肃。两年后在西吉木、达里图和锡拉谷尔三地安插了906户,约计4500人。

1716 年　　康熙五十八年

台湾北部设立淡水营(今新竹市),加强武装守备和对移民的管理。

1721 年　　康熙六十年

2 400名八旗兵丁驻防于成都。

1723—1735 年　　清世宗雍正元年至十三年

来自粤东地区的客家移民迁入广东东安县。

1723 年　　雍正元年

八旗兵1 760人于热河驻防。

康熙六十年台湾林一贵举兵反清,失败后其党温上贵潜入万载县歧源,聚合万载县客家移民举兵反清,不两月为当地土兵所讨平。事平后土著又欲驱逐棚民,经万载县令施昭庭力争未果。

宁州棚民耕山者概编保甲，有产者另立都图，名怀远都。其居宁最久之老客户，原有庐墓、姻娅、亲戚者，则改为土著。

分台湾诸罗县设彰化县，于淡水营置厅。

1724 年　　雍正二年

江西宁州土著对客籍童生参与县考一事不满，罢考。

1725 年　　雍正三年

颁布棚民保甲法，棚民有情愿编入土著者编入当地户籍，并编保甲。入籍二十年，准其参加科举考试。次年，将"情愿入籍"改为"已置有产业并愿入籍者"准其编入当地户籍。棚民户籍与土著户籍有所区别，称为"棚籍"。

1726 年　　雍正四年

清政府在关西沙州移民垦荒，所招 2 405 户垦民分别来自甘肃各地。

八旗兵 2 000 人于天津府驻防。

1727 年　　雍正五年

在吉林将军辖境置永吉州和长宁县，安插管理新到移民。

湖广、广东、江西等省之民，相率而迁移四川者不下数万人。

规定四川州县将入川人户逐一稽查姓名、籍贯，如系无力穷民，即留川令其开垦；所用牛、种、口粮，目前将公项给发，即着落本籍州县官照数补还。

1 000 名八旗兵丁驻防于潼关。

1728 年　　雍正六年

户部提出了对四川移民的授田方案，规定，"以一夫一妇为一户，给水田三十亩，或旱地五十亩，如有兄弟子侄之成丁者，每丁增给水田十五亩，或旱地二十五亩。若一户内老少丁多不敷常赡者，临时酌增，俱给以照票,令其管业",并每户给银12两,作为移民的生活基金和生产基金;一次拨银即达10万两。

1600名八旗兵丁驻扎于浙江乍浦。

设浙江玉环厅。除少数来自福建的移民外,玉环居民多来自相邻之温州府属县。

1729年　　雍正七年

2000名八旗兵丁驻扎于青州。

清廷于贵州省古州、清江(今剑河县)、台拱(今台江县)、八寨(今丹寨县)、丹江(今雷山县北部)、都江(三都、榕江二县之间的都江)同时设置六厅,称为"新疆六厅",并于其地驻兵防守及屯垦,形成汉民族对该地苗族居住区的移民。汉人多来自贵州汉人聚居地,合计兵丁及家属约3万人,改土司为流官,设云南普洱府(治今云南宁洱县)。大批来自本省的兵丁携家眷迁入。此后,江西、贵州、湖南、四川、陕西等省客民纷纷迁入。

浙江景宁县查编保甲,严防棚民诡寄城乡坊庄。

1732年　　雍正十年

迁徙云南省云南、曲靖两府汉人至昭通原彝族聚居区。

朝廷同意部分开放渡台之禁,大批在台流民家眷得以搬迁入台。

广东官府劝新宁(今广东台山市)、开平、恩平等县垦民领地开耕。惠州、潮州和嘉应州等地的客家人大量迁入。

立广东鹤山县。客家移民约占全县人口的十分之一强。

1734年　　雍正十二年

广东、福建两省几乎每年都有成批百姓"挈伴入川"。

1735年　　雍正十三年

2000名八旗兵丁驻防于凉州。2400名八旗兵丁驻扎于庄浪。

江西奉新知县编棚民保甲,立归德乡安置棚民。

1736—1795 年　　清高宗乾隆元年至六十年
粤东地区的客家移民迁入广东廉州府和海南岛。

1736 年　　乾隆元年
裁撤吉林永吉州和长宁县,然已迁入的移民大多入籍。
大批湖北移民迁入陕西褒城县。
江西玉山县怀玉山区开山召垦。
江西德兴县令申请将"棚民入籍 20 年以上者,移入民籍,删除棚户册名",不准。
130 户江西、福建棚民迁入浙江湖州长兴县,租山垦荒种苎。

1737 年　　乾隆二年
2 400 名八旗兵丁驻扎于绥远。

1740 年　　乾隆五年
外省迁入四川的移民同土著一体编入保甲,并规定来川探亲和回原籍探亲的人口都必须取得当地或原籍政府的印照。
朝廷又颁禁令,禁止移民引家眷入台。

1741 年　　乾隆六年
迁京城满旗闲散余丁前往今黑龙江阿城,为移住京旗每户垦田三顷,建房三间。

1743 年　　乾隆八年
移京师满旗 1 000 户前往拉林、阿勒楚喀。
在今内蒙古伊克昭盟和乌兰察布盟地区,移民的范围从长城以北的 50 里扩大到 50 里之外。

1744 年　　乾隆九年
御史柴潮生奏近年以来,四方流民多入四川觅食,始则力田就佃,无异土居,后则累百盈千,浸成游手。主张禁止移民入川。

1745—1755 年　　乾隆十年至二十年
已有相当多的外来人民在陕西商州(治今商洛市商州区)包工开荒。

1745 年　　乾隆十年
准许移民迁眷入台。一年以后,复又禁止。

1748 年　　乾隆十三年
六年来,广东、湖南人户由黔赴川就食者共 24.3 万余。

1749 年　　乾隆十四年
严禁蒙古翁牛特、巴林、克什克腾、阿鲁科尔沁、敖汉各处出典开垦,并晓示察哈尔八旗,一体遵照。但已佃者不得逐,未垦者不得招。

1752 年　　乾隆十七年
京城满人移垦出外者需带家属前往。

1754 年　　乾隆十九年
福州驻防八旗汉军照京城汉军之例,各听其散处经营,或改归绿营。不久又扩大至全国各地的驻防汉军。汉军所出之缺,即由京城满洲兵派出顶补。

江西万载县客籍移民在县城中购买房屋拟建书院,遭土著反对,引起讼诉。客籍失败,并永远失去在县城购屋居住以及在县衙当差的权力。

1755 年　　乾隆二十年
安徽安庆府太湖等县移民迁入陕西商南县和雒南县(今洛南县)。
三年来,广东、湖南等省民入川者达到了 6 374 户。

1756 年　　乾隆二十一年

规定各直省驻防的八旗官兵死后,其家属一律留在原驻防地,不须遣返京城。

陆续从北京迁至东北的满人达 3 000 户。

1758 年　　乾隆二十三年

东布鲁特萨雅克部、萨尔巴噶什部和西布鲁特额德格纳等 15 个部落的柯尔克孜人,率 20 万众请求归属清朝,进入伊塞克湖一带游牧。

1759 年　　乾隆二十四年

雍正初年设立张家口、独石口、多伦诺尔三个直隶厅,称为口北三厅。张家口和独石口的入籍人口达 7 823 户。

1760 年　　乾隆二十五年

上谕湖广、江西、四川各省督抚,允许觅食贫民迁移,不必禁止。

从雍正末年开始陆续在山西口外设置了丰镇厅和宁远厅,乾隆四年设绥远城直隶厅,乾隆二十五年又在这一地区新设归化城(治今内蒙古呼和浩特市)、和林格尔、清水河、托克托城和萨拉齐等 5 个直隶厅,统称为归化城六厅,隶属山西。归化城地区的移民多来自长城口内各邻县。

1761 年　　乾隆二十六年

招募甘肃一带的贫民向新疆地区移民。

1762 年　　乾隆二十七年

湖北、安徽两省移民迁入陕西镇安县。

1763 年　　乾隆二十八年

将江西宁州、万载等 10 州县的棚童改归土著考试,裁去棚额,引起土棚之间的尖锐冲突。

准许在台有业良民，可各回原籍接眷过台。至此，闽、粤良民渡台之禁不复存在。

1764 年　　乾隆二十九年

从盛京调遣携眷锡伯官兵 1 020 名，连同家属共 3 275 人，分两批出发西迁新疆伊犁。

1765 年　　乾隆三十年

来自安徽安庆府的棚民进入徽州府绩溪县租山种植玉米。

1766 年　　乾隆三十一年

清政府敕令伊犁将军："伊犁等处土地辽阔，人烟愈多愈善。哈萨克如不得游牧地方，或畏惧劫掠，情愿内附者，即行收留。"从这一时期开始，哈萨克族陆续迁到伊犁、塔城、阿勒泰三个地区游牧。

1771 年　　乾隆三十六年

一月四日，居住于伏尔加河东岸的土尔扈特部东归祖国。全部共 33 360 余户，168 000 余人，在伊犁河流域的察林河畔与前来相迎的清军相遇，到达伊犁的土尔扈特 15 793 户，66 073 人，被安置于新疆地区游牧。

1772 年　　乾隆三十七年

湖北、安徽两省移民迁入陕西山阳县。

河南、江西、安徽等地大批贫民迁入陕西兴安州（治今陕西安康市）。

1776 年　　乾隆四十一年

至是年，川东地区接纳的移民约为 95 万人，川中地区接纳的移民约为 215 万人，川西地区接纳的移民约为 312 万人。四川合计接纳移民（包括后裔）共达 623 万人，占是年四川总人口的 62%。其中迁自湖南的移民约为 158 万人，迁自湖北的移民约为 150 万人，迁自"湖广"的移民约为 38 万人，迁自广东的移民约为 144 万人，迁自江西的移民约为 83 万人，迁自福建的移民约为 20 万人，余迁自贵州、陕西和其他地区。

江西宁都州大约接纳自福建汀州迁入的移民约 1 万人，赣州府接纳移民约 23 万人，南安府接纳移民约 23 万人，吉安府接纳移民约 28 万人，建昌府接纳移民约 1 万人，袁州府接纳移民约 11 万人，南昌府接纳移民约 11 万人。

湘东南部汝城（今桂阳县）、桂东、茶陵和攸县共接纳福建、广东移民约 7 万人；湘东北部平江、浏阳、醴陵共接纳移民约 10 万人。

浙江处州府接纳来自福建汀州、江西南丰等地的移民约 17 万人，衢州府及金华府汤溪县合计接纳来自闽南及江西南丰的移民 15 万余人。

迁入台湾的大陆移民大约为 90 万人，他们主要来自福建泉州、漳州和广东潮州、嘉应州和惠州五地。

迁入广东广州府的客家移民约 31 万人，迁入肇庆府的客家移民约 16 万人，迁入罗定州和高州府的客家移民各约 4 万人，迁入雷州和廉州两府的客家移民分别为 6 万人和 3 万人。

迁入广西平乐府的广东客家移民约有 4.5 万人，迁入浔州府的广东客家移民约为 15 万人，迁入郁林州的广东客家移民约为 14 万人，迁入梧州府的广东客家移民约为 4 万人。

迁入辽东的在籍移民大约为 90 万人，迁入吉林的移民约 30 万人，迁入黑龙江的移民约 11 万人。

1778 年　　乾隆四十三年

是年，河北承德府属县人口已达 56 万，多为河北口内迁出的移民及其后裔。

1780 年　　乾隆四十五年

2 000 名八旗兵丁于密云驻防。

1782 年　　乾隆四十七年

析陕西商州镇安县和西安府之咸宁县、蓝田县设孝义厅安置移民。孝义厅人口的 90％为外来移民。

1796—1820 年　　清仁宗嘉庆元年至二十五年

约有 8 000 户四川、湖北移民迁入陕西镇平地方。

西南地区矿工达 50 万人,集中在云南,其中 70％由湖广、江西、四川迁入,合家属共约 100 万人。

1796 年　　嘉庆元年

吴沙率众进入台湾宜兰平原,开田辟地。

1797 年　　嘉庆二年

浙江巡抚阮元出告示禁止浙江山区流民种植玉米,以免造成水土流失。在租约期满后,种植玉米的棚民被驱逐回乡。

温州移民迁入浙江湖州西部以及毗邻之江苏南部丘陵区种植番薯和花生。

1800 年　　嘉庆五年

析陕西商州之镇安县、兴安州之石泉县、汉中之洋县以及西安府的长安等县,设宁陕厅,安置移民。

1802 年　　嘉庆七年

析陕西汉中府西乡县设定远厅,安置移民。

由于大面积垦山引起水土流失,徽州府曾令绩溪县驱逐棚民,棚民不从,与土著冲突,酿成命案。休宁县也有土著与棚民冲突酿成命案而惊动朝廷之事。户部决定驱逐棚民,除在徽属已久,业经置买田产,与土著民人缔姻,编入保甲者外,其余棚民以租典地契内年限为断。其载有年限者,俟限满后,退山回籍。

1806 年　　嘉庆十一年

长春厅流民又增加 7 000 多人。两年后,查出新来流民 3 010 户。柳条边北边外的科尔沁左翼设昌图理事通判,至光绪初年正式设置州县。

1811 年　　嘉庆十六年

长春厅编定民户 1.18 万,丁口 6.16 万。

1812 年　　嘉庆十七年

设噶玛兰厅于今台湾宜兰县地。

李享等人率众向台湾东部地区拓展,入垦奇莱(今花莲、吉安、寿丰一带)。

1818 年　　嘉庆二十三年

湖南浏阳县通计"土著烟民"4.64 万户,"男妇"20 万丁口,"寄籍烟民"1.6 万户,"男妇"6.78 万丁口。移民占全县人口的 34%。

1820 年　　嘉庆二十五年

在吉林原永吉州和长宁县地,新旧移民已经有 1 万人户左右,设白都讷厅以辖。

云南丽江、腾越、永昌和顺宁四府移民 30 万人,占总人口的 30%。

1821—1850 年　　清宣宗道光元年至三十年

在台湾前山垦殖的闽人郑向,越过中央山脉与卑南境内的番人互通贸易,并传授耕种之法。到同治末年,卑南一带的宝桑有汉人村落 50 余家,璞石阁有 40 余家,花莲港有 40 余家。

1822 年　　道光二年

至此,迁入贵州贵阳府(治今贵阳市)的客民为 9 251 户,安顺府(治今安顺市)为 3 684 户,兴义府(治今安龙县)为 25 633 户,普安厅为 824 户,大定府(治今大方县)为 10 048 户,都匀府(治今都匀市)为 11 032 户,平越州(治今福泉市)为 994 户,黎平府(治今黎平县)为 9 915 户,镇远府(治今镇远县)为 2 533 户,思南府(治今安化县)为 18 户,铜仁府(治今铜仁市)为 86 户,松桃厅为 857 户,合计为 74 875 户。客民大都于嘉庆年间苗民起义平息后迁入,主要来自四川和湖南。

1823 年　　道光三年

至此,云南开化府有客户流民 2.4 万余户,广南府有客户流民 2.2 万余户。客户流民多系来自本省的军屯户组成。

1824 年　　道光四年

陕西设佛坪厅安置移民。

至此,陕西商州接纳移民(包括后裔)约为 68 万人,土著仅为 14 万人。兴安、汉中两府接纳移民(包括后裔)分别为 101 万人和 141 万人,各占总人口的 83%。

云南元江州(治今元江县)查造保甲册,内土著 13 182 户,屯民 11 289 户,客籍 283 户。

景东厅屯民客户约为 6 万余人,占总人口的 50% 左右。

临安府(治今建水县)有移民 18 万余人,约占总人口的三分之一。

1828 年　　道光八年

流民迁入盛京边外鸭绿江流域,人数达二三万之多。

1836 年　　道光十六年

云南普洱府清查屯民户,驻军户或退役驻军户占总户数的 46%,达 40 700 户;客家户即"内地人民远走谋生者",占总户数的 9%,近 8 000 户。

1840 年　　道光二十年

1831 年沙俄侵占了阿亚古斯河流域,生活在这里的塔塔尔族人于 1840 年前后陆续向中国境内迁移,大部分来到塔城地区定居。

1846 年　　道光二十六年

英国商人德滴(Tait)声称受西班牙之托来厦门建立领事馆,获准后开办德记洋行,该洋行后来专事苦力贸易,被国人称为大德记卖人行。从此大批华工被输往海外。

1849 年　　道光二十九年

江西万载县土著在《万载县志》外,另修《万载县土著志》,并于书末专编《都图里甲籍贯册》,详细记载全县都图里甲之原籍。其目的在于明辨土客,以使"考试无争"。

1851 年　　清文宗咸丰元年

澳门开始经营"苦力贸易"。

中俄签订《中俄伊犁、塔尔巴哈台通商章程》。沙俄在伊犁、塔城设立领事馆,在伊犁、塔城、乌鲁木齐建立贸易圈和侨民区,大批俄罗斯商人和侨民得以迁入。俄国十月革命前后,有更多的俄人陆续进入新疆一带。1949 年以后,经中苏两国协商,不少俄人陆续迁回祖国,或迁往澳大利亚及加拿大等国。留在中国的俄罗斯人为数不多。

1852—1858 年　　咸丰二年至八年

从汕头贩运出去的契约华工达 4 万名。

1852 年　　咸丰二年

本年有 4 000 余人被贩卖出国,另有 8 000—15 000 人已签订契约。

美国苦力船罗伯特·包恩号华工暴动失败,惨遭屠杀,幸存者逃回家乡,说出实情,群情激愤。厦门举行罢市,要求交出"猪仔头"。

汕头取代厦门成为移民出洋的主要地点。本年 11 月至次年 3 月,有 1 925 名契约华工被贩运到哈瓦那,500 名被贩运到秘鲁。

1854 年　　咸丰四年

838 名契约华工被贩运到古巴。

1855 年　　咸丰五年

3 012 契约华工被贩运到哈瓦那，1 150 名被贩运到秘鲁。

1859—1866 年　　咸丰九年至同治五年

英国在广东地区的招工公所招募了大约 1.26 万名契约华工。

1859 年　　咸丰九年

广东南海、番禺两县贴出的"联衔告示"中出现了"自毋庸阻其随外人出洋"的条文。广东巡抚的告示又称，如自愿出洋，"毋庸禁阻，令其任便与外人立约出洋"。

英国招工专员在广州西门挂出了"招工公所"的牌子，大肆宣传招工章程，当年年底就有 119 名契约华工"应募"前往英属西印度。

1860 年　　咸丰十年

《北京条约》订立以后，香港、广州、汕头、厦门等地纷纷建立招工公所及其分支机构，形成了一个完整的网络。

清廷开放哈尔滨以北的呼兰河平原，第二年又向移民开放了吉林西北草原，由是民屯大起，直隶、山东游民流徙关外者，趋之若鹜。大规模的东北移民垦殖由此展开。

在《北京条约》的有关条款中，清政府承认中国人赴英国殖民地或外洋别地做工的合法性。

1863 年　　清穆宗同治二年

盛京东边外的鸭绿江流域流民聚集，人口众多，并已形成流民社会。

允许招佃开垦木兰围场边荒。

清政府与美国签订《中美天津条约续增条款》称："大清国与大美国

切念人民前往各国或愿常住入籍或随时往来,总听其便,不得禁阻。"

1864 年　　同治三年

浙江临安县招民开垦,约有 3 万河南、湖北及浙江绍兴、温州等地的客民迁入。

1864 年签订《中俄勘分西北界约记》,1883 年签订《中俄科塔界约》,原属清朝政府管辖、划界后归入俄属的哈萨克人,因为不愿划归俄国,纷纷迁入划界后的中国境内。

西班牙胁迫清政府订立《和好贸易条约》,规定"凡有华民情甘出口在日斯巴尼国(西班牙)所属各处承工,俱准与日斯巴尼亚国民人立约为凭","一并由通商口岸各口前往"。

1865 年　　同治四年

新宁、开平、恩平、阳江一带土客械斗,平息后政府劝谕客众他迁,发给资费银,大口 8 两,小口 4 两,派勇分途保护往高、廉、雷、琼等府州县及广西贺县、贵县、容县、武宣、平南、马平、雒容、柳城、荔浦、修仁等县,觅地居住谋耕。

1866 年　　同治五年

清政府与英法签订了招工章程条约二十款,即《续定招工章程条约》,允许英法殖民者在中国任意招募劳工。

1867 年　　同治六年

析新宁县南部划设赤溪厅(今广东台山市地),后又改厅为县,安置未被他迁的 2 万—3 万客民。

鸭绿江民人何名举等前往盛京,呈请升科,声称已开垦土地达数百万坰。清政府做出开放禁地的决定,并派员勘察,确定开垦方案。

1869 年　　同治八年

鸭绿江流域的移民达 10 万余人。

朝鲜北部发生大饥荒,大批朝鲜移民扶老携幼过江垦荒,次年在鸭绿江北岸出现28个朝鲜族聚居乡。

1871 年　　同治十年

湖北、湖南及浙江温州、台州等地客民迁入湖州府。孝丰县土著人口约 0.9 万人,客民近 1.2 万。安吉县土著人口约 1.3 万,来自"宁绍湖广安庆"等地客民约 1.1 万。

沙俄出兵强占伊犁地区,伊犁地区的各族人民纷纷他徙,以谋生计。伊犁附近的哈萨克牧民迁移至昌吉卡伦及索果克卡伦以东地区。7 年后,数千名哈萨克牧民从伊犁边境地区迁至天山中部的裕勒都斯草原。有些牧民甚至迁徙到科布多地区。

1873 年　　同治十二年

湖南酃县寄籍烟民共 1.01 万户,占总户数的 58.5%;寄籍人口 9.12 万人,占总人口的 77%。

左宗棠率兵平息陕甘回民起义。并制定安置回民的三原则:"近城驿非所宜,近汉庄非所宜,并聚一处非所宜",只可"觅水草不乏,川原荒绝无主,各地自成片断者,以便安置"。将回民安置于平凉、固原、灵武、灵州、会宁、隆德、安定、榆中等地。

1874 年　　同治十三年

沈葆桢为加强台湾防务,在台推行开山抚番,彻底开放内山番界之禁,奖励汉民拓垦番地。六月,清兵由安平港乘船至后山,于卑南登岸,招抚东部番社。并派兵勇,分南、北、中三路开凿至后山的道路。

是年南京城中人口的十分之七来自湖北和安徽,他们系太平天国失败后政府招来的移民。

浙江开化县的客民人口占全县人口的 30%,主要来自温州、台州等地。

"苦力贸易"名义上结束。

1875 年　　清德宗光绪元年

沈葆桢于福建厦门、广东汕头、香港等地各设招商局,往台者免费乘船,官府给予口粮、耕牛、农具、种子,鼓励人民,入台耕垦。招得潮民 2 000 余人。招徕人口的一部分进入后山,另一部分进入前山番地。政府在南路番地琅娇设恒春县,在后山番地设卑南厅。

1876 年　　光绪二年

于鸭绿江流域设立安东县(治今辽宁丹东市沙河镇),又设凤凰城直隶厅(今凤城市),次年再设宽甸县、怀仁县(今桓仁县)、通化县和岫岩州,加强对移民的管理。

设围场厅,对垦荒移民实施行政管理。

1879 年　　光绪五年

河南、安徽、湖北及苏北客民迁入嘉兴府属县垦荒。

浙江布政司颁发《土客善后章程》十条,将客民编入保甲进行管理。

1880 年　　光绪六年

库伦办事大臣实施招垦,汉族移民进入外蒙古。到民国初年,迁入外蒙古的汉人已有 10 万之众,其中 5 万为农业移民,而同期的蒙古人仅 54 万。

浙江布政司派员清查田亩,按亩编查,将客垦户及所垦田亩另立清册。

浙江兰溪县查办保甲,土著大小男丁 41 457 人,客民大小男丁 4 010 人。

1881 年　　光绪七年

浙江嘉兴知县加强了对外来客民的管理,分温、台、宁、绍、河南客民为三大挈,每挈设客总、棚长、甲长名目,专稽客民户口、籍贯。

定居在延边地区的朝鲜族移民已达 1 万余人。两年后,定居于集安、临江、新宾等县有3.7万朝鲜族人口。同时,乌苏里江流域也有朝鲜族移民迁入定居。

在吉林省设立垦荒局,在珲春、延吉、东沟等地设立招垦局,公开募民垦荒,朝鲜移民大量进入延边地区进行垦殖。清政府还与朝鲜政府订立条约,放宽朝鲜居民入境的政策,并将图们江北岸长约700里、宽约50里的地带划归朝鲜人专垦区。

1882年　　光绪八年

江苏宜兴县进行人口统计,移民户占全县户数的12%,主要来自河南、浙江温州和台州、江苏苏北地区。

嘉兴知府许瑶光张贴告示,禁止客民继续迁入。

1883年　　光绪九年

云南大理县清查户口,土著2.18万人,兵籍1 928人,客籍7 083人,另有孤寡幼孩妇女若干人。

在订立《中俄科塔界约》期间,哈萨克乃蛮部落中的加尔波勒德部落头目堆三伯特率100户迁入哈巴河。次年,加克比率领1 000户哈萨克人从斋桑泊迁居阿勒泰吉木乃县。

1887年　　光绪十三年

居住于南疆的乌孜别克居民大约有2 000户。

1888年　　光绪十四年

政府招募河南、湖北等地客民迁入江苏句容县、江宁县及镇江南部丘陵地区垦殖。

1889年　　光绪十五年

至是年,迁入江苏江宁府的客民约为40万,迁入镇江、常州两府的移民约为190万。其中约半数来自苏北地区,其他则来自安徽、湖北、河南等地。

迁入浙江嘉兴府的客民约为 7.5 万,迁入杭州府的客民约为 52 万,迁入湖州府的客民约为 12 万,迁入严州府的客民约为 3 万余人,迁入金华府和衢州府的客民合计约 53 万。

迁入安徽广德州的客民约 18 万,迁入宁国府的客民约 64 万,迁入池州府的客民约 31 万,迁入太平府的客民约 22 万,迁入凤阳府的客民约 87 万,迁入泗州的客民约 32 万,迁入滁州的客民约 9 万。迁入皖南地区的移民分别来自河南、两湖和皖北地区。而在池州府和太平府,移民的 90% 左右来自江北安庆府和庐州府。皖北地区移民的来源与皖南相同,除了不多的移民来自河南与湖北地区外,庐州和安庆两府仍是重要的移民输出地。

1891 年　　光绪十七年

进入科尔沁右旗牧地洮南一带垦殖的汉族移民达千余户。11 年后政府于此设局放丈土地。

1894 年　　光绪二十年

清朝政府在延边地区分设镇远堡、宁远堡、安远堡和绥远堡,堡下辖 39 社、124 甲、415 个牌。朝鲜移民的入迁地逐步扩展到海兰河、布尔哈通河、嘎牙河流域,从而使今延边地区形成朝鲜族聚集区。

1895 年　　光绪二十一年

黑龙江将军增祺奏请开放通肯河流域,光绪三十年,在新垦地置海伦厅,四年后升府。

英俄瓜分帕米尔后,帕米尔地区的不少柯尔克孜人,不理睬沙俄宣布他们"已属俄国百姓",结队返回中国。

1898 年　　光绪二十四年

浙江余杭县清查户口,无论土客,或耕种,或佣工,逐一注明。客民 2.8 万余人。客民主要来自本省绍兴府属县,次则来自宁波和温州,再次则来自河南、苏南和本省台州府。

1901 年　　光绪二十七年

于丰镇、张家口、包头等地设垦务机构,负责各蒙古地方的放垦。

1902 年　　光绪二十八年

辽宁大围场地区(今海龙一带)对移民开放。

1904 年　　光绪三十年

东北各边荒地全部对移民开放。

设洮南府以加强对移民的管理。

1905 年　　光绪三十一年

木兰围场全面放垦。

1907 年　　光绪三十三年

因移民大量迁入,新县大量设立,建吉林行省。

罢黑龙江将军,设黑龙江巡抚,改黑龙江为行省。

1908 年　　光绪三十四年

黑龙江巡抚程德全奏准《沿边招垦章程》以后,分别在汉口、上海、天津、烟台、长春等地设立边垦招待处,招民垦荒。

1910 年　　清宣统二年

日本占领朝鲜后,许多反日的朝鲜人失败后渡过鸭绿江、图们江进入中国境内。

1911 年　　宣统三年

清廷制定东三省移民实边章程。

由于大量放垦，移民涌入，从光绪末年至此时，吉林西南路相继有一批新的州、县设立，如濛江州、农安县、长岭县、桦甸县、磐石县、舒兰县、德惠县、双阳县即是。又设汪清县、安图县、和龙县；又设穆棱县、富锦县、依兰县、桦川县、饶河县、方正县，后改属黑龙江省。奉天省（1929年改名辽宁省）设抚松县，后改属吉林省。黑龙江省设立阿城县、拜泉县、汤原县、木兰县、兰西县、青冈县。

奉天省设西丰县、康平县；又设通化县、柳河县、抚松县，后改属吉林省。

热河省设林西县；又设建平县，后改属辽宁省。

察哈尔省设赤城县，后改属河北省。

1912 年　　民国元年

中华民国临时大总统孙中山颁发《大总统令外交部妥筹禁绝贩卖猪仔及保护华侨办法文》和《大总统令广东都督严行禁止贩卖猪仔文》，这是中国官方正式宣布"苦力贸易"的结束。

黑龙江省设海伦县。

吉林省设密山县，后改属黑龙江省。

奉天省设昌图县。

山西省设兴和县、清水河县、武川县。

1913 年　　民国二年

黑龙江省设呼兰县、讷河县、龙江县、巴彦县、肇州县、呼玛县。

吉林省设榆树县；又设东宁县、宁安县、依兰县、宾县、五常县、双城县，此六县后均改属黑龙江省。

奉天省设伊通县、法库县；又设辉南县，后改属吉林省。

热河省设围场县、平泉县、滦平县、隆化县、丰宁县；又设朝阳县，后改属辽宁省。

察哈尔省设多伦县，后改属内蒙古自治区；又设张北县，后改属河北省。

1914 年　　民国三年

公布《黑龙江省招垦规则》和《黑龙江省清丈规则》，并在此基础上制定各种措施广招移民。同时，在齐齐哈尔设立清丈兼招垦分局，规定了以嫩江、萝北、呼玛、宝清、瑷珲等12处放荒招垦，即把放荒重点确定在沿边地区。关内及关外吉林、辽宁一带的农民开始向黑龙江省内迁移。

黑龙江省设肇东县。

吉林省设扶余县、珲春县。

1915 年　　民国四年

察哈尔地区成立垦务总局，并在集宁、宝昌、商都、康保四处设立招垦设治局。由于平绥铁路、包绥公路的相继修筑，内地来察哈尔开垦的移民大量迁入。

黑龙江省设克山县。

1916—1918 年　　民国五年至七年

惠民公司招募3万名契约华工赴欧。

1916 年　　民国五年

黑龙江省设萝北县。

吉林省设宝清县，后改属黑龙江省。

1917 年　　民国六年

从青岛出发赴欧洲的契约华工就有40 172人，还有家属5 517人，共45 689人。

黑龙江省设林甸县、漠河县、绥棱县。

嫩江省设泰来县，后改属黑龙江省。

吉林省设虎林县，后改属黑龙江省。

1918 年　　民国七年

吉林省设勃利县，后改属黑龙江省。

黑龙江省设望奎县。
察哈尔省设商都县,后改属内蒙古自治区。
山西省设丰镇县、和林格尔县、凉城县,后改属内蒙古自治区。

1925 年　　民国十四年
察哈尔省设康保县,后改属河北省。

1926 年　　民国十五年
绥远省设固阳县。

1927 年　　民国十六年
成立西宁道属垦务局,计丈放垦,招民垦荒。

1928 年　　民国十七年
公布《黑龙江省沿边各属荒地抢垦试办章程》,规定移民可以免交三年租税,当年迁入的移民就达 43.5 万人之多。

1929 年　　民国十八年
青海建省,成立青海省垦务总局。甘肃移民纷纷迁入认垦荒地,促使省内荒地大都得以开辟。
黑龙江省设依安县、明水县。

1931 年　　民国二十年
"九一八"事变后,因受战乱和治安影响以及伪满政府限制,关内向东北的移民大幅度减少。一批知识分子、青年学生和其他阶层民众、军政人员及其家属流亡关内,出现逆向迁移。
河北省设兴隆县。

1933 年　　民国二十二年
设立宁夏垦务总局,职掌省内垦务改进、土地整理、官荒地的承领与辟殖、移民屯垦及一切有关土地的行政事宜。并拟具计划,吸收移民 1.4 万户,共 7 万人,开发云亭渠、镇朔堡、汉霸堡、白马滩、磴口县等处荒地 1.4 万顷。该计划因抗战爆发而未顺利完成。

1936 年　　民国二十五年
察哈尔省设尚义县,后改属河北省。

1941 年　　民国三十年
太平洋战争爆发后,日本为增加后方的劳动力,便放弃限制,鼓励华北移民进入东北。大批关内移民进入东北城市和工矿区。

1946 年　　民国三十五年
松江省设桦南县,后改属黑龙江省。

1947 年　　民国三十六年
黑龙江省设克东县、林口县、北安市、五都县、孙吴县。
嫩江省设甘南县、富裕县,后改属黑龙江省。
设牡丹江市,为松江省省会,后改属黑龙江省。
设佳木斯市,为合江省省会,后改属黑龙江省。
吉林省设长春市、延吉市、乾安县。又设通化市,原属安东省,后改属吉林省。
热河省设宁城县。
察哈尔省设崇礼县,后改属河北省。

1949 年
松江省设海林县,后改属黑龙江省。
黑龙江省设逊克县。
国民党政府迁往台湾;1945 年以来,大陆迁往台湾的人口约为 200 余万。

1950 年

北京市政府为解决因本市开通公共汽车而失业的部分三轮车工人和贫民的生活问题,在春、秋两季共组织 7 637 人到绥远省、察哈尔省移民垦荒。

朝鲜战争爆发后,辽宁的电机、机床、轴承、机车、仪表、工具、橡胶、电线等 20 余个较大的企业迁至黑龙江地区,在黑龙江地区兴建了齐齐哈尔第一机床厂、齐齐哈尔第二机床厂、哈尔滨电缆厂、哈尔滨第一工具厂、哈尔滨轴承厂、牡丹江造纸厂及佳木斯纺织厂,还有 10 余个军工企业在哈尔滨、齐齐哈尔等地安家落户。大量工程技术人员、工人、干部及其家属随之迁入。

1951 年

7 月 16 日,公安部公布《城市户口管理暂行条例》,规定了对人口出生、死亡、迁入、迁出、"社会变动"(社会身份)等事项的管制办法。这是中华人民共和国成立后第一部户口管理条例,基本统一了全国城市的户口登记制度。

1951—1957 年,北京、上海两市为解决城市无业人员就业问题,共向宁夏移民 3 2804 人,大都安置在条件较好的贺兰、永宁、中宁、中卫等县。

1952 年

10 月,松江省接收热河省、辽东省移民 2 258 人,分别安置在桦川、依兰、汤原 3 县,分别插入互助组。黑龙江省接收热河省和沈阳城市移民 2 611 户,分别安置在讷河、铁力、嫩江、德都、通北、林甸、安达、景星等 8 个县。

1953 年

春,辽东、热河两省按东北移民工作会议决议,对 1952 年移往松江省和黑龙江省的移民劳动力家属进行迁出动员工作,到 4 月中旬两省共移出移民家属 2 237 户 6 954 人,占原移民劳动力的 48.4%。为弥补返籍移民的空额，辽东省又移出自愿来黑龙江地区参加农业生产的贫困户 324 户 1 485 人，热河省 598 户 2 281 人，两省共计移民 922 户 3 766 人，分别安置在松江、黑龙江两省。与此同时，松江省接收辽东省宽甸县朝鲜族移民 556 户 3 226 人，集中安置在方正、延寿两县。

1954 年

10 月，中央政府命令驻新疆人民解放军第二、第六军大部，第五军大部，第二十二兵团全部，集体就地转业，脱离国防部队序列，组建"中国人民解放军新疆军区生产建设兵团"，接受新疆军区和中共中央新疆分局双重领导，其使命是劳武结合、屯垦戍边。兵团由此开始正规化国营农牧团场的建设，由原军队自给性生产转为企业化生产，并正式纳入国家计划。当时，兵团总人口 17.55 万。此后，全国各地大批优秀青壮年、复转军人、知识分子、科技人员加入兵团行列，投身新疆建设。

本年，国家农业部决定在黑龙江省北部开垦荒地 300 万公顷，面积相当于黑龙江省当时耕地面积的二分之一，划出 5 个开垦区：嫩江、北安垦区，甘南、龙江垦区，穆棱河流域密山、虎林垦区，松花江下游集贤、富锦、饶河垦区，萝北、绥滨垦区。其后，将大量省际农业移民陆续迁入上述地区垦荒。

本年，黄河、汶水大水，山东省东平、梁山两县被淹，山东省组织东平湖滞洪区和黄河滩区民众移民救灾。至 1955 年底，梁山县迁出 6 257 户 28 879 人到黑龙江、吉林两省，东平县动员移民 701 户 3 341 人组成垦荒团赴黑龙江省临口、绥棱、富锦、呼玛四个县落户。

1955 年

2 月，国民党军队撤离大陈岛时带走岛上 14 416 名居民去台湾。

4 月 31 日至 5 月 17 日，黑龙江省共接收山东省移民 10 085 户 44 919 人。

6 月 22 日，《国务院关于建立经常户口等级制度的指示》的发布统一了全国城乡的户口登记工作,规定全国城市、集镇、乡村都要建立户口登记制度,户口登记的统计时间为每年一次。

6月,中国人民解放军农建二师由山东集体转业至黑龙江省,建立二九〇、二九一等军垦农场。

冬,青海省政府成立移民垦荒局,专门负责移民垦荒工作。

本年,新安江水库移民试点工作启动,经过大规模移民、移民返迁与自流和调整重迁安置等阶段,至1970年,新安江水库移民共计30万余人。

1956年

全国有组织有计划移民垦荒第一年,共移民70余万人,开垦大量荒地。

河南、河北、山东、安徽、北京、天津等地先后动员14 416户69 728人到青海耕地比较宽裕的东部农业区各县从事农业生产。但由于移民难以适应青海的气候和生产生活方式,大部分移民以后陆续返回原籍。

河北省组织涞水、阜平、蠡县、博野等地居民2 400余户13 000余人到内蒙古和青海落户。其中,800余户4 000多名回民迁往青海省门源回族自治县和化隆回族自治县,由于生产生活条件差,绝大部分陆续迁回;1 200余户6 000余人迁往内蒙古临河、五原、狼山、乌拉特旗等地落户,绝大部分定居当地。

黑龙江省共接收外省移民200 520人。其中,山东省17 648户180 165人,河南省3 112户15 904人,河北省1 146人,辽宁省658户3 305人。

铁道兵官兵17 400余人先后转业到黑龙江省密山、牡丹江等地垦荒。

三门峡水库移民安置工作启动,至1965年基本搬迁安置完毕,移民范围涉及陕西、河南、陕西三省。至1982年,三门峡水库共移民40万余人。

1957 年

4月8日,《人民日报》根据刘少奇3月22日在长沙市中学生代表座谈会上的讲话精神,发表题为《关于中小学毕业生参加农业生产问题》的社论。社论说,今后一个很长的时间内,总的趋势是有更多的小学和中学毕业生不能升学,而城市就业条件有一定限度。从事农业是今后安排中小学毕业生的主要方向,也是他们今后就业的主要途径。

9月,中共八届三中全会通过的《一九五六年到一九六七年全国农业发展纲要(修正草案)》提出:"城市的中、小学毕业的青年,除了能够在城市升学、就业的以外,应当积极响应国家的号召,下乡上山去参加农业生产,参加社会主义农业建设的伟大事业。"这是国家首次提出"下乡上山"的号召。

1958 年

1月9日,《中华人民共和国户口登记条例》公布施行。《条例》就户口登记主管单位、设立户口登记簿、户口登记单位、常住人口、出生登记、注销户口、户口迁移、公民变更姓名、户口变动等作出规定。

3月至5月,根据中央军委《关于发展军垦农场的意见》和有关指示,近10万名解放军转业官兵分批从全国各地到黑龙江省开发"北大荒",兴办国营农场。其中近6万名安置在牡丹江农垦局,1.7万余名分配到合江农垦局,4 500余名分配到黑龙江省农场管理厅所属农场。另外,中国人民解放军预备一师、七师(含信阳步校)集体转业到黑龙江省萝北县垦荒。据统计,1955—1958年,共有14万余名官兵转业到黑龙江省开垦荒地。

8月,中共中央政治局北戴河扩大会议作出《关于动员青年前往新疆和少数民族地区参加社会主义建设的决定》。中央决定从1958年到1963年五年内,从内地动员570万青壮年到边疆和少数民族地区参加社会主义开发和建设工作。动员对象,主要是农村青年,必须是本人自愿、身体健康、家庭拖累不大的青年,也要动员一些有生产经验的壮年,男女人数大体相等,各行各业人员要适当配套。这次支边行动涉及地区之广、动员人数之多、社会影响之大,都是前所未有的。经过两年的努力,17个省、自治区动员和接收安置支边青年以及退伍兵99.7万人(另有随迁家属44.6万人)。其中,从山东去黑龙江23.1万人,去吉林8.4万人,去辽宁7.3万人;从江苏、安徽、湖北三省去新疆25.1万人;从河南去甘肃10.4万人,去青海8.3万人;从浙江去宁夏8.1万人;从湖南去云南2.3万人;统筹安排退伍兵去四川西部0.3万人,去广东海南岛和湛江地区6.5万人。在支边青年中,有49.8万人安置在国营农场,21万人插入农村人民公社,28.9万人进入工矿、交通、文教等企事业单位。1960年,大批已经到达边疆地区的支边人员返回原籍。至1961年底,140多万支边青年和家属中,47万余人返回原籍。1962年,去甘肃、青海、宁夏三省、自治区的25万支边人员只剩下9万人。其中河南去青海的8万农民在3 000公尺的高原建起32个农场,但最终全部返回原籍。

10月25日,宁夏回族自治区正式成立。宁夏回族自治区成立后,中央从全国各地抽调干部、技术人员、教师、医务人员和大批工人、农民支援宁夏建设。

11月,广东新丰江水库移民工作开始,一直持续到1983年基本安置结束。新丰江水库建库时移民涉及河源县(今东源县)、新丰县、连平县,共移民24 787户106 437人。其中河源县移民人数最多,共22 091户94 311人,约占总移民人数的88.6%。新丰县次之,共移民1 891户8 433人,连平县移民805户3 693人。

本年,浙江省富春江电站水库移民开始迁移安置试点,至1970年底,共计移民7 668户43 525人。其中桐庐县267户1 220人,建德县7 197户41 193人,兰溪县204户1 112人。移民安置地区涉及江西、浙江两省的8个县市。

本年,丹江口水库开始移民,至1978年基本结束,历时20年,共移民436 763人。其中,河南省淅川县共移民204 969人,湖北省共移民231 794人。

1959 年

3月至9月，新疆共接收安置江苏、湖北、安徽三省支边青壮年140 327人，随迁家属13 802人，其中江苏省64 415人、湖北省55 137人、安徽省34 577人。

9月，山东东平县组织东平湖区域1 953户9 675人前往黑龙江省亚尔赛农场、克山县、泰康自治县、讷河县、齐齐哈尔等地。

1959—1960年，浙江省共动员96 739余名青年及家属赴宁夏支援建设。

本年，安徽省组织部分退伍军人及其家属参加海南岛开发建设。至1960年止，全省共有3 798名复员退伍军人支援广东省湛江和海南岛国营农场建设。

本年，随着兰新铁路的延伸，新疆鄯善县迁入铁路职工1万余名。

1960 年

2月，中央决定派3万名转业官兵到大庆参加油田开发建设。从3月起，全国石油系统37个厂、矿、院校的工人、干部、技术人员、教授、讲师、学生和13 000余名转业官兵共4万多人自带设备开赴大庆油田。此外，从几个省、市抽调的医务人员组建了工地医院，许多地方相继开设了商业网点。随着油田的开发和建设，职工不断增多，职工家属也陆续迁来安家落户。

2月2日，国务院发布《关于接待和安置归国华侨的指示》，决定成立中华人民共和国接待和安置归国华侨委员会，在回国华侨入境的港口，设立接待机构，负责接待无端遭受东南亚某些国家迫害和所有愿意回国的华侨。《指示》责成广东、福建、广西、云南等省（自治区）的人民委员会负责做好归国华侨的安置工作。

本年，黑龙江省接收安置山东支边移民275 700人。

本年，河南省31 000名青年、丹江水库库区移民29 520人迁移至青海移民垦荒，分别被安排到青海海南、海西、海北、黄南等州的青年农场。

1961 年

4月9日，中共中央转发中央精简干部和安排劳动力五人小组《关于调整农村劳动力和精简下放职工问题的报告》，同意调整精简计划：从9月底到1961年底，将精简指标由原定的528万人调整到800万人左右，其中不带工资回乡务农的400万人，带工资下放农村的400万人。

5月21日至6月12日，中共中央在北京召开工作会议。陈云在会上就精简职工和城市人口下乡问题作了题为《一项关系全局的重要工作》的讲话。会议制定了《关于减少城镇人口和压缩城镇粮食销量的九条办法》，规定在1960年底1.29亿城镇人口的基数上，3年内减少城镇人口2000万以上，本年内争取至少减1000万。

1962 年

2月14日，中共中央作出《关于一九六二年上半年继续减少城镇人口七百万人的决定》。

2月22日，中共中央批转中央精简小组《关于各级国家机关、党派、人民团体精简的建议》。批示指出，目前各级国家机关、党派人民团体中机构庞杂、人多政繁的现象十分严重，必须彻底实行"精兵简政"，下决心"拆庙"，裁并机构。

5月7日至11日，中共中央政治局常委在北京举行工作会议，讨论中央财经小组提出的《关于讨论一九六二年调整计划的报告》。会议制定了进一步缩短工业生产建设战线，大量减少职工和减少城镇人口等措施。会后随即迅速贯彻落实以下指标：国营工业企业在1961年减少的基础上，本年减少18000多个；本年1月至8月，精简职工850万人，减少城镇人口1000万人。

1962—1966年，上海市共动员知识青年15万余名到新疆生产建设兵团参加屯垦建设。

本年，新疆伊犁、塔城地区先后发生了边民越境事件。根据国家部署，新疆生产建设兵团调遣了1.7万余名干部、职工奔赴当地维护社会治安，施行代耕、代牧、代管，并迅速在新疆伊犁、塔城、阿勒泰、哈密地区和博尔塔拉蒙古自治州等长达2 000多公里的边境沿线建立了纵深10公里到30公里的边境团场带。至1966年底,兵团总人口达到148.54万,拥有农牧团场158个。

1963年

7月31日,中共中央批转中央精简小组《关于精简任务完成情况和结束精简工作的意见的报告》。《报告》指出,从1961年1月到1963年6月,全国职工减少了1 887万人,城镇人口减少了2 600万人,吃商品粮人数减少了2 800万人。《报告》宣布,全国性的精简工作基本结束。

本年7月至1966年10月,新疆生产建设兵团共接收安置北京、上海、天津、武汉4市和江苏、浙江两省支边青壮年126 700人。

1964年

5月15日至6月17日,中共中央在北京举行工作会议。会议期间,毛泽东提出把全国划分为一、二、三线的战略布局,要下决心搞三线建设,首先把攀枝花钢铁基地以及与此相联系的交通、煤、电建设起来。

8月,国务院转发《公安部关于处理户口迁移的规定(草案)》,该规定集中体现了这一时期户口迁移的两个"严加限制"基本精神,即:对从农村迁往城市、集镇的要严加限制;对从集镇迁往城市的要严加限制。

1965年

2月26日,中共中央、国务院发布《关于西南三线建设体制问题的决定》,决定成立西南三线建设委员会,以加强对整个西南三线建设的领导。

8月21日,国家建委在北京召开全国搬迁工作会议。会议确定了1966年的搬迁计划和第三个五年计划期间的搬迁项目。提出搬迁工作必须立足于帝国主义发动侵略战争;从准备大打、准备早打出发,对搬迁项目要实行大分散、小集中的原则。少数国防尖端项目,要按照"分散、靠山、隐蔽"的原则建设,有的还要进洞。

本年,青海仿效新疆生产建设兵团的做法,以隶属省劳改局的格尔木农场为基础,建立农建四师(后改称农建十二师),从山东省的 8 个城市招收知识青年 7 204 人,实行军垦。其中来自青岛市 5 100 人、济南市 800 人、烟台市 304 人、淄博市 400 人、潍坊市 200 人、枣庄市 100 人、海州市 100 人,男女基本各半。1980 年至 1983 年,该批知识青年返回山东 3 502 人,未离开青海的安排到其他行业参加工作。

1966 年

浙江富春江水电站安置移民 4.6 万余人,涉及浙江建德、兰溪、桐庐 3 县。其中外迁江西省武宁、永修等县安置 1.5 万余人,外迁吴兴、长兴等县安置 1.3 万余人,建德、兰溪、桐庐本县安置或就地后靠 1.5 万余人。

1968 年

12 月 22 日,《人民日报》传达了毛泽东的指示:"知识青年到农村去,接受贫下中农的再教育,很有必要。"各地立即掀起了知识青年上山下乡的热潮。1966 年至 1977 年间,上山下乡的知识青年达 1 572 万人,国家财政为安置知识青年上山下乡所支出的经费近 50 亿元。

1969 年

2 月 16 日至 3 月 24 日,中断了两年的全国计划会议以"全国计划座谈会"的形式在北京召开。会议通过《1969 年经济计划纲要(草案)》,要求大力加强国防工业、基础工业和大、小三线建设。从此,三线建设重新大规模、高速度地展开,出现了继 1965 年以来的又一次高潮。

本年,江西省接收安置浙江新安江、富春江两大水电站水库移民 10.2 万人,分别安置在抚州、上饶、九江等三个专区。

1971 年

葛洲坝水利枢纽工程移民工作正式启动。据 1991 年统计,葛洲坝库区搬迁安置城镇、农村移民和单位职工共计 28 535 人(含自然增长人口)。其中农村移民 18 977 人,机关、企事业单位职工 5 531 人,城镇居民 4 027 人。

浙江省湖南镇(乌溪江)电站水库移民开始动迁,至 1983 年,移民安置工作全部结束,共计移民 23 658 人,其中遂昌县 12 481 人、衢州市 11 177 人。

1973 年

8 月 3 日,秭归县葛洲坝库区首批外迁移民 59 户 214 人,从茅坪区兰陵公社起航,当天抵达枝江县董市港。

1976 年

华北油田开发建设,调入大批管理干部、技术人员和熟练工人,大多数来自石油系统,其中以黑龙江省大庆油田最多。

1978 年

5 月中旬,河北、甘肃、青海、湖北、四川、江苏等省知青办提出建议,根据国民经济发展的需要和"四个面向"的分配原则,有些县城和小集镇的中学毕业生可以就地安置,不再动员知识青年"上山下乡"。

10 月 31 日至 12 月 10 日,国务院召开全国知识青年"上山下乡"工作会议。12 日,中共中央批发《全国知识青年上山下乡工作会议纪要》和《国务院关于知识青年上山下乡若干问题的试行规定》,提出城市要积极开辟新的领域、新的行业,为更多的城镇中学毕业生创造就业和升学条件,逐步缩小上山下乡的范围,有安置条件的城市不再动员下乡。此后,各城市帮助部分知识青年回城。

12 月,云南省西双版纳地区一些国营农场的知识青年罢工请愿,要求回城。

1979 年

5 月中旬,河北、甘肃、青海、湖北、四川、江苏等省知青办提出建议,根据国民经济发展的需要和"四个面向"的分配原则,有些县城和小集镇的中学毕业生可以就地安置,不再动员知识青年"上山下乡"。

1980 年

9 月 5 日,秭归县葛洲坝库区第一期移民后靠搬迁工作全面展开。

1981 年

1 月 4 日,葛洲坝水利枢纽工程大江截流成功,秭归县库区移民加速搬迁。

本年,浙江省紧水滩电站水库开始移民,至 1988 年全部结束,共计移民 21 700 人。

本年底,国务院知青办并入国家劳动总局,各省、市、自治区仿照办理。至此,历经 20 余年的城镇知识青年"上山下乡"宣告结束。

1984 年

10 月,《国务院关于农民进入集镇落户问题的通知》颁布。通知要求各级人民政府应积极支持有经营能力和有技术专长的农民进入集镇经营工商业,并放宽其落户政策,统计为非农业人口。这一政策为农村劳动力往集镇迁移创造了一定的条件,是中华人民共和国成立以来对户籍制度及农民就业政策的首次重大改革。

1985 年

7 月,《公安部关于城镇暂住人口管理的暂行规定》出台,这标志着城市暂住人口管理制度走向健全。

9 月,作为人口管理现代化基础的居民身份证制度颁布实施。

本年度起,三峡工程库区移民搬迁安置试点工作启动,该项工作持续至 1992 年。

新疆富蕴县可可托海矿务局有色工程公司由于企业体制发生变化以及资源枯竭迁到昌吉、阜康、克拉玛依金矿等地,职工随之开始外迁。

1986 年

7 月 12 日,国务院发布《国营企业实行劳动合同制暂行规定》《国营企业招用工人暂行规定》《国营企业辞退违纪职工暂行规定》和《国营企业职工待业保险暂行规定》。这是中华人民共和国成立以来劳动制度的一次重大改革。其中,允许国营企业招收农村劳动力的相关规定,也为农村人口向城市迁移流动注入了巨大的启动力。

1987 年

浙江省石塘电站水库移民开始动迁,至 1990 年,移民安置工作全部结束,共计移民 5 543 人。

1990 年

12 月,雅砻江二滩水库移民正式开始,1997 年底全部迁完,总计移民 32 667 人。

1991 年

黄河小浪底水库开始移民,至 2003 年,河南、山西两省共计移民 18.96 万人,其中河南 14.73 万人、山西 4.23 万人。

新疆吐鲁番—哈密油田会战指挥部在鄯善县成立,1.4 万余名石油工人从玉门、长庆、华北等地来到鄯善。

1992 年

4 月 3 日,第七届全国人大五次会议通过《关于兴建长江三峡工程决议》。据设计方案,三峡工程实行"一级开发,一次建成,分期蓄水,连续移民"。

浙江建德县出现了大批水库移民倒流,县政府下发了《关于紧急制止移民返库倒流的通知》。浙江省民政厅与江西省民政厅签订浙赣两省《关于对江西省新安江、富春江移民倒流建德市库区处理意见的会议纪要》，使移民倒流劝返工作有了政策依据。

1993 年

1月，国务院三峡工程建设委员会成立，由国务院总理李鹏兼任主任，下设三个机构：办公室、移民开发局和中国长江三峡工程开发总公司。

8月19日，国务院发布《长江三峡工程建设移民条例》。条例规定：国家在三峡工程建设中实行开发性移民方针，使移民的生活水平达到或者超过原有水平，并为三峡库区长远的经济发展和移民生活水平提高创造条件；移民安置工作实行中央统一领导、分省负责、县为基础的管理体制。

本年，三峡库区移民工作正式实施。三峡库区移民总量为120.88万人（基础设施规模人口），其中重庆库区104.16万人（含中央在渝淹没企业0.37万人）。

1994 年

6月，长江水利委员会编制《长江三峡工程水库淹没处理及移民安置规划大纲》。

12月14日，长江三峡工程正式开工。

1995 年

4月10日，三峡库区一期移民搬迁安置工作全面启动，首批移民大搬迁在坝上库首秭归县向家店村拉开序幕。

1997 年

3月，第八届全国人大第五次会议批准设立重庆直辖市。这有利于三峡工程建设和库区移民统一规划、安排和管理。

6月10日，国务院批转公安部《小城镇户籍管理制度改革试点方案》和《关于完善农村户籍制度的意见》,规定已在小城镇就业、居住并符合一定条件的农村人口,可以在小城镇办理城镇常住户口。上海、广州、厦门等一些大城市也出台了类似"蓝印户口"、"居住证"制度等一些新政策,一些经济发达的省区也根据自身实际开始对户籍制度进行大胆的改革,中西部地区向东部地区、农村向城市的人口迁移流动规模急剧扩大。

9月,三峡水库淹没区一线水位移民搬迁基本结束。

11月8日,三峡工程实施大江截流,三峡工程转入二期工程建设。

1998年

7月,《国务院批转公安部关于解决当前户口管理工作中几个突出问题意见的通知》发布,户籍制度进一步松动。根据此通知,新生婴儿随父落户、夫妻分居、老人投靠子女以及在城市投资、兴办实业、购买商品房的公民及随其共同居住的直系亲属,凡在城市有合法固定的住房、合法稳定的职业或者生活来源,已居住一定年限并符合当地政府有关规定的,可准予落户。

10月28日,三峡库区秭归新县城举行落成庆典,提前5年完成了县城整体搬迁的任务。

1999年

国务院总理、国务院三峡工程建设委员会主任朱镕基主持调整三峡工程移民政策,农村移民外迁安置人数由原规划8.3万人增加到12.5万人。其中,重庆7万人外迁安置到全国11个省市。

2000年

8月17日,重庆市云阳县150户639名农村移民外迁到上海市崇明县落户。这是由政府组织的首批外迁移民。

图书在版编目(CIP)数据

中国移民史. 第一卷,导论　大事年表/葛剑雄著;葛剑雄等编. —上海:复旦大学出版社,2022.1
ISBN 978-7-309-15221-0

Ⅰ.①中… Ⅱ.①葛… Ⅲ.①移民-历史-研究-中国　Ⅳ.①D632.4

中国版本图书馆 CIP 数据核字(2020)第 138106 号

中国移民史 第一卷
导论　葛剑雄　著
大事年表　葛剑雄　吴松弟　曹树基　陈鹏飞　编

出　品　人/严　峰
责任编辑/史立丽
装帧设计/袁银昌

复旦大学出版社有限公司出版发行
上海市国权路 579 号　邮编:200433
网址:fupnet@fudanpress.com　http://www.fudanpress.com
门市零售:86-21-65102580　　团体订购:86-21-65104505
出版部电话:86-21-65642845
上海盛通时代印刷有限公司

开本 890×1240　1/32　印张 12.125　字数 337 千
2022 年 1 月第 1 版第 1 次印刷

ISBN 978-7-309-15221-0/D·1050
定价:68.00 元

如有印装质量问题,请向复旦大学出版社有限公司出版部调换。
版权所有　　侵权必究